KB174804

야튜브

유튜법

신상진 지음

현직 미디어 업계 변호사가 알려주는
유튜버를 위한 법 안내서

이담 Books

목차

머리말

어제까지 즐겁게 방송을 시청했던 유튜버 분을, 다음날 뉴스 화면으로 보게 된 적이 있었습니다.

저는 기라성 같은 경력의 변호사도, 귀감이 될 정의로운 변호사도 아닙니다. 하지만 콘텐츠를 만드는 분들의 가까운 곳에서 그 고민과 노고를 보아 왔습니다. 열심히 콘텐츠를 만들고도 비난의 화살을 받는 일이 없도록, 적어도 '잘 몰라서' 뉴스에 나오는 일이 생기지 않도록, 조금이나마 법을 공부한 사람으로서 도움이 되고 싶었습니다.

그래서 이 책을 썼습니다. 누구에게나 '법'은 생경한 대상입니다. 당하면 두렵고, 법전은 어렵습니다. 이런 '법'을 마주할 때, 내가 무엇을 해야 하는지 당황하지 않도록 살펴볼 수 있는 '안내서'가 있으면 좋겠다고 생각했습니다. 최대한 쉽고 가깝게 글을 담고자 했습니다. 부족하지만 유튜버 분들께 유용한 내용이 되었으면 합니다.

마지막으로 집필을 응원해 준, 존경하고 사랑하는 아내에게 감사의 마음을 전합니다.

▶ Q&A 지도 114

유튜버가 많이 궁금해하는 내용을 114개의 질문으로 추렸습니다.

자기 상황에 맞는 질문을 찾아보고,

오른쪽에 표시된 페이지로 가면

답변에 도움이 되는 내용 또는 그 내용의 시작부분을

빠르게 확인해 볼 수 있습니다.

2장 다른 사람이 나올 때 알아야 할 법 – 초상권, 사생활, 아이, 동물

3장 다른 사람의 것을 써야 할 때 알아야 할 법 – 저작권

4장 채널을 운영할 때 알아야 할 법 – 계약, 소속사, 상표, 세금

▶ 이 책은 이렇게 쓰여 있습니다

필요한 궁금증을 빨리 해결하고 싶을 때는, 앞장의 'Q&A 지도 114'를 보고 내 질문에 맞는 쪽수를 찾아가 보면 됩니다.

전체적으로 유튜버가 알아야 할 법에 대한 이해도를 높이고 싶을 때는, 처음부터 주욱 읽어나가시면 되겠습니다. 흥미 있는 파트별로 순서를 바꾸어가며 보셔도 상관없습니다. 단, 법적 절차 등 공통적인 내용은 중복을 피하기 위해 첫 파트인 명예훼손 부분에 설명해 두었으니 이 점을 참고하시기 바랍니다. 이하 본문의 구성을 소개하면 아래와 같습니다.

'이건 꼭 기억합시다'는 설명하려는 내용의 키포인트를 먼저 소개한 부분입니다. 먼저 키포인트로 어떤 내용을 중요하게 보아야 하는지 정보를 얻고 이어지는 본문을 주욱 읽으시면 됩니다.

'이건 더 알아둡시다'는 원칙에 대한 예외나 추가 보충이 필요한 내용을 설명한 부분입니다. 특히 명예훼손과 같이 실제 사례로 감을 익히는 것이 좋은 파트는 '실제 사례로 감을 잡읍시다'를 추가하여 입체적으로 이해를 할 수 있게 돕고자 했습니다. '실제 사례로 감을 잡읍시다'는 법원의 판결이 있었던 실제 사례입니다. 민감한 사안일 수 있어 알파벳으로 익명 처리하였으나,

판단 기준을 세우는 데 좋은 참고가 될 것입니다.

'봐야 할 법을 모아봤습니다'는 각 파트에 관련된 법 조항을 주요 내용만 추려 파트 맨 뒤에 배치했습니다. 법조문을 바로 접하는 것보다, 쉬운 설명으로 이해를 한 후에 법조문을 보는 것이 더 보기에 편할 것입니다.

법원에서 한 말을 직접 언급할 때는 그 말을 찾아볼 수 있는 판결 사건의 번호를 기재하였는데, 국가법령정보센터(www.law.go.kr)에 방문해서 판결 사건 번호를 치면 그 말이 나온 실제 판결문을 볼 수 있습니다. 내용을 더 자세히 알고 싶다면 판결문 전체를 보면 좋겠습니다.

책에 있는 정보는 출간일을 기준으로 작성되었습니다. 이후 법령 개정이나 관련 기관, 유튜브, 그 외 단체들의 정책 변화나 업무방식 변경이 있을 수 있습니다.

유튜브 콘텐츠의 뼈대는 보통 '말'입니다. 시청자에게 상황을 중계하든, 어떤 개념을 설명하든, 상황극을 보여주든, 메시지는 '말'을 통해 전달됩니다. 시원하게 쏘아진 화살 같은 '말'은 관중에게 낙이 될 수 있지만, 그 표적에게는 씻을 수 없는 상처를 남길 수밖에 없겠지요.

주어진 화살로 멋진 궁수가 될지, 살수가 될지 그 안내서는 법에 있습니다. 안타까운 상황에 처하지 않기 위해 내가 방송에서 어떤 말을 할 때 명예훼손이나 모욕이 되는지, 어떤 처벌을 받게 되는지를 알아보고, 반대로 내가 말로 공격을 당했을 때 어떻게 대처해야 하는지 살펴봅시다. 그리고 광고를 할 때, 선거 기간에 방송할 때 특히 조심해야 할 점도 알아봅시다.

 유튜법

1장

말을 할 때 알아야 할 법

명예훼손, 모욕, 선거, 광고

있는 사실을 말했을 뿐인데
명예훼손이라고요?

🔔 **이건 꼭 기억합시다**

• 의견, 평가하는 말은 명예훼손이 아니다.

• 공익적인 내용으로 진실 그대로 말하는 건 명예훼손이 아니다.

• 진실이 아니라도 누가 봐도 그렇게 믿을만한 근거가 있으면 명예훼손이 아니다.

▶️ **어떤 경우에 명예훼손이 될까?**

말 그대로 내가 다른 사람의 '명예'를 훼손하면 명예훼손이 됩니다.

법에서 말하는 '명예'가 뭔가 특별한 것은 아닙니다. 보통 사람들이 '나의 명예' 하면 머릿속에 떠올릴 수 있는 뜻과 크게 다르지 않습니다. 주변 사람들과 사회가 나에 대해 한 인간으로서

하는 평가, 즉 나의 가치에 대한 생각이 곧 '명예'이고, 이런 평가가 떨어질 수 있을 만한 말을 누군가 나에게 하면 명예가 훼손된다고 할 수 있겠습니다. 하지만 사회적인 평가를 떨어뜨릴 수 있다고 해서 모든 말이 다 명예훼손이 되는 것은 아닙니다. 사람은 누구나 자기 생각을 표현할 자유가 있고, 이런 자유는 법의 보호를 받습니다. 다른 사람의 사회적인 평가가 떨어지는 말을 했다고 해서 무조건 처벌받는다면, 아무도 방송에서 자유롭게 이야기를 하려고 하지 않겠죠. 그래서 법은 표현의 자유도 같이 보장할 수 있는 선을 긋고, 그 선을 넘을 때만 명예훼손으로 보아 책임을 지웁니다. 그리고 명예훼손은 '사람'만 해당하는 문제가 아니기 때문에 법인이나 단체에 대해서도 문제가 될 수 있고, 법인이나 단체 정도로까지 뭉쳐져 있진 않더라도 다른 이들과 구분될 정도로 뚜렷한 성격의 집단이 있으면 그 집단에 대해서도 명예훼손이 될 수 있습니다.

먼저 명예훼손은 내가 한 말이 어떤 '사실'에 대한 것일 때만 문제가 되고, '의견'인 경우에는 문제 되지 않습니다.

쉬운 예를 들어 내가 B사에 대한 치킨을 먹으며 먹방을 한다고 생각해 봅시다. 방송에서 "이 치킨은 맛이 너무 짜네요"라고 말하는 것, 즉 의견을 내거나 평가하는 것은 아무 문제가 되지 않습니다. 그렇지만 "이 치킨은 다른 치킨하고 비교하면 나트

류이 거의 2배는 많이 들어갑니다"라는 어떤 사실관계에 대해서 말을 하면, 이제 명예훼손이 되는지 따져보게 되는 것입니다. 언뜻 생각하면 쉬워 보이지만, '사실'과 '의견'을 구분하는 게 쉽지는 않습니다. 법원에서는 명예훼손에서 말하는 '사실'에 대해, "가치판단이나 평가를 내용으로 하는 의견 표현에 대치되는 개념으로서 시간적으로나 공간적으로 구체적인 과거 또는 현재의 사실관계에 관한 보고나 진술을 뜻한다"[1]라고 하고 있습니다. 말이 상당히 어렵죠. 쉬운 말로 뭔가에 대해서 내가 어떻게 생각하는지를 이야기하는 것이 아니라 이게 어떤 것인지 '팩트'(fact)에 대해 이야기하는 것이라고 이해해 두면 좋을 것 같습니다. 당신이 방송할 때, 무언가에 대해 평가하고 의견을 말하는 것은 명예훼손이 될 위험이 비교적 낮습니다. 맛을 평가하고, 정치에 대해서 비판하고, 관광지에 대해 자유롭게 비평하세요. 그것이 모욕이나 다른 법적인 문제가 없는 한 당신의 말은 안전하게 방송될 수 있을 것입니다.

이렇게 당신이 '의견'이 아닌 '사실'을 말했는데, 그 말이 다른 사람의 사회적인 평가를 떨어뜨릴 만한 것이었다면 명예훼손이 됩니다.

---

1) 대법원 2018. 11. 29. 선고 2016도14678 판결

'사실'을 말해서 명예훼손이 될 수 있는 예를 생각해 보긴 어렵지 않지요. 대표적인 것이 바로 범죄 사실인데, 당신이 최신 연예정보에 대해 시청자들에게 이야기해 주는 방송을 한다고 생각해 봅시다. 누군가 유명 아이돌 A에 대해 클럽에서 성추행을 당했다며 경찰에 고소를 한 사건이 있었고, 당신이 이 이야기를 방송에서 하면서 "A가 이제는 성추행까지 한다"라고 소식을 전했다면 이런 말은 A의 기분을 상하게 하는 것을 떠나 사회적인 평가나 인격적인 가치를 크게 떨어뜨리는 것이 되겠지요. A는 지금 고소만 당했을 뿐입니다. 즉, 성추행을 당했다고 주장하는 사람만 나타났을 뿐이지 A가 성추행을 했는지 아닌지는 앞으로 수사와 재판을 통해서 드러날 일인데, 마치 성추행을 한 것처럼 시청자들에게 이야기한다면 명예훼손에 해당할 수 있는 것입니다. 대표적인 예로 범죄사실을 이야기했지만, 사회적인 평가를 떨어뜨릴 수 있는 말들은 무수히 많습니다. 쉽게 생각해 보면 어떤 말을 듣고 단지 기분만 나쁜 정도가 아니라 '다른 사람들이 그 말을 들었을 때 나를 안 좋게 생각할 말이다' 하면 명예훼손이 될 가능성이 높은 것입니다.

이런 명예훼손은 애초에 다른 사람들이 누구 이야기인지 전혀 모르는 말이라면 문제가 되지 않습니다.

언론사 뉴스를 보면 범죄자에 대한 기사를 전할 때 'A 씨',

'서울 유명 대학교에 재학 중인 M 씨', '대기업 직원 J 씨'처럼 이름을 익명으로 처리해서 보도하는 것을 많이 볼 수 있는데, 이렇게 누구에 대한 이야기인지 모르게 흐리는 이유에는 A 씨, M 씨, J 씨의 명예를 보호하기 위한 목적이 있습니다. 하지만 당신이 누군가의 이름을 알파벳 대문자로 해서 말해놓고 '누군지 드러나게 말하지 않았으니 괜찮겠지'라고 단순히 생각하면 위험할 수 있습니다. 이것과 관련해서 법원은 "반드시 사람의 성명이나 단체의 명칭을 명시하는 정도로 특정되어야 하는 것은 아니다. 사람의 성명을 명시하지 않거나 머리글자나 이니셜만 사용한 경우라도 표현 내용을 주위 사정과 종합하여 볼 때 피해자를 아는 사람이나 주변 사람이 그 표시가 피해자를 지목하는 것을 알아차릴 수 있을 정도라면 피해자가 특정되었다고 할 수 있다"[2]라고 하고 있습니다. 쉽게 말해서 방송에서 한 말 전체 내용을 보고 저 A 씨의 주변 사람들이 "어, 저거 A 씨 이야기잖아"라고 생각할 수 있으면 '누군지 드러나게 말한' 것으로 볼 수 있다는 것입니다. 예를 들어 방송에서 자동차 딜러 S에 대한 불만을 이야기하면서 "논현 사거리 B 외제차 매장에서 있었던 일이다", "그 딜러 20년이나 일했으면서", "3년 전에 판매왕도 했다던데"라고 드문드문 이야기했으면 적어도 S와 함께 일하는 딜러들은 그 사

---

2) 대법원 2018. 4. 12. 선고 2015다45857 판결

유튜법

람이 누군지 알 수 있으니 '누군지 드러나게 말한' 경우가 된다는 것입니다.

　정리하자면 명예훼손은 결국 누군가의 사회적 평가를 떨어뜨릴 만한 '사실'을 그 사람이 '누군지 드러나도록'(즉 누군지 '특정'해서) 말을 했을 때 문제 될 수 있는 것이라 하겠습니다. 하지만 당신이 누군가의 사회적 평가를 떨어뜨릴 만한 말을 했다고 해서 전부 법의 심판을 받게 한다면 매우 부당한 결과가 발생할 수도 있습니다. 누굴 비방할 목적도 없이 여러 사람이 널리 알아야 좋은 진실한 정보를 알리는 경우까지 불법으로 몰아세운다면 아무도 좋은 정보를 공유하려 하지 않겠죠. 사회를 건강하게 하는 말에는 재갈을 물릴 수 없고, 물려서도 안 됩니다. 그래서 법은 '해도 되는' 말의 경계선을 선명하게 그어놓고 있습니다. 이것에 대해서는 '어떻게 하면 명예훼손이 안 되게 말할 수 있을까?'에서 더 구체적으로 이야기하도록 하겠습니다.

〓+ 이건 더 알아둡시다

> **겉으로 보기엔 '의견'이라도**
> **'사실'을 돌려 말하는 것이라면 '사실'로 본다.**
> -
> • "이 치킨은 맛이 너무 짜다."
> • "이렇게 짠 거면 뭔가 들어가면 안 될 게 들어갔다는 느낌이 든다."
> • "홈페이지에 공개된 성분이 의심된다."

두 번째, 세 번째 의견은 맛에 대한 순수한 의견을 이야기했다고 보긴 어렵다. 치킨 성분에 뭔가 문제가 있다는 사실을 돌려서 말한 것으로 명예훼손인지 따져보게 될 수도 있다.

> **남의 말을 옮겼더라도 문제 될 수 있다.**
> -
> • A의 말을 그대로 내가 전할 경우
> • A와 한 인터뷰를 편집 없이 방송할 경우

2개의 경우 모두 직접 말하는 것보다는 문제 될 소지가 적기는 하지만, '내가 말한 게 아니라'는 이유만으로 모든 책임을 피할 수 있는 건 아니다. 사전에 말을 조율하고 중간에 제지하고 나중에 편집하는 책임은 결국 방송을 하는 나에게 있다.

> **꼭 직접적으로 말을 해야만 명예훼손이 되는 것은 아니다.**
>
> --
>
> - "A 교수가 학생을 폭행했다"라고 말하는 것
> - 영화 〈친구〉에서 준석(유오성 분)이 담임 선생님(김광규 분)에게 맞는 유명한 장면을 인용해 담임 선생님 얼굴에 A 교수의 얼굴을 합성해서 보여주는 것

사진, 그림, 제스처라도 메시지가 담겨있으면 말하는 것과 똑같다. 위의 두 가지 상황은 결과적으로 똑같은 메시지를 전하고 있는 것으로, 두 가지 경우 모두 명예훼손인지 따져보게 될 수 있다.

↗ 실제 사례로 감을 잡아봅시다

- 보수논객 M 씨는 방송에서 S 시장에 대해 '종북'이라고 표현했다. 해당 발언에 대해 대법원은 '종북'이란 표현이 어떤 사실관계를 말한 것이 아니라 공인에 대한 '의견'을 말한 것이라고 보아 명예훼손이 되지 않는다고 봤다.

- 미디어 비평 언론사 Z가 방송사 Q를 언급하면서 '요즘 방송사 Q, 왜 이렇게 볼 게 없나 하셨죠?'란 제목으로 Q 방송사가

요즘 민감한 이슈를 다루고 있지 않다고 비판한 기사를 냈다. 법원은 민감한 이슈에 대한 기준이 주관적이라 저마다 다르기 때문에, 기사 내용이 어떤 사실을 말한 것이라기보다는 의견을 말한 것으로 보인다며 명예훼손이 아니라고 봤다.

- K 목사가 라디오 방송에 나와 S 정치인의 발언을 가리키며 "하는 말이 무당 같다"라고 했다. 대법원은 이 말에 대해 개인적인 생각이나 의견을 말한 것이고, 공적인 일에 대해 비유적으로 표현한 것일 뿐이라며 명예훼손이 아니라고 봤다.

- B 방송사는 고발 프로그램에서 대왕카스테라에 대해 다루면서 다량의 식용유가 들어간다고 방송했다. 법원은 먼저 이 방송이 '식용유를 사용하는 게 비정상적'이라는 사실을 말한 게 아니라고 봤다. 그리고 만약 그런 메시지가 전달됐다고 해도 그것은 방송의 주관적인 평가나 의견을 나타낸 것일 뿐이어서 명예훼손이 되지 않는다고 봤다.

▶ 명예훼손을 하면 어떤 처벌이나 불이익을 받나?

먼저 법에는 어떤 처벌을 받을 수 있다고 되어 있는지 봅시다.

형법에는 '허위'를 말해서 명예를 훼손하면 5년 이하의 징역, 10년 이하의 자격정지[3] 또는 1천만 원 이하의 벌금에 처한다고 되어 있고, 허위가 아니라 진실을 말해서 명예를 훼손했을 때에는 2년 이하의 징역이나 금고[4] 또는 500만 원 이하의 벌금에 처한다고 되어 있습니다. 특히 유튜브 방송에서 누군가를 비방하기 위해 작정하고 명예훼손을 하게 되면 이보다 더 강한 처벌이 내려지게 됩니다. 이때는 '정보통신망 이용촉진 및 정보보호 등에 관한 법률'(정보통신망법)이 적용되어서 '허위'일 때는 7년 이하의 징역, 10년 이하의 자격정지 또는 5천만 원 이하의 벌금에 처해질 수 있고, 진실을 말한 것이라고 해도 3년 이하의 징역 또는 3천만 원 이하의 벌금에 처해지게 됩니다.

법으로만 보면 방송에서 명예훼손을 했을 때 교도소까지도 갈 수 있지만, 사실 징역이나 금고형이 나오는 경우는 매우 드뭅니다. 보통은 몇백만 원 수준의 벌금형이 내려지는 경우가 많지요.

하지만 징역을 사는 경우가 드물다는 이유로 조심하지 않고 방송하게 되면 위험할 수 있습니다. 명예훼손은 엄연한 범죄이

---

3) 자격정지는 말 그대로 뭔가 될 수 있는 자격을 정지시킨다는 뜻입니다. 자격정지를 받게 되면 일정기간 동안 공무원 등 공적인 일, 이사나 감사와 같이 회사에서 일을 검사하고 재산을 관리하는 자리를 맡지 못하게 될 수 있습니다.
4) 금고는 교도소에 수감되는 것은 징역과 똑같지만, 교도소에서 노역을 하지는 않아도 된다는 차이점이 있습니다.

므로 징역형이 나오든 벌금형이 나오든 전과자가 되는 것은 동일하고, 방송에서 명예훼손을 반복하거나 더 심하게 할수록 당신에 대한 처벌 수위는 높아질 수 있기 때문입니다. 그리고 징역이나 금고형이 나오는 경우는 '드물다'고 말한 것과 같이, 한 번의 명예훼손 발언을 했더라도 징역형이 나오는 경우가 분명히 있습니다. 과거 '일간베스트저장소'(일베) 한 회원이 세월호 참사 때 교사와 학생들이 사고 현장에서 성적인 행위를 했다는 몰상식한 글을 게재한 사건이 있었는데, 대법원은 이 회원이 초범임에도 불구하고 징역 1년의 처벌을 내렸습니다. 이런 글은 피해자 인격을 심각하게 침해할 수 있는, 용서가 안 될 정도로 반인륜적이고 악취가 나는 글이지요. 이런 발언을 게시판 글보다 파급력이 더 큰 방송에서 한다면 아마 징역 1년이 오히려 가벼운 처벌이라고 느껴질 만큼 처벌 수위가 더 높아질 수 있습니다.

명예훼손을 당한 피해자의 고통에 대해서도 배상을 해 주어야만 합니다.

위의 내용까지는 여러분에게 형사처벌에 대해서 말씀드렸습니다. 형사처벌은 범죄를 저질렀을 때 국가가 범죄자를 벌하는 불이익이죠. 이것 말고도 명예훼손 피해자에게 배상금을 주는 것은 피해자에게 지는 민사상의 책임이라 할 수 있습니다. 이 민사상의 책임은 소송에 가기 전에 먼저 피해자의 항의를 받게 되고, 충분한 배상이 이뤄져서 끝이 나는 경우도 있습니다. 하지만 명예훼손인지 아닌지, 적당한 배상액이 얼마인지에 대해서 생각이 달라 소송까지 가는 경우가 많습니다. 보통은 피해자가 당신에게 민사소송을 걸어 손해배상을 청구하는 방식이 될 것이고, 재판이 진행되어서 배상해야 하는 건지, 배상액이 얼마인지에 대한 법원의 판결이 내려지게 될 것입니다.

그렇다면 여러분이 명예훼손을 하게 되었을 때 피해자에게 보통 얼마를 배상하게 될까요? 여기에 대해서는 법에서 정해진 기준이 없고, 구체적인 방송 내용에 따라 상황이 달라질 수 있기 때문에 액수를 뚜렷하게 말하기는 어렵습니다. 그렇지만 참고할 만한 다른 사례들을 보면 어느 정도 예상은 해 볼 수 있겠지요. 방송사, 신문사 같은 언론사들이 누군가의 명예를 훼손해서 문제가 됐던 소송에서 법원이 내린 손해배상 액수를 보면, 2019년에는 평균 약 960만 원[5], 2018년에는 평균 약 880만 원[6]이었습니다. 이 소송 건들을 배상액이 높은 것부터 낮은 것까지 전부 한 줄로 세웠을 때, 딱 중간에 있는 배상액은 2019년에는 500만 원, 2018년에는 300만 원이었습니다.[7] 액수에 대해서 조금은 감

---

5) 언론중재위원회, 2019년도 언론관련판결 분석보고서, 2020, 31쪽.
6) 언론중재위원회, 2018년도 언론관련판결 분석보고서, 2019, 31쪽.
7) 각주 5), 각주 6)

이 잡히지 않나요? 주의할 점은 언론사들이 이 정도 액수가 나온다고 해서 개인 방송에서는 액수가 더 작게 나올 것이라고 생각해서는 안 된다는 것입니다. 당신이 한 말이 상대방 명예를 얼마나 크게 해치는 말이었는지, 그런 말을 방송에서 얼마나 많이 했는지에 따라서 액수는 더 적어질 수도, 많아질 수도 있을 것입니다.

방송통신심의위원회(이하 '방심위')에서 내리는 '시정요구' 등도 당신이 받을 수 있는 불이익 중 하나입니다. 조금 더 정확히 말하면 '방심위'가 인터넷 방송 사이트 운영자에게 내린 불이익 때문에 당신이 피해를 입는 경우라고 할 수 있습니다.

'방심위'는 방송과 통신에 대해서 불법적이거나 유해한 내용이 있는지 심의한 후에 적절한 조치를 내리는 기관입니다. '방심위'는 직접 모니터링을 하거나 방송을 본 누군가의 민원을 통해서 문제가 있는 인터넷 방송에 대해 알게 됩니다. 그리고 인터넷 방송이 심의규정(정확히는 '정보통신에 관한 심의규정')에 어긋나는지를 살펴보게 되는데, 명예훼손 등 심의규정에 위반되는 내용이 있다고 '방심위'가 판단하게 되면 방송을 운영하는 사이트에 적당한 조치를 취하라는 요구를 하게 됩니다. 이걸 '시정요구'라고 하는데, '방심위'가 요구할 수 있는 조치는 삭제, 차단, 이용정지, 이용해지 등이 있습니다. 즉, 사이트 운영자는 '방심위'가 요구한 조치에 따라서 방송을 삭제하거나, 심한 경우에는 계정을 삭제할 수도 있는 것입니다. 특히, 비방 목적의 명예훼손을 한 경우에는 '심의위'가 아닌 '방송통신위원회'가 직접 사이트 운영자에게 해당 콘텐츠 취급을 거부하거나 정지하라는 '명령'을 내릴 수 있고, 운영자가 이 명령에 따르지 않을 경우에는 2년 이하의 징역이나 2천만 원 이하의 벌금에까지 처할 수 있습니다.

단, 유튜브의 경우에는 서버가 미국에 있는 해외 사업자(보통 '역외 사업자'라고 하죠)이기 때문에 이런 조치들을 강제하기가 법적으로 또는 현실적으로 어렵습니다. 해외 사이트의 경우 보통 '방심위'가 사이트 운영자가 아닌, KT와 같은 통신망 사업자에게 시정요구를 해서 사이트 자체를 접속 차단해 버리는 식으로 조치를 취합니다. 하지만 유튜브 사이트 전체를 접속 차단하기는 불가능하고, 그렇다고 사이트 내에 있는 특정 동영상이나 채널만 접속 차단하는 것도 기술적으로 어렵기 때문에 규제할 마땅한 방법이 없습니다. 결국 '방심위'의 삭제 요구에 유튜브가 협조하는 경우에만 콘텐츠 삭제 등 조치가 이뤄질 수 있습니다.

결론적으로 보면 유튜브가 '방심위' 요구에 응해 콘텐츠 삭제 등의 조치를 취할 수도 있기 때문에, 유튜버도 그에 따른 불이익을 당할 수 있다는 점을 기억합시다.

앞으로 특정 내용의 명예훼손적인 방송을 못 하거나 이미 게시된 방송을 모두 내려야 한다는 법원 판결이 내려질 수도 있습니다. 피해자가 법원에 소송으로 '금지청구'를 해서 인정되는 경우이지요.

문제 있는 방송이 이미 사람들에게 공개되었다면 누군가의 명예가 훼손당한 후이겠죠. 피해자 입장에서는 방송 전이라면 방송을 못 하게, 방송이 게시되어 있으면 더 이상 게시 못 하게 할 필요가 있습니다. 앞서 본 것처럼 사이트 운영자나 '방심위'에 문제를 접수할 수도 있겠지만 아예 소송으로 가서 명예를 훼손하는 콘텐츠(방송, 댓글 모두 포함)를 못 걸도록 하는 '금지청구'를 구할 수도 있습니다. 구체적으로는 유튜버를 상대로 해서 콘텐츠에 대한 삭제, 앞으로의 콘텐츠 게재(방송), 제작 등을 금지하는 청구소송을 할 수 있는데, 소송은 시간이 오래 걸리기 때문에 보통 이런 조치는 '가처분'이란 형태로 많이 들어옵니다. '가처분'은 쉽게 말해 '이제 본격적인 소송을 할 건데 소송 결과가 나올 때까지 임시로 콘텐츠를 삭제, 게재 금지하도록 법원에 신청하는 것'입니다. 단 몇 주 만에 결과가 나올 수 있고, 임시 조치지만 명예훼손인지 아닌지 법원의 1차적인 판단을 받아볼 수 있기 때문에 많이 이용되는 법적인 구제 조치입니다.

⇉ 이건 더 알아둡시다

명예를 훼손하는 방송을 했다고 해도, 피해자가
당신의 처벌을 원치 않으면 형사처벌을 받지 않는다.

- 누군가를 주먹으로 때려 상처를 입혔을 때(상해죄)
- 누군가를 말로 때려 명예에 상처를 입혔을 때(명예훼손죄)

　첫 번째의 경우, 맞은 사람에게 적절한 배상을 하고 합의를 한 후, 맞은 사람이 경찰에게 "합의도 됐고, 때린 사람 처벌을 원하지 않습니다"라고 이야기해도 경찰은 때린 사람을 계속 수사한다. 합의 때문에 처벌이 내려지지 않거나 처벌 수위가 낮아질 수는 있지만, 여전히 처벌이 내려질 가능성이 있는 것이다. 반면, 두 번째의 경우에는 다르다. 말로 상처 입은 사람이 "처벌을 원하지 않습니다"라고 경찰에게 이야기하면 가해자는 아무런 처벌도 받지 않게 된다. 경찰이 수사를 더 할 수도 있지만, 그렇더라도 피해자의 의사와 다르게 처벌이 될 가능성은 없다. 이런 죄를 '반의사불벌죄'라고 한다.

허위, 조작 방송은 업무방해죄로도 처벌받을 수 있다.

허위의 사실을 유포하거나 기타 위계(속임수)로 다른 사람의 업무를 방해하면 5년 이하의 징역 또는 1천 500만 원 이하의 벌금에 처해진다(형법 제314조 제1항). 허위, 조작 방송으로 피해자의 명예를 훼손한 책임 뿐 아니라 그의 영업활동 등 업무를 방해한 책임까지 지게 되는 것이다. 예를 들어 프랜차이즈 음식에 문제가 있는 것처럼 조작해 방송할 경우 프랜차이즈 회사의 명예 훼손 및 회사의 영업을 방해한 형사상 책임을 모두 지게 되고, 명예훼손에 따른 정신적인 손해와 영업상 입은 재산적인 손해까지 배상하게 될 수 있다.

▶ 유튜브 자체적인 조치로 받는 불이익은?

법적인 조치는 아니지만, 유튜브 자체적인 조치로 받을 수 있는 불이익은 커뮤니티 가이드(community guidelines) 위반에 따른 조치와 '노란딱지'($ 또는 ⑤)로 알려진 광고 수익 제한 또는 배제 조치가 있습니다.

먼저 커뮤니티 가이드는 유튜브에서 정한 내부 규칙입니다.

폭력적이거나 위험한 콘텐츠, 민감한 콘텐츠(아동학대, 과도한 노출 및 성적인 콘텐츠 등), 스팸 및 현혹 행위, 규제 상품(총기류 등장 등) 등 유튜브가 자체적으로 정한 기준(www.youtube.com/howyoutubeworks/policies/community-guidelines/)에 어긋나는 콘텐츠에 대해서는 제재가 가해집니다. 이런 제재는 다른 유저의 신고를 통해 절차가 시작되기도 합니다. 위반 시 유튜브에서 해당 콘텐츠를 삭제하고 유튜버에게 통지하게 되는데, 처음 위반한 경우에는 일단 '주의'만 받게 됩니다. 이후 또다시 위반해서 '경고'를 받게 되면 1주일 동안 콘텐츠 업로드 등 계정 활동이 제한되며, 90일 이내에 2차 경고 시 2주일 제한, 3차 경고 시 채널이 영구 삭제되는 불이익이 주어지게 됩니다. 각 경고가 부당하다면 30일 내 항소를 해 볼 수 있는데, 항소에 따라 유튜브에서 다시 검토해 경고가 취소되거나 연령 제한이 적용될 수 있습니다.

다음으로 '노란딱지'는 유튜브의 광고주 친화적인 콘텐츠 가이드라인(support.google.com/youtube/answer/6162278)을 위반했을 때 가해지는 불이익입니다. 구글의 AI 또는 직원이 자신들의 가이드라인에 어긋나는 콘텐츠에 대해 이런 조치를 취하는 것으로 알려져 있는데, 명예훼손 콘텐츠는 이 가이드라인 위반 사항 중 하나에 해당할 수 있습니다. 콘텐츠에 '노란딱지'가 붙게 되면 영상은 그대로 재생이 되지만 광고가 붙지 않게 되어 수익을 얻을 수 없습니다. 일단 구글이 이렇게 '노란딱지' 조치를 취하는 것 자체가 어떤 불법도 아니고 또 유튜브의 내부 조치일 뿐이기 때문에, 강제적으로 '노란딱지'를 풀게 할 방법을 찾긴 어렵습니다.

현재로서는 유튜브의 자체 이의 제기 절차인 '직접 검토 요청'을 빨리 신청하는 것이 가장 현명한 방법입니다. 동영상을 공개로 설정하기 전에 일단 일부 공개로 업로드해 보고, 1시간 정도 두어 이 단계에서 유튜브 시스템의 광고 적합성 검사를 받아보는 것도 좋은 방법입니다. '광고주 친화적인 콘텐츠 가이드라인' 중 이 장에서 설명하는 명예훼손, 모욕 등 관련 부분을 표로 옮겨보면 아래와 같습니다.

카테고리		내용 예시
부적절한 언어		• 제목, 미리보기 이미지 또는 동영상의 특정 시점에 사용된 과도한 욕설(예: '*지', '깜*이', '게*' 또는 기타 혐오 발언)
증오성 콘텐츠 및 경멸적인 콘텐츠		• 개인 또는 집단에게 수치심을 주거나 모욕하는 콘텐츠 • 발생한 참사를 부정하거나 피해자/생존자를 재연 배우로 치부하는 콘텐츠 • 악의적인 개인적 공격, 욕설, 명예훼손
도발, 비하	도발적이고 비하하는 콘텐츠	• 개인 또는 단체에게 수치심을 주거나 모욕하는 것이 주목적인 콘텐츠
	특정 개인이나 집단을 희롱하거나, 위협하거나, 괴롭히는 콘텐츠	• 특정인을 지목하여 학대 또는 괴롭힘을 조장하는 콘텐츠 • 특정한 비극적 사건의 발생 자체를 부정하거나, 사건의 피해자 또는 그 가족이 연기를 하고 있다거나 사건의 은폐에 연루되어 있다고 시사하는 콘텐츠 • 악의적인 개인적 공격, 욕설, 명예훼손

출처: 유튜브 고객센터 '광고주 친화적인 콘텐츠 가이드라인' 중 발췌

⇥ 이건 더 알아둡시다

> 유튜브 외 다른 플랫폼에서도 사이트 운영자,
> 관리자가 자체적으로 피해 신고를 접수받거나 발견해서
> 당신의 콘텐츠를 삭제하거나 차단하는 조치를 할 수 있다.

아프리카TV 등 인터넷 방송 플랫폼 대부분은 유튜브와 유사한 신고나 제재 절차를 두고 있다. 정보통신망법에 따라 사이트 운영자, 관리자는 권리침해 콘텐츠가 피해자로부터 신고되어 요청을 받으면 삭제 등 조치를 취해야 한다. 침해인지 아닌지 잘 모르더라도 콘텐츠에 대한 접근 차단 등 임시 조치를 취할 수 있다. 단, 유튜브 같은 해외(역외) 사업자에게는 법 적용을 강제하기 어려운 점은 앞서 살펴본 바와 같다.

▶ 어떻게 하면 명예훼손이 안 되게 말할 수 있을까?

법은 명예와 함께 표현의 자유를 같이 보장하기 위해 명예를 훼손하는 말이라도 그게 진실이고, 공익성이 있는 내용이라면 책임을 지우지 않습니다. 형벌이 내려지지도 않고, 손해배상을 하지 않아도 되는 것입니다. 어떻게 말할 경우에 명예훼손을 피

할 수 있는지 차근차근 정리해 보도록 하겠습니다.

첫째, 명예훼손을 피하려면 일단 '딱, 진실'인 것까지만 이야기해야 합니다.

개인 방송 콘텐츠는 수도 없이 많고, 듣지도 보지도 못한 기발한 콘텐츠가 하루걸러 하루꼴로 나오고 있습니다. 그러나 어떤 콘텐츠가 되었든 어떤 '대상'에 대해서 이렇다 저렇다 사실관계를 말하는 부분이 있다면 정치, 음식, 관광, 게임, 음악 어떤 주제라도 상관없이 진실을 말해야 1차적으로 안전합니다. 아직 진실인지 아닌지 확실하지 않은 내용이 있다면, 그 확실하지 않다는 내용을 같이 꼭 말해주어야 합니다. 예를 들어 D 회사 핸드폰 리뷰 방송을 하면서 최근 D 회사 핸드폰 배터리가 폭발한 사건이 있었다는 이야기를 한다고 가정해 보겠습니다. 방송 전 서치를 해 보니 뉴스에서 전문가가 나와 배터리 자체 결함이 의심되는 상황이라고 하는군요. 이때 당신이 "D 회사 핸드폰 배터리에 자체 결함이 있어서 폭발한다. 위험하다"라고 말한다면 문제가 될 위험이 있지만, "D 회사 핸드폰이 폭발한 사건이 있었는데, M 전문가가 자체 결함이 의심된다고 하더라"라고 말하면 문제 될 위험이 높진 않을 것입니다.

앞서 예를 든 것처럼 범죄에 대한 사실을 말할 때 특히 조심해야 합니다. 누군가 고소를 당했으면 고소를 당했다는 것까지만,

수사 중이라면 수사 중이라는 것까지만, 재판 중이라면 재판 중이라는 것까지만 딱 진실인 단계까지만 말하는 게 안전합니다. 하지만 여기서 한 가지 중요한 문제에 부딪히게 됩니다. 세상 누구도 '진실'을 다 알지 못한다는 것이지요. 과학자도 과학을 다 알지 못하고, 정치가도 정치를 다 알지 못합니다. 변호사도 법을 다 알지 못합니다. 마찬가지로 여러분이 나름 알고 있는 대로 자신 있게 이야기했지만, 그게 진실이 아닐 때가 상당히 많을 것입니다. 그와 더불어 도저히 진실인지 아닌지 알 수가 없지만 그게 '딱, 진실'인 것처럼 이야기하고 싶은 경우도 분명히 있을 것입니다.

이럴 때는 차선책으로 둘째, 누가 봐도 그렇게 믿었을 만한 근거를 찾아보고, '딱, 그 근거 있는 것'까지만 이야기해야 합니다.

누군가 피해를 입을 수 있는 위험한 내용을 이야기하려면 그만큼 사실을 확인하려는 노력이 필요합니다. 당신이 방송에서 연예인 B의 아버지가 친일파였다는 이야기를 하고 싶습니다. 이건 사람들한테 꼭 알려야 되는 이야기이고, 내 생각엔 이게 정말 틀림없는 '딱 진실'입니다. 그렇다면 이제 방송에 앞서 이것부터 스스로에게 질문을 해 봅시다.

'당신은 그걸 어떻게 알게 되었나요?'

여기서 분명하게 대답을 하지 못한다면, 우선은 방송하지 않는 쪽으로 판단을 내리는 게 좋습니다. 만약 '풍문'이나 '소문'이 그 대답이라면, 이는 '모른다'는 대답과 별반 차이가 없는 것입니다. 사실 엄밀히 말해 '풍문'이란 건 실체가 없는 것입니다. 그 '풍문'도 결국 잘 따져보면 친구의 말을 들었다거나, 인터넷 뉴스를 보았다거나, SNS를 보았다는 등 당신에게 오게 된 몇 개의 출처가 분명히 있는 이야기입니다. 단지 그게 정확히 기억이 나지 않거나 드러내기 싫을 때 '풍문'이라는 이야기를 하게 되는 것이지요. 안전한 방송을 위해 스스로에게 질문하는 것인 만큼 솔직히 떠올려 봅시다. 그리고 그다음 질문을 던져봅시다.

'당신이 알게 된 출처를 다른 사람이 봐도 똑같이 그렇게 믿을까요?'

연예인 B의 아버지가 친일파라고 이야기하고 싶은데, 내가 이렇게 생각하게 된 출처를 곰곰이 떠올려 보니 술자리에서 친구가 한 이야기였습니다. 과연 다른 사람이 당신 친구의 이야기를 듣고 "아, 이거 진짜구나"라며 그걸 틀림없는 사실이라고 믿을 수 있을까요? 출처가 증권가 정보지 글(속칭 '찌라시')이었다면 어떨까요? 두 출처 모두 아마 대부분의 사람이 "에이, 그거만 보고 어떻게 알아"라며 친일파 이야기를 믿지 않을 것입니다. 만약 당신이 본 출처가 지상파, 종편의 뉴스 프로그램이라면 다르겠지요. 전문적이고 조직적인 취재인력을 갖춘 언론사가 보도한 내용이 출처라면 사실로 믿는 사람이 더 많을 것입니다. 그러나 언론사도 틀린 뉴스를 낼 때가 있기 때문에, 뉴스에 나왔다는 이유만으로는 믿지 않는 사람이 있을지도 모릅니다. 여기서 한 걸음 더 나아가서 뉴스를 본 후 당신이 국사편찬위원회가 펴낸 공식 자료까지 확인한 것이라면? 그 정도까지 확인된 내용이라면 거의 누구나가 연예인 B의 아버지가 친일파였다는 사실을 진실로 받아들일 것입니다. 이렇게 누가 보더라도 진실로 믿을만한 출처가 있고, 그걸 바탕으로 방송에서 이야기한 것이라면 설령 그게 거짓으로 판명된다고 해도 명예를 훼손했다는 책임을 지우지 않을 수 있습니다. 앞서 이야기한 것처럼 '진실'을 알기는 어렵고, 진짜 그렇게 믿었던 사실이 나중에야 '진실'로 밝혀지는 경우도 있습니다. 법이 문제 삼으려고 하는 사람은 사실과 다른 말을 한 사람이 아니라 그런 말을 무책임하게 해 버린 사람입니다. 법원은 여기에 대해서 이렇게 말하고 있습니다. "한편 공연히 사실을 적시하여 사람의 명예를 훼손한 행위가 처벌되지 않기 위하여는 적시된 사실이 객관적으로 볼 때 공공의 이익에 관한 것이고, 행위자도 공공의 이익을 위하여 행위 하였어야 할 뿐 아니라, 그 적시된 사실이 진실한 것이거나 적어도 행위자가 그 사실을 진실한 것으로 믿었고, 또 그렇게 믿을 만한 상당한 이유가 있어야 한다"[8]. 사실을 확인하기 위해 충분한 노력을 기울였다

---

8) 대법원 2017. 4. 26. 선고 2016도18024 판결

면 '진실'이 아니더라도 법의 용서를 받을 수 있는 것입니다. 단, 그 노력은 '양'보단 '질'이 훨씬 중요하다는 점을 꼭 주의합시다. SNS에서 100명이 한 말을 믿고 방송하는 것보다 법원 판결로 나온 사실 하나를 믿고 방송하는 것이 훨씬 유리합니다.

마지막으로 셋째, 방송 내용에 공익성이 있어야 명예훼손을 피할 수 있습니다.

공익성은 내 방송이 누굴 비방할 목적이 없었다는 것을 보여 주는 근거가 되기도 합니다. 층간 소음으로 아파트 윗집에 사는 부부와 다투게 되었습니다. 이 부부가 너무 괘씸하고 밉습니다. 당신이 방송에서 윗집 층간 소음 고충을 이야기하면서 "윗집 부부가 얼마나 시끄럽냐면 대화하는 소리가 우리 집까지 들린다. 그런데 대화를 가만히 들어 보니 부부가 이틀에 한 번 꼴로 싸우더라"라고 이야기했다고 가정해 보겠습니다. 윗집 부부가 층간 소음을 많이 내는 것도 사실이고, 이틀에 한 번꼴로 싸우는 것도 사실이라면, 그 방송은 아무런 명예훼손 책임이 없을까요? 법이 보호하려고 하는 말은 많은 사람들이 알면 사회에 도움이 되는 말입니다. 진실이라고 해서, 진실이라고 믿을만한 탄탄한 근거가 있다고 해서 남을 해치는 말이 용납되는 건 아닙니다. 이 책 맨 처음에 치킨 먹방을 예로 들었었죠. A 사 치킨을 먹으면서 "이 치킨은 다른 치킨하고 비교하면 나트륨이 거의 2배는 많이 들어갑니다"라고 말한 내용은 어떻게 볼 수 있을까요? 상품에 대해 정보는 많이 알려질수록 소비자들의 현명한 판단을 돕게 됩니다. 정보가 진실이라면 이런 치킨 먹방은 공익성을 갖추고 있기 때문에 문제가 되지 않는 것입니다. 또 다른 예로 국회의원 L이 음주운전을 하다가 경찰에 적발되었습니다. 국회의원은 국민의 대표로서 공적인 일을 할 뿐 아니라 높은 도덕성이 요구되는 신분이지요. 그런 사람이 위법행위를 했다는 사실은 많은 사람의 관심사가 될 수 있고, 다른 국회의원들의 경각심을 일깨우기 위해 되도록 많은 사람에게 알려져야 합니다. 그러나 이런 경우는 어떨까요. 저 국회의원의 아버지인 M은 시골에서 농사를 지으며 살고 있는 평범한 시민입니다. M이 음주운전을 하다가 경찰에 적발이 되었다면 어떨까요? 평범한 시민인 M의 위법사실이 널리 알려져야 할 만한 어떤 공익성이 있다고 보기는 어려울 것입니다. 법원은 이 공익성에 대해서, "적시된 사실이 객관적으로 볼 때 공공의 이익에 관한 것으로서 행위자도 주관적으로 공공의 이익을 위하여 그 사실을 적시한 것을 가리킨다 ... 적시된 사실이 공공의 이익에 관한 것인지 여부는 당해 적시사실의 내용과 성질, 당해 사실의 공표가 이루어진 상대방의 범위, 표현의 방법 등 그 표현 자체에 관한 제반 사정을 감안함과 동시에 그 표현에 의하여 훼손되거나 훼손될 수 있는 명예의 침해 정도 등을 비교하여 판단해야 한다"[9]라고 하고 있습니다. 쉽게 말해 당신이 공익을 위해서 방송한 것이고, 내용도 실제 공익적이어야 하며, 이런 공익성은 여러 사정을 종합적으로 보고 판단하게 된다는 것입니다. 사실 방송 내용에 공익성이 있다는 게 딱 떨어지는 기준이 있는 것도 아니고 주관적인 부분도 있기 때문에 판단하기가 쉽지는 않습니다. 이 부분은 많은 예를 참고하여 감을 잡는 것이 좋습니다. '실제 사례로 감을 잡아봅시다'에서 공익성에 대한 법원의 판단을 많이 소개하고자 하였으니, 읽어보면 이해하는 데 도움이 될 것 입니다.

특히 말하는 주제가 공인에 대한 것이면 일반인에 대해 말할 때에 비해 공익성이 인정될 가능성이 높고, 명예훼손 책임이 인정되지 않을 가능성도 높습니다.

이것과 관련해서 법원은 "표현의 자유와 명예보호 사이의 한계를 설정함에 있어서는, 당해 표현으로 인하여 명예를 훼손당하게 되는 피해자가 공적인 존재인지 사적인 존재인지, 그 표현이 공적인 관심 사안에 관한 것인지 순수한 사적인 영역에 속하는 사안에 관한 것인지 등에 따라 그 심사 기준에 차이를 두어, 공공적·사회적인 의미를 가진 사안에 관한 표현의 경우에는 언

---

9) 대법원 2017. 6. 15. 선고 2016도8557 판결

유튜법

론의 자유에 대한 제한이 완화되어야 하고, 또한 공직자의 업무 처리가 정당하게 이루어지고 있는지 여부는 항상 국민의 감시와 비판의 대상이 되어야 하고, 특히 선거법위반사건 등 정치적인 영향력을 가진 사건 처리의 공정성에 대한 정당의 감시기능은 정당의 중요한 임무 중의 하나이므로, 이러한 감시와 비판기능 은 보장되어야 하고 그것이 악의적이거나 현저히 상당성을 잃은 공격이 아닌 한 쉽게 제한되어서는 아니된다."[10]라고 했으며, "피 해자의 지위를 고려하는 것은 이른바 공인 이론에 반영되어 있 다. 공론의 장에 나선 전면적 공적 인물의 경우에는 비판을 감수 해야 하고 그러한 비판에 대해서는 해명과 재반박을 통해서 극 복해야 한다."[11], "그 사실이 공공의 이익에 관한 것인지는 명예 훼손의 피해자가 공무원 등 공인(公人)인지 아니면 사인(私人)에 불과한지 ... 등 여러 사정을 고려하여 판단하여야 한다"[12]라고도 한 바 있습니다.

쉽게 말해 공직자나 유명 연예인, 자기가 공개를 자처해서 많 은 사람들의 관심의 대상이 된 사람에 대해 말한 것이라면 명예 훼손 면책기준을 좀 낮게 잡아 봐야 하고, 특히 공직자의 공적인 업무에 대해 말하는 내용이라면 그 공직자를 괴롭히려는 나쁜

---

10) 대법원 2003. 7. 22. 선고 2002다62494 판결
11) 대법원 2018. 10. 30. 선고 2014다61654 전원합의체 판결
12) 대법원 2018. 11. 29. 선고 2016도14678 판결

마음을 먹거나 너무 불합리하고 억지스러운 말을 한 게 아니라면 책임을 묻지 않는다는 의미로 이해할 수 있겠습니다.

명예훼손을 피하기 위해서는 위에서 말한 첫째와 셋째 조건, 또는 둘째와 셋째 조건이 함께 만족되어야 합니다. 즉, 진실한 내용으로 공익성이 있어야 하고, 만약 진실이 아니라면 누구나 그렇게 믿을만한 근거가 있고 공익성이 있어야 합니다.

⇉ 이건 더 알아둡시다

> **'진실'이라는 건 중요한 부분이 진실이면 된다는 것이고, 세세한 내용에 있어서 약간 틀리거나 조금 과장된 정도는 괜찮다.**
>
> -
>
> • 공무원 A가 건설사에게 9천만 원의 뇌물을 받았는데 1억 원의 뇌물을 받았다고 말하는 것
> • C 기획사 대표가 연습생들을 때리고 욕했다고 이야기하는데 때린 장소를 틀리게 말하거나 손바닥으로 때린 걸 주먹으로 때렸다고 말하는 것

두 경우 모두 세세한 내용에 사실과 다른 점이 있지만, 이 정도 다른 것만으로 허위라고 보긴 어렵다. 명예훼손에서 '진실'은 토씨 하나 안 틀리고 꼭 맞는 진실이어야 한다는 뜻이 아니다.

공익성은 꼭 나라 전체나 사회 전반에 이익을 주는
내용이어야만 인정되는 게 아니다.

- S 팬클럽 회장이 회비를 개인 용무에 쓰고 약속된 지출도 하고 있
  지 않다는 사실을 폭로하는 방송

어떤 집단이나 구성원들이 관심 있어 하고, 그들에게 이익을
줄 수 있는 정도여도 공익성이 있다고 본다. 위 S 팬클럽 회장에
대한 폭로 방송은 적어도 그 팬클럽의 관심과 이익을 위해 회원
들이 꼭 알아야 하는 내용으로 이 경우에도 공익성이 인정될 수
있다.

➤ 실제 사례로 감을 잡아봅시다

- A 신문사는 유명 여배우 M이 불법적인 유학을 알선해서 약
  100억 원을 챙기고 경찰 수사가 시작되자 미국으로 도피했다
  고 보도했다. 그런데 수사 결과 여배우 M의 범죄 행위가 사실
  무근이라고 밝혀졌다.

  법원은 이 기사에 대해서 공공의 이해에 관한 내용으로 공익
  을 위해 보도된 것이라며 공익성이 있다고 봤다. 다만 결과적

으로는 명예훼손 책임을 인정했는데, 경찰 보도 자료 내용에 다른 언론사 뉴스를 추가해서 기사를 쓴 것이고, 그 외에는 별다른 사실 확인 노력을 기울이지 않았다는 이유 때문이었다. 즉, 누구나 믿을만한 근거를 갖추지 않은 채 사실과 다른 내용을 이야기했기 때문에 면책이 되지 않았던 것이다.

- 유튜버 X가 방송에서 여성 국회의원 Y에 대해 보좌관과 불륜 행위를 했다고 이야기했다. 불륜설은 이미 4년여 전에 인터넷 신문을 통해 보도됐던 내용이었는데, 유튜버 X는 이 과거 인터넷 기사와 신문 기자의 페이스북 게시글을 토대로 방송을 했던 것이다.

  법원은 이 유튜버가 Y의 불륜설에 대해 사실이라는 식의 단정적인 말을 하지 않았고, 기사와 게시글 내용에서 더 추가된 내용을 이야기한 것도 아니라는 등의 이유로 무죄라고 봤다. 참고로 무죄가 내려진 재판은 2심이었는데, 1심에서는 허위 사실을 이야기해 명예를 훼손했다고 인정되어 500만 원의 벌금이 내려졌던 사건이다. 방송 내용이 사실인지를 떠나 이런 방송이 위험했다는 점만큼은 분명하다고 볼 수 있다.

- W 신문사는 유명 시인 C에 대해 상습적으로 여성들을 성희롱, 성추행, 성폭행했다는 폭로 기사를 냈다. 기사 내용 중에는

C가 여성에게 음란한 사진을 요구하고 "자살하겠다"라고 협박해서 오게 한 다음 강제로 성관계를 가졌다는 등 충격적인 사실이 나와 있었다.

법원은 기사 내용의 상당 부분이 근거가 없거나 사실이 아니라고 봤다. 나아가 기사의 근거가 피해자들이 작성한 SNS 게시물인데, 이러한 SNS 글의 특성상 신빙성이 떨어지는 데다가 W 신문사가 처음 기사를 낼 때 피해 주장 여성들 중 아무와도 취재하지 않았다는 점 등을 이유로 해서 믿을만한 근거가 있는 내용이 아니라고 봤다. SNS 게시물만을 믿고 방송을 했을 때 위험할 수 있다는 점을 상기할 수 있는 사례다.

- K 신문사는 자신들이 유명 한류스타 S의 남편을 사기죄로 고소했다는 기사를 냈다. 기사 내용은 S의 남편이 S의 초상권을 가지고 공동으로 사업을 하자고 자신들(K 신문사)에게 제안해 20억의 투자금을 받아 갔지만 제대로 사업을 하지 않고 돈만 가로채서 고소하게 됐다는 것이다.

법원은 기사가 S 남편의 명예를 훼손하지 않았다고 판단했는데, 특히 공익성과 관련해서 S의 남편이 한류스타의 배우자로서 지상파 방송에 출연한 적이 있고, 언론에 실명으로 거론된 적이 있는 사람이므로 공인과 다를 바 없는 사람(공인에 준하는 지위에 있는 자)이라고 봤다. 또한, 유명 연예인의 초상권 사업을 둘러싼 법적인 분쟁은 많은 사람의 관심거리가 되는 사건이라고 하면서 기사의 공익성을 인정했다.

· Z 방송사는 시사교양프로그램에서 한 노모를 둘러싼 자녀들 간의 상속 다툼을 방송했다.

법원은 방송 내용 중에 가족 B의 인터뷰를 실으면서, 가족 A가 구치소에 있다 온 적이 있음을 알리는 방송 자막을 내보낸 부분이 문제가 있다고 봤다. 개인의 형사 구속 여부는 아주 민감한 정보이기 때문에 당사자 동의 없이는 공개해서 안 되는 내용이라고 본 것이다. 전체 방송에서 꼭 필요한 부분도 아니고, B가 직접 말하지 않은 것인데도 방송에서 자막으로 알렸기 때문에 명예를 훼손했다고 판단했다.

· E 유튜버가 자신의 방송에서 유명 작가 F에 대해 과거 자신을 따르던 문학소녀들과 혼숙을 했고, 혼외자도 있었다고 이야기했다.

법원은 F 작가가 공인이라 하더라도 방송 내용은 아주 사적인 영역에 대한 내용일 뿐 아니라, F 작가를 비하하고 편견을 조장하려 한 방송이었다고 봤다.[13] 아무리 공인에 대한 내용이라

---

13) 1심 법원이 본 견해로, 이 사건은 강제조정으로 끝이 났습니다.

해도 알리는 내용에 공익성이 없으면 명예훼손 책임이 인정될
수 있는 것이다.

★ 봐야 할 법을 모아봤습니다

`형법`

제307조(명예훼손) ① 공연히 사실을 적시하여 사람의 명예를
훼손한 자는 2년 이하의 징역이나 금고 또는 500만 원 이하의
벌금에 처한다.

② 공연히 허위의 사실을 적시하여 사람의 명예를 훼손한 자는 5
년 이하의 징역, 10년 이하의 자격정지 또는 1천만 원 이하의 벌
금에 처한다.

제308조(사자의 명예훼손) ① 공연히 허위의 사실을 적시하여
사자의 명예를 훼손한 자는 2년 이하의 징역이나 금고 또는 500
만 원 이하의 벌금에 처한다.

② 제1항의 방법으로 제307조제2항의 죄를 범한 자는 7년 이하
의 징역, 10년 이하의 자격정지 또는 1천 500만 원 이하의 벌금
에 처한다

제309조(출판물 등에 의한 명예훼손) ① 사람을 비방할 목적으
로 신문, 잡지 또는 라디오 기타 출판물에 의하여 제307조제1항

의 죄를 범한 자는 3년 이하의 징역이나 금고 또는 700만 원 이하의 벌금에 처한다.

② 제1항의 방법으로 제307조제2항의 죄를 범한 자는 7년 이하의 징역, 10년 이하의 자격정지 또는 1천 500만 원 이하의 벌금에 처한다.

제310조(위법성의 조각) 제307조제1항의 행위가 진실한 사실로서 오로지 공공의 이익에 관한 때에는 처벌하지 아니한다.

제312조(고소와 피해자의 의사) ① 제308조와 제311조의 죄는 고소가 있어야 공소를 제기할 수 있다.

② 제307조와 제309조의 죄는 피해자의 명시한 의사에 반하여 공소를 제기할 수 없다.

제314조(업무방해) ①제313조의 방법(허위의 사실을 유포하거나 기타 위계) 또는 위력으로써 사람의 업무를 방해한 자는 5년 이하의 징역 또는 1천 500만 원 이하의 벌금에 처한다.

정보통신망 이용촉진 및 정보보호등에 관한 법률(정보통신망법)

제70조(벌칙) ① 사람을 비방할 목적으로 정보통신망을 통하여 공공연하게 사실을 드러내어 다른 사람의 명예를 훼손한 자는 3년 이하의 징역 또는 3천만 원 이하의 벌금에 처한다.

② 사람을 비방할 목적으로 정보통신망을 통하여 공공연하게 거짓의 사실을 드러내어 다른 사람의 명예를 훼손한 자는 7년 이

하의 징역, 10년 이하의 자격정지 또는 5천만 원 이하의 벌금에 처한다.

③ 제1항과 제2항의 죄는 피해자가 구체적으로 밝힌 의사에 반하여 공소를 제기할 수 없다.

명예훼손을 했거나,
당했을 때 대처법

🔔 **이건 꼭 기억합시다**

- 문제 제기를 당했다면 민사든 형사든 우선 자기 방송을 냉정히 평가해 보고, 문제
  가 있을 시 최대한 합의를 시도해야 한다. 문제가 없을 시 방송이 진실성(또는 진
  실이 아니더라도 믿을만한 근거가 있다는 점), 공익성이 있다는 점을 주장하며 대
  응해야 한다.
- 내가 명예훼손을 당했다면 법적 조치로 민사소송(손해배상, 금지 가처분), 형사고
  소가 가능하다. 가해자 신원을 알아내기 위해 이용자 정보제공청구제도를 활용하
  는 것도 좋은 방법이다.

▶ **명예훼손으로 민사소송을 당했을 때 어떻게 대처해야 하나?**

　당신이 명예훼손적인 방송 때문에 민사소송이나 고소를 당하
게 되면, 우선 자기 방송을 다시 한번 보고 냉정하게 평가해 봐

야 합니다. 문제가 있었다면 최대한 합의로 사건을 끝내야 하고, 문제가 없다면 방송이 진실성과 공익성이 있다는 점 등 방어 논리를 강하게 어필해서 대응해야 합니다.

민사소송부터 살펴봅시다. 먼저 간략히 민사소송 절차를 요약하면, 통상 민사소송을 당했을 때 집이나 사무실로 '소장'이 송달될 것이고 '소장'과 함께 법원에서 보내준 소송절차에 대한 안내 자료, 문서로 된 증거들을 함께 받게 됩니다. '소장'에는 '원고'가 주장하는 내용이 쓰여있고, 손해배상 청구라면 원고가 받길 원하는 배상액이 나와 있습니다. 당신은 '소장'을 받은 날로부터 30일 이내에 이 내용에 대한 답변을 적은 '답변서'를 써서 법원에 도착하도록(필요하다면 증거도 같이 첨부해서) 해야 합니다. 며칠 정도 늦는 건 괜찮지만, 30일이 지나고 너무 오랫동안 아무 답변도 내지 않으면 법원에서 판결 날짜를 잡아 패소 판결을 내릴 수 있으니 가급적 기간을 맞추는 게 좋습니다. '답변서'를 제출하면 곧 법원에서 '변론기일'(재판 날짜)을 정해서 날짜, 시간, 장소가 적힌 통지서를 보내줍니다. 그리고 재판 날짜에 당신이나 변호사가 출석해서 '원고'와 나란히 앉아 판사 앞에서 주장과 반박을 하게 됩니다. 이 '변론기일'에서 뭔가 치열하게 말을 많이 하기보다는 '소장', '답변서', '준비서면'(소장과 답변서 이후에 법원에 제출해서 주장과 반박을 주고받는 문서)을 통해 정리한 내용을 당신과 원고가 법원에 내고 필요한 증거도 제출하면서 공방을 벌입니다. '변론기일'이나 문서를 내는 횟수는 정해진 게 없습니다. 액수가 작거나 간단한 사안의 경우는 한 번의 '변론기일'만 하기도 합니다. 서면과 함께 유리한 증거들을 제출하고, 필요하면 판사 앞에 증인을 불러 문답(증인신문)을 하기도 하며 공방이 오간 후에 판결이 내려지게 됩니다. 아시다시피 첫 번째인 1심 판결에서 졌을 때는 2심, 3심으로 재판을 더 해 볼 수 있습니다.

위의 내용은 일반적인 민사소송 본안 절차만을 간단하게 소개한 것입니다. 구체적인 절차와 사건에 대해서는 변호사 등 법률 전문가와 상담해 보시는 게 좋습니다. 만약 혼자 민사소송을 진행한다면 대법원 나홀로 소송(pro-se,scourt. go.kr) 사이트를 방문해 소송에 필요한 지식과 정보를 얻을 수 있습니다. 소송 절차에 대한 설명, 법원에 제출하는 문서 양식, 양식 작성 예시까지 잘 소개가 되어 있어 매우 유용한 사이트이니 많은 도움이 될 것입니다.

자, 이제 당신의 집에 '소장'이 송달되었습니다. '소장'을 보니 방송에서 A 씨에 대해 비판적으로 말한 내용이 있었는데, A 씨가 명예를 훼손당했다며 거액의 손해배상금을 받아야겠다고 하고 있군요. 앞서 본 절차에 따라 여러분은 일단 답변서를 내야 하겠죠. 그런데 그보다 더 먼저 해야 할 일이 있습니다. 자기 방송을 다시 한번 살펴보고 원고 A 씨가 문제 삼는 내용을 한번 냉

철하게 판단해 봅시다. 그 부분이 순수하게 의견을 말했던 것이었는지, 공익성이 있는 내용이었는지, 무엇보다 내가 말한 내용이 진짜가 맞는지, 진짜인지 자신이 없다면 얼마나 확실한 근거가 있는지 생각해 봅시다.

만약 자신이 없는 사건이라면 끝까지 재판을 갈 것이 아니라 합의로 사건을 끝내는 것이 좋습니다. 원고 A 씨가 아는 사람이거나 전화, 이메일 등 A 씨와 연락할 방법을 알고 있다면 방송을 수정하거나 삭제하는 등 A 씨가 바라는 조건을 들어주고 소송을 취하하는 데 대해 이야기해 볼 수 있을 것입니다. A 씨가 변호사를 선임해서 소송하고 있다면 그 변호사에게 연락해서 합의를 의논해 볼 수도 있습니다. 하지만 A 씨와 연락 닿을 방법이 아예 없다면 법원에 '답변서'를 내거나 '변론기일'에 출석해서 '조정'을 통해 사건을 해결하고 싶다는 이야기를 해 볼 수 있습니다. 법원에서 이를 받아들여 '조정' 절차에 들어가게 되면 치열하게 다퉈가면서 소송을 계속하는 것이 아니라 법관 또는 전문적인 조정 위원의 도움과 함께 적절한 배상액을 주거나 다른 조치를 취해주는 것으로 합의를 해 볼 수 있습니다. 법원에서 먼저 '조정'을 여는 경우도 있습니다. 민사소송을 진행하는 것 자체가 시간과 비용이 소요될 뿐만 아니라 정신적인 스트레스도 받기 때문에 상대방이 지나치게 많은 배상액을 요구하는 게 아니라면, 적정선에서 배상해주는 것으로 합의를 하고 사건을 마무리하는 게 좋습니다. 본인이 생각해도 문제가 있는 방송이었다면 끝까지 재판을 고집하기보다는 합의를 통해 현명한 해결을 찾아보는 것이 좋은 방법입니다.

하지만 방송을 다시 보니 아무리 생각해도 이건 문제가 안 되는 내용입니다. A 씨의 문제 제기가 납득하기가 어렵다면 소송에서의 승리를 위해 최선을 다해 다퉈봐야 합니다. 앞의 '어떤 경우에 명예훼손이 될까?', '어떻게 하면 명예훼손이 안 되게 말할 수 있을까?'에서 설명했던 내용은 모두 승리를 위한 방어 논리가 될 수 있습니다. 당신이 소송에서 주장해야 할 대표적인 내용을 추려보면 아래와 같습니다.

① 방송을 보고 그 내용이 A 씨에 대한 이야기인지 아무도 모른다.
② 내가 말한 건 어떤 사실을 이야기한 게 아니라 의견이나 평가를 한 것일 뿐이다.
③ 나는 진실된 내용만 이야기했고, 그 내용은 공익성이 있다.
④ 만약 진실이 아니더라도 누가 봐도 진실이라고 볼만한 근거가 있고 공익성이 있다.

이름을 그냥 공개하고 방송한 것이라면 애초에 ①번은 주장하기 어려울 것이고, 의견이나 평가를 말했던 것도 아니라면 ②번

역시 주장하기 어려울 것입니다. 실제로 소송에서 많이 다뤄지는 부분은 ③번과 ④번입니다. 당신의 방송이 진실이라는 것을 보여줄 증거를 최대한 많이 제출해야 합니다. 신문 기사, 방송뉴스, 공공기관의 문서, 책, 목격자의 말, A 씨가 했던 말 등 도움이 되는 거라면 가급적 많이 찾아서 제출해야 합니다. 그리고 당신이 방송 당시에 확인했던 근거들도 최대한 찾아내어 법원에 제출합시다. 소송은 상대방이나 사건 관계자를 설득하는 게 아니라 판사를 설득하는 과정입니다. 증거를 제출할 때는 이 일을 전혀 모르는 사람에게 낸다는 생각으로 구체적이고 객관적인 자료를 내야 합니다. 그리고 이 방송 내용이 사람들의 관심이 얼마나 많은 사안인지, 사람들에게 얼마나 도움이 되는 내용인지도 잘 설명합시다.

앞서 '명예훼손을 하면 어떤 처벌이나 불이익을 받나?'에서 설명한 '가처분'이 들어올 수도 있습니다. 어떤 내용의 명예훼손적인 방송을 내리라거나 앞으로 하지 말라는 걸 요구하는 내용으로, 이때는 '소장' 대신 가처분 신청서가 옵니다. 소송보다 절차가 훨씬 신속하게 진행이 되는데 신청서를 받은 후 빠르면 단 며칠 후에 법원에 출석하는 '심문기일'이 열리기도 합니다. 이때는 앞에서 살펴본 내용을 잘 주장하되, 만약 상대방이 내가 앞으로 하지도 않을 방송을 문제 삼거나 방송을 전부 하지 말라는 식의 불명확한 주장을 하고 있으면 그런 내용까지 꼭 반박 내용에 포함해 대응하는 것이 좋습니다.

　법은 늘 우리 곁에 있지만 역설적이게도 보통 사람들은 법에 익숙하지 않습니다. 특히 남의 일인 줄로만 알았던 소송이나 고소를 당하고 재판을 준비해야 한다면 그 법이 더 어렵게 느껴질 것입니다. 그렇기 때문에 위에서 말한 내용을 효과적으로 설명하고 도움이 되는 증거를 잘 찾아낼 수 없다면 혼자서 끙끙 앓는 것보단 변호사와 같은 법률 전문가의 도움을 받는 것이 좋을 수도 있습니다.

▶ 명예훼손으로 형사고소(고발, 진정)를 당했을 때 어떻게 대처해야 하나?

　다음으로 형사 진행 절차를 간단히 살펴봅시다. 당신이 형사고소를 당하면 보통 경찰서로부터 출석요구서나 전화 연락을 받게 될 것입니다. 피해자가 아닌 사람이 고발하거나 경찰에 진정을 넣는 경우도 있지만, 가장 많은 경우인 고소의 경우를 설명하도록 하겠습니다. 고발이나 진정일 때 '고소장'은 '고발장'이나 '진정서'로 이해하면 되겠습니다. 전화 연락을 받게 되는 경우 담당 수사관은 당신이 고소를 당했다는 사실을 알리면서 경찰서에 출석해 조사받을 날짜를 잡아 알려달라고 할 것입니다. 출석요구서로 받은 것이라면 출석요구서에 날짜가 아예 지정되어 있을 것입니다. 그러나 이 날짜는 조정이 가능하기 때문에 출석요구서에 적힌 담당 수사관 번호로 전화해서 변경할 수 있습니다. 두렵다고 해서 경찰서의 출석요구나 전화 연락을 무작정 피하고 있으면 안 됩니다. 이럴 경우 체포영장이 발부되어 강제로 경찰서에 가게 될 위험이 있으니 유의해야 합니다. 당신이 의도적으로 피하지만 않는다면 명예훼손죄 때문에 체포나 구속이 되는 경우는 매우 드물기 때문에 출석과 조사 자체에 대해 너무 두려움을 가질 필요는 없습니다.

이제 정해진 날짜에 경찰서에 출석해 담당 수사관 앞에서 이 방송을 왜 하게 됐는지, 방송에서 그렇게 말한 근거가 무엇인지에 대해 말을 하게 됩니다. 수사관이 묻고 그 질문에 답하는 형식으로 진행이 되는데, 이 절차를 '피의자 신문'이라고 합니다. '피의자 신문' 마지막에 수사관이 묻고 답하는 내용을 그대로 적은 '피의자 신문 조서'를 보여주고, 말한 내용이 그대로 잘 적혀 있는지 확인 후에 문제가 없으면 도장(또는 지장)을 찍으며 신문을 마치게 됩니다. 이때 자신이 말한 취지와 다르게 적혀 있으면 바로 고쳐달라고 요청해야 합니다. 이후 추가적으로 '피의자 신문'을 더 하게 될 수도 있고, 수사관이 요청하는 자료를 더 내게 될 수도 있습니다. 수사를 마친 경찰은 사건을 검찰에 보낼지(송치) 보내지 않을지 결정하게 됩니다. 당신의 방송이 명예훼손이 아니거나 그렇게 볼만한 증거가 없는 등 처벌하지 않을 사건인 경우에는 '불송치'(혐의없음, 죄가 안 됨, 각하) 결정을 내려 사건을 끝내게 됩니다.[14] 그렇지 않다면, 이제 검찰에 사건을 송치하게 됩니다. 이후 담당 검사가 사건을 더 수사해서 '기소' 또는 '불기소' 처분을 내리게 되는데, '기소'란 쉽게 말해 "수사를 해 보니 이 사람을 처벌해야 합니다. 재판을 열어주십시오."하고 검찰이 법원에 알려주는 행위입니다. 검사가 수사를 해 보니 당신의 방송이 명예훼손이 아니거나 그렇게 볼만한 증거가 없는 등 처벌하지 않을 사건인 경우에는 '불기소' 처분(혐의없음, 죄가 안 됨, 각하)을 내려 사건을 끝내게 됩니다. 검찰 단계에서까지 '불기소' 결정이 내려지면 당신의 형사 절차는 일단 문제없이 끝났다고 생각하면 됩니다.[15] 검찰에서 '기소유예'라는 처분이 내려질 때가 있습니다. 기소유예 역시 불기소 처분의 하나이긴 한데, 명예훼손죄가 되는 건 맞지만 사건이 가볍고, 피해가 적고, 당신이 전과가

---

14) 단, 경찰이 내린 '불송치' 결정에 대해 검사가 위법 또는 부당하다고 생각하면 경찰에 재수사를 요청할 수 있습니다. 또한, 경찰의 '불송치' 결정을 받은 고소인, 고발인, 피해자 등이 경찰에 이의신청을 할 수 있는데, 이 때 사건은 검찰로 보내지게 됩니다(송치).

15) 검찰이 내린 '불기소' 처분에 대해서 고소인이 인정할 수 없다며 수사를 더 해 달라고 '항고'할 수 있습니다. 그리고 이 요청이 받아들여지면 다시 수사가 진행될 수 있기는 하지만, 검찰이 내린 불기소 처분에 대한 '항고'가 받아들여질 확률이 높지는 않습니다.

없는 등 사정을 고려해서 형사재판으로 사건을 넘기지 않고 검찰 단계에서 끝낸다는 뜻입니다. 기소유예는 아무 처벌이 없으며 전과도 남지 않습니다. 수사기관에만 기록이 남아서 경찰, 검찰의 참고 자료로만 쓰이게 됩니다. 하지만 어디까지나 범죄 사실은 인정되는 것이기 때문에 기소유예가 민사상 책임에 불리한 영향을 줄 수 있습니다.

검찰이 당신의 방송이 명예훼손이 되고, 처벌도 해야 한다고 보면 기소를 하게 됩니다. 벌금으로 끝날 가벼운 사건이면 재판을 열지 않고 간단한 절차로 진행하는 '약식기소'를 하게 되고, 법원이 이를 받아들이면 당신에게 범죄사실과 벌금 등이 적힌 '약식명령'이 떨어지게 됩니다. 당신이 그 벌금을 받고 아무 조치를 취하지 않으면 벌금형이 확정되어 사건은 끝이 납니다. 만약 판사 앞에서 제대로 재판을 받아보고 싶다면 약식명령을 받아본 날로부터 7일 이내에 법원에 '정식재판 청구'를 하면 되고, '피고인'으로서 법원이 통지한 '공판기일'(재판 날짜)에 출석하여 형사재판에 임하게 됩니다.

'약식기소' 건이 아니라면 정식으로 기소가 되어 바로 형사재판이 진행됩니다. 형사재판에서 상대방은 검사입니다. 재판에서 당신은 검사와 마주 앉아 공소장에 밝힌 범죄사실과 증거를 인정하는지에 대해 다투게 되고, 당신에게 유리한 자료가 있다면 증거로 제출할 수 있습니다. 필요한 경우 증인을 불러 묻는(증인

신문) 절차를 진행하기도 합니다. 검사와 변호인, 판사가 당신에게 직접 범죄 등에 대해 물어보는 '피고인 신문'을 마치게 되면, 검사가 어떤 처벌을 내려야 한다는 '구형'을 하게 되고, 최종적인 당신의 진술을 들은 후 법원이 판결을 내리게 됩니다. 민사소송과 마찬가지로 1심에서 유죄가 나왔을 때는 2심, 3심으로 재판을 더 해 볼 수 있습니다.

위의 내용은 일반적인 형사소송 절차만을 간단하게 소개한 것입니다. 구체적인 절차와 사건에 대해서는 변호사 등 법률 전문가와 상담해 보는 게 좋습니다. 형사에서는 변호인이 무조건 같이 있어야 재판이 열린다고 생각하는 경우도 있는데, 명예훼손은 특별한 경우(구속, 미성년, 70세 이상, 빈곤 등) 외에는 그렇지 않습니다. 혼자 소송을 하게 될 수 있는 것은 민사소송도 마찬가지이지만 검사를 상대로 한다는 게 아무래도 부담이 클 수 있습니다. 경제 사정이 여의치 않으면 법원에 국선변호인을 선정해 달라고 신청하는 것도 좋은 방법입니다. 형사 절차에 관하여는 대한민국 법원 전자민원센터(help.scourt.go.kr)를 참고하고, 대한법률구조공단(www.klac.or.kr)에서 법률상담을 받아보는 것을 추천합니다. 위 사이트는 민사소송의 경우에도 유용한 곳입니다. 아울러 경찰민원포털(minwon.police.go.kr) 사이트의 고객센터에서는 고소장, 위임장, 고소취소장 등 다양한 문서 양식을 얻을 수 있습니다.

위 형사 절차는 2021. 1. 1.부터 새로 개정된 형사소송법 시행으로 변경된 것입니다. 이전까지는 경찰이 원칙적으로 검찰에 모든 사건을 보내(송치) 검사가 기소할지 결정했습니다. 경찰이 처벌할 사안이 아니라고 판단을 했을 때에도 사건을 끝낼 수는 없고, 일단 그런 의견을 달아 검찰에 송치를 했던 것입니다. 새로운 형사 절차 시행으로 이제 1차적으로 경찰이 사건을 끝내는 게 가능해졌기 때문에. 아무래도 이전보다 경찰 수사에 성실히 임하고, 꼼꼼하게 대응할 필요성이 커지게 되었다고 볼 수 있습니다.

자, 이제 경찰에서 전화 한 통이 왔습니다. 누군가 당신 방송을 보고 명예훼손으로 고소를 했다고 하는군요. 당신은 어떤 것부터 챙겨야 할까요? 적절한 시간으로 경찰 출석 일자를 잡는 것도 중요하지만, 기본적으로 '고소장'부터 확보를 해 놓는 것이 좋습니다. 민사소송의 경우에는 원고가 쓴 '소장'을 받게 되기 때문에 상대방이 내 방송의 어떤 부분을 문제 삼는지 알 수 있습니다. 반면 형사고소의 경우엔 문제 내용에 대해 자세히 알 만한 자료가 오지 않습니다. 경찰과의 통화로도 상세히 알기 어렵습니다. 그렇기 때문에 무엇을 방어해야 할지를 알기 위해 문제 내용이 적힌 '고소장'을 확보할 필요가 있습니다. 이를 확보하는 가장 간편한 방법은 정부에서 운영하는 정보공개(www.open.go.kr) 사이트에서 인터넷으로 신청하는 방법입니다. 사건 관할 경찰서를 청구 기관으로 해서 청구 내용에 경찰 사건번호(

모르면 전화 온 경찰관에게 문의)와 함께 '피고소인으로서 고소 내용을 자세히 파악하여 방어권을 충분히 행사하고 싶기 때문에 고소장을 열람·복사하고 싶다'는 취지를 입력한 뒤 신청하면, 정보공개 사이트에서 전자 문서로 다운을 받거나 우편으로 사본을 받는 등 문서를 확보할 수 있습니다. 보통 10일 정도 내외에 공개처리가 완료됩니다.

고소장을 확보한 이후에는 우선 고소 내용을 잘 살펴보고, 민사소송에서와 같이 자체 검토를 해 보는 시간을 가져봅시다. 자기 방송을 다시 한번 살펴보고 고소인이 문제 삼는 내용을 한번 냉철하게 판단해 봅시다. 그 부분이 순수하게 의견을 말했던 것이었는지, 공익성이 있는 내용이었는지, 무엇보다 내가 말한 내용이 진짜가 맞는지, 진짜인지 자신이 없다면 얼마나 확실한 근거를 가지고 있는지 생각해 봅시다. 앞서 '명예훼손을 하면 어떤 처벌이나 불이익을 받나?'의 '이건 더 알아둡시다' 부분에서 명예훼손은 '반의사불벌죄'라고 설명드렸습니다. 피해자가 당신의 처벌을 원하지 않는다고 수사기관에 이야기하면, 수사를 더 하더라도 어차피 처벌되지 않는 건이기 때문에 사건이 문제없이 끝나게 됩니다. 경찰이나 검찰이 '공소권 없음'이라는 결정을 내려 사건을 종결하게 되는 것이지요. 보통 피해자가 당신의 처벌을 원하지 않는다고 한다면 "○○○의 처벌을 원하지 않으며 고소인은 차후로 이 사건에 대해서 민·형사상 이의를 제기하지 않겠습니다."라는 내용을 넣어서 고소인과 당신의 신원정보를 적고 도장을 찍은 합의서를 작성해 경찰에 제출합니다. 이처럼 피해자가 처벌을 원하지 않는다고 한번 이야기하면 나중에 말을 바꾸지 못하기 때문에 자신 없는 사건이라면 방송을 삭제하거나 적정한 배상 합의금을 주는 등의 조건으로 사건을 끝내는 것이 좋습니다.

고소인이 민사소송을 걸지 않았다고 해도, 사건을 한 번에 해결하기 위해서는 민사와 형사를 함께 조건으로 묶어서 합의를 보는 것이 좋습니다. 고소인의 연락처 정보를 알고 있다면 직접 연락을 하고, 모른다면 사건 담당 경찰에게 전화를 걸어 합의하고 싶다는 의사를 이야기하거나 고소인에게 전해달라고 부탁하는 방법이 있습니다. 고소인이 허락하면 경찰에서 고소인 연락처를 주고 직접 합의를 보라고 할 수 있습니다. 다만, 합의는 강제할 수 없습니다. 고소인이 연락을 거부하거나 합의할 생각이 없다고 한다면, 담당 경찰을 통해서라도 반성하는 마음과 합의 의사를 계속 전하며 고소인의 마음이 열리길 기다려야 하겠습니다.

방송을 다시 보니 아무리 생각해도 이건 문제가 안 되는 내용이면, 명예훼손이 아니라는 점을 경찰에 최대한 주장해야 합니다. 특히 형사의 경우 수사 단계에서 잘 대응하면 재판까지 가지 않고 사건이 끝날 수 있기 때문에, 경찰 수사에 출석해서 성실하게 진술(피의자 신문)하고 필요한 자료를 최대한 많이 제출하는 게 중요합니다. 이 책의 앞부분에 나왔던 '어떤 경우에 명예훼손이 될까?', '어떻게 하면 명예훼손이 안 되게 말할 수 있을까?'에서 설명했던 ① 방송을 보고는 그게 고소인에 대한 이야기인지 아무도 모른다, ② 내가 말한 건 어떤 사실을 이야기한 게 아니라 의견이나 평가를 한 것일 뿐이다, ③ 나는 진실된 내용만 이야기했고, 그 내용은 공익성이 있다, ④ 만약 진실이 아니더라도, 누가 봐도 진실이라고 볼만한 근거가 있고, 공익성이 있다는 점을 경찰 조사에 출석해 잘 이야기해야 합니다.

형사에서 특별히 중점적으로 이야기해야 할 내용이 있다면 바로 '고의'가 없었다는 점인데, 특히 허위 사실이 문제가 된 경우라면 '나는 그게 허위라는 걸 몰랐다'는 점을 중요하게 주장해야 합니다. 위의 ④번 주제인 '누가 봐도 진실이라고 볼만한 근거가 있다'를 주장하면서, 그런 근거 때문에 나도 허위라고 생각 못했다는 점을 강조하면 도움이 되겠지요. 한 가지 더 앞서 '비방의 목적'으로 방송을 해서 명예를 훼손하면 죄가 더 무겁다고 했습니다. 만약 고소당한 내용에 '비방의 목적'이 있었다는 점까지 포함되어 있다면, ③번과 ④번의 공통 주제인 '공익성'을 특히 강조해야 합니다. 이런 공익적인 목적 때문에 방송을 했고, 방송 내용에 어떤 공익성이 있다는 점이 받아들여질수록 상대적으로 비방의 목적이 없었다는 점이 인정될 가능성이 높아집니다. 기본적으로 경찰이 묻는 말에 답하는 형식이지만, 대답 속에 위의 내용이 꼭 포함되도록 말을 해야 합니다. 잘 기억나지 않고 자신 없다면 '진술서'든 '의견서'든 이름을 붙여 내용을 정리한 문서를 만들어 제출해도 괜찮습니다. 명예훼손이 아니라는 점을 보여줄 자료가 있다면 최대한 모아 출석할 때 경찰에 냅시다.

이러한 노력에도 불구하고 결국 기소가 되어 재판까지 가게 됐다면, 이 단계에서도 한 번 더 합의를 고려해 볼 필요가 있습니다. 어쨌든 수사기관의 기소대로 재판에서 명예훼손이 인정되는 경우가 아닌 경우보다 더 많기도 하고, 1심 판결이 나기 전까지는 피해자(고소인)가 처벌을 원하지 않는다는 의사표시를 법원에 내서 아무 불이익 없이 소송을 끝내는 게(공소기각 판결) 가능하기 때문입니다. 합의가 없다면 수사 절차에서와 같이 명예훼손이 아니라는 점을 동일하게 주장하되, 수사에서 강조하지 못했던 내용과 미처 제출하지 못했던 자료를 중심으로 최대한 공소장 내용을 반박해야 하겠습니다.

형사 절차에서 변호인을 선임해 도움을 받는 것은 추천할 만한 일입니다. 아무래도 전문가의 도움을 받게 되면 효율적인 방어도 가능하고 심리적으로 안정감을 얻을 수 있기 때문이지요. 특히, 애초에 합의할 게 아니라 끝까지 다퉈볼 사건이라면 사건 초기부터 변호인을 선임하여 도움을 받아볼 필요성이 크다고 할 수 있습니다.

≒+ 이건 더 알아둡시다

민사, 형사재판의 진행 상황이 알고 싶을 때는
대법원의 '나의 사건검색' 사이트(www.scourt.go.kr/
portal/information/events/search/search.jsp)를
이용하면 된다.

소송 사건번호(예: 서울중앙지방법원 2021가단00000)와 당사자 이름을 입력하면 당사자, 재판일, 문서 제출 내역 등 진행 상황을 조회할 수 있다.

형사 수사 진행 상황을 알고 싶을 때는 법무부
형사사법포털 사이트(www.kics.go.kr)를 이용하면 된다.

경찰에 입건된 사건, 검찰에서 수리된 사건 중 일부 대상 사건에 대해 진행 상황을 조회할 수 있다. 형사 절차에 관한 각종 증명서 발급 등 민원신청도 가능하다.

직접 출석해야 하는 재판(변론기일)이 전자로 진행되는 것은 물론 아니지만, 법원의 전자소송 시스템을 통해 상대방과 법원이 보내는 문서를 받고, 내가 준비한 문서를 제출하는 절차를 편리하게 진행할 수 있다. 처음에 종이로 된 소장을 받게 되면 소송 절차 안내를 잘 살펴본 뒤 함께 송달된 전자소송 인증번호와 사건번호를 위 전자소송 사이트에 등록하면 전자 진행 시스템이 이용 가능하고, 내가 원고로서 소송을 걸 때에도 이용 가능하다.

단, 전자소송으로 진행하게 되면 이후에는 종이로 된 우편물은 오지 않으므로 소송 진행 상황을 잘 체크하고, 등록된 휴대폰과 이메일로 오는 법원의 알림을 잘 확인해야 한다.

▶ 누가 내 명예를 훼손하면 어떻게 대처해야 하나?

누가 내 명예를 훼손했을 때 취할 수 있는 법적 조치는 내가 당할 수 있는 조치를 그대로 뒤집어 생각해 보면 이해하기 쉽습니다. 내가 '원고'가 되어 민사소송을 제기하거나 경찰에 형사고소를 해야 합니다.

특히 유튜버인 당신이 방송과 관련해서 명예를 훼손당하는 대부분의 경우는 다른 유튜버가 방송으로 당신의 명예를 훼손하는 경우가 아니라, 악플러의 악의적인 댓글에 의해 공격당하는 경우일 것입니다. 최근 아프리카TV 유명 BJ '최군'이 악플러들을 상대로 형사고소와 소송을 진행해 다수의 악플러에게서 승소한 사례가 언론을 통해 많이 알려졌지요. 방송하는 크리에이터이기 이전에 한 인격체로서, 당신의 소중한 명예는 보호되어야 합니다. 악의적으로 공격하는 대상에 대해서는 적극적으로 조치를 취해 피해를 막도록 합시다.

악플러를 상대로 민사소송을 진행하기는 쉽지 않습니다. 민사소송은 최소한 악플러의 이름, 전화번호 또는 주소를 알고 있을 때 원활하게 진행할 수 있습니다. 재판에 나오게 하려면 일단 사건 당사자에게 '소장'이 전달되어야 하는데, 그냥 악플만 있는 상태에서는 악플러가 누구인지, 어디로 '소장'을 보내야 하는지 전혀 알 수 없기 때문입니다. 민사적인 손해배상은 일단 이용자 정보제공청구나 형사고소 절차를 통해 악플러가 누구인지 알아낸 다음에 진행해도 늦지 않습니다.

댓글을 단 아이디 말고는 아는 정보가 없다면 우선 '이용자 정보제공청구'를 해 봅시다. '이용자 정보제공청구'는 방송통신심

유튜법

의위원회 권익보호국 홈페이지(remedy.kocsc.or.kr)에서 자세한 안내를 확인할 수 있고, 인터넷에서도 신청이 가능합니다. 방송통신심의위원회(명예훼손 분쟁조정부)는 권리침해 게시물 피해자의 정보제공청구에 따라, 조사를 거친 후 정보통신서비스 제공자에게 소송에 필요한 정보를 요구해서 피해자에게 제공해 줄 수 있습니다. 쉽게 예를 들어 설명하면, 당신이 S 포털 사이트 게시판에 올라온 아이디 '△△△'의 악플을 발견했습니다. 이걸 증거로 제출하면서 방송통신심의위원회에 '소송을 해야 하니 내 명예를 훼손한 이 사람의 이름, 주소, 생년월일 등 정보를 알려달라'고 청구합니다. 조사 결과 명예훼손 악플이 맞다면 방송통신심의위원회는 S 포털에 '△△△'의 회원가입 정보 중 이름, 주소 등 소송에 필요한 정보를 요청하고, S 포털에서 전달받은 신원정보를 당신에게 전달하게 되는 것입니다. 이후 이렇게 알아낸 신원정보를 바탕으로 악플러에 대한 민사소송을 진행하면 됩니다. 앞서 이야기한 것처럼 민사소송 진행은 법률 전문가와 함께하거나 혼자 진행하더라도 대법원 나홀로 소송(pro-se.scourt.go.kr) 사이트를 참고해서 유용한 정보를 얻는 것을 추천드립니다. 다만 유의해야 할 사항은 해외 사업자나 비영리 개인 블로그 등 청구 대상이 아닌 자가 운영하는 사이트에 대해서는 정보를 청구할 수 없다는 점, 방송통신심의위원회가 보기에 명예훼손이 아니라고 보면 제공이 되지 않을 수 있다는 점, 당신이 악플러의 정보를 청구한 사실이 악플러에게 전달이 될 수도 있다는 점입니다. 또한, 반드시 소송 목적을 위해서만 청구한 정보를 받을 수 있으므로, 받은 정보를 다른 용도로 사용하게 되면 처벌을 받을 수 있다는 점도 꼭 기억합시다.

댓글을 단 아이디 말고 별반 아는 정보가 없고, 형사처벌까지 원하는 것이라면 아예 형사고소부터 바로 진행하는 것도 좋은 방법입니다. 형사고소는 상대방 이름을 몰라도 '사이트 ○○○에서 아이디 △△△를 쓰는 자'와 같이 지정해서 고소장을 접수하는 게 가능합니다. 아이디 △△△를 쓰는 자가 누구인지는 이제 수사를 통해 밝혀지게 됩니다. 고소할 때 가장 중요한 것은 증거를 확보하는 일입니다. 악플이 달린 인터넷 페이지 화면을 최대한 빨리 캡처해서 보관해 놓고 있어야 합니다. 고소하기 전에 악플러가 자발적으로 글을 지워버리기라도 한다면 그런 글이 있다는 사실을 경찰에 보여 줄 방법이 없기 때문입니다. 화면을 캡처할 때는 아이디와 댓글, 캡처 화면의 주소, 날짜와 시간이 함께 표시되도록 찍는 것이 좋습니다. 캡처뿐 아니라 악플러가 누구인지를 특정할 수 있는 정보도 최대한 수집해서 경찰에 내는 것이 좋습니다. 물론 수사는 수사기관이 하는 것이지만, 고소인의 도움이 있으면 수사가 더 신속하게 진행될 수 있습니다. 합법적인 범위 내에서 알아낸 정보가 있다면 고소장과 함께 경찰에 내도록 합시다. 수사가 잘 진행되어 악플러가 누구인지 알아내게 되면, 별도의 민사소송을 제기할 것 없이 합의를 조건으로 배상액을 바로 이야기해 받아내는 것도 좋은 방법입니다. 만약 처벌을 받게 하고 싶다면 합의 없이 처벌은 처벌대로 받게 하고, 누구인지 특정이 된 정보를 바탕으로 민사소송을 제기하여 배상액을 받아내면 되겠습니다.

한 가지 안타까운 점은 경찰이라 하더라도 당신의 유튜브 콘텐츠에 댓글을 단 악플러를 찾기가 어려울 수 있다는 사실입니다. 구글이 서비스하는 유튜브의 경우, 해외에 서버가 있기 때문에 수사기관에서 악플러의 신원정보를 알아내려 해도 구글의 협조가 없으면 이를 강제로 알아내기 어렵습니다. 악플을 단 사실과 아이디는 분명히 있는데 누구인지 알아낼 수 없어 기소가 이루어지지 않는 경우가 많습니다. 나의 유튜브 채널에 악플을 단 악플러와 똑같은 아이디를 쓰고 있는 네이버, 다음 등 국내 사이트 이용자가 있다면 이런 정보를 캡처해 수사기관에 제출하여 도움을 줄 수는 있겠습니다만, 이들이 같은 이용자라는 점을 밝혀내야 하는 어려움이 여전히 있습니다. 이 경우에는 일단 증거를 확보하고 고소는 해 두되, 유튜브에 댓글을 신고하여 신속히 글을 안 보이게 차단하는 것이 현실적으로 피해를 최소화할 수 있는 방법이라 생각됩니다.

　명예를 훼손하는 방송이나 글을 앞으로 게시 못 하게 하거나 이미 게시된 콘텐츠들을 내리라는 금지청구를 소송으로 할 수 있습니다. 앞서 언급한 것과 같이 이러한 금지청구는 신속한 진행을 위해 보통 '가처분' 형태로 진행됩니다. 콘텐츠를 강제로 삭제해 버리기 제일 빠른 조치는 사이트 자체 접수창구를 통해 운영자에게 요구하는 것이겠지만, 운영자가 삭제해 주지 않을 때도 있습니다. 그렇기 때문에 아예 콘텐츠 게시자를 상대로 게시물을 내리게 하거나 앞으로 비슷한 걸 더 못 올리게 조치를 취할 필요가 있습니다. 이럴 때는 게재(방송)금지 가처분 절차가 유용합니다. 내 인격권 침해 콘텐츠를 지속적으로 올리는 인터넷 카페, 블로그나 계정이 있다면 아예 폐쇄해 달라는 신청까지도 할 수 있습니다.

≕+ 이건 더 알아둡시다

피해 확산 방지를 위해 명예훼손 콘텐츠에 대해 사이트 운영자나 관리자에게 삭제를 요청하는 것도 필요하다.

특히, 정보통신망법 적용을 받는 국내 사이트라면 권리침해 콘텐츠에 삭제 등의 조치를 취하거나 임시로라도 차단할 법적인 의무가 있기 때문에 요청을 무시할 수 없다. 단, 삭제 요청을 할 때는 법적인 조치를 대비해 증빙을 잘 남겨놓은 후에 해야 한다.

> 방송통신심의위원회에 '권리침해정보 심의'를 신청하거나,
> 불법 · 유해 정보 신고를 하는 것도 좋은 방법이다.

　방송통신심의위원회 권익보호국 홈페이지(remedy.kocsc.or.kr)에 접속하면 명예훼손 등 권리를 침해한 콘텐츠에 대해 심의나 조치를 취해달라고 신청할 수 있다. 방송통신심의위원회 홈페이지(www.kocsc.or.kr)의 전자민원 코너에서도 신청이 가능하다('인터넷 피해구제 신청' 또는 통신민원의 '권리침해정보 심의 신청'). 비방목적의 명예를 훼손하는 콘텐츠라면 방송통신심의위원회 홈페이지 전자민원 코너에서 '불법 · 유해 정보 신고' 창구를 통한 신고가 가능하다.

　해당 글의 URL이나 캡처 등 침해를 입증할 자료를 첨부해서 인터넷으로 신청하면 방송통신심의위원회의 심의와 조치가 진행되는데, 권리침해 또는 불법 정보 콘텐츠가 맞다면 앞서 '명예훼손을 하면 어떤 처벌이나 불이익을 받나?' 부분에서 설명한 '시정요구' 등의 불이익 절차가 이루어진다.

민 · 형사 법적 절차가 부담스럽다면, 방송통신심의위원회의
'명예훼손 분쟁 조정' 절차를 먼저 이용하자.

권익보호국 홈페이지(remedy.kocsc.or.kr)에서 안내를 볼 수
있고, 인터넷으로도 신청이 가능하다. 이 절차는 강제성이 없어
서 침해자를 억지로 분쟁 조정을 하도록 끌어낼 수는 없다. 그렇
지만 소송을 부담스러워하는 상대방이라면 조정에 응할 가능성
도 있고, 무엇보다 변호사 등 전문가들로 구성된 분쟁 조정부 위
원들이 제시하는 조정안을 바탕으로 합의 시도를 해 볼 수 있다
는 장점이 있다.

다만, 상대방 아이디나 이메일 주소 정도는 알아야 신청이 가
능하고, 상대방이 의사가 없으면 조정이 불가능하다는 점을 유
의해야 한다.

만약 나의 명예를 훼손하거나 나에 대해 사실과 다른 이야
기를 하는 대상이 언론사라면 언론중재위원회의 조정 절차를
이용하자.

비용이 들지 않고 간편하게 메일로도 접수가 가능하며 법률가,

유튜법

전직 언론인 등으로 이루어진 조정 위원들 앞에서 상대방 언론 사를 직접 만나 손해배상에 대해 이야기할 수 있다. 배상뿐 아니라 보도 내용을 바로잡는 정정, 반박 입장을 실어주는 반론을 청구하는 것도 가능하다. 언론중재위원회 홈페이지(www.pac. or.kr)에서 자세한 절차 안내와 신청 양식을 확인할 수 있다.

명예훼손은 아니지만
모욕죄입니다만

▶ **어떤 경우에 모욕이 될까?**

방송에서 사실관계에 대한 말이 아니라, 경멸적인 표현을 써서 다른 사람의 사회적인 가치를 떨어뜨리는 말을 하면 모욕이 됩니다.

대법원은 "모욕죄에서 말하는 모욕이란 사실을 적시하지 아니하고 사람의 사회적 평가를 저하시킬 만한 추상적 판단이나 경멸적 감정을 표현하는 것을 의미"[16]한다고 보고 있습니다. 쉬운 예를 들자면, 연예 정보를 전달하면서 "가수 K가 상습적으로 마약을 한다"라고 하면 명예훼손 문제이지만 "가수 K는 행실이 안 좋은 쓰레기 같은 사람이다"라고 하면 모욕의 문제가 되는 것이지요.

현실적으로 모욕 책임을 피하는 방법은 욕설이나 원색적인 경멸조의 표현을 최대한 하지 않는 것입니다.

위법성을 없애는 조건이 비교적 뚜렷한 명예훼손에 비해 모욕죄는 이렇다 할 면책 조건이 있는 것도 아니고, 무엇보다 어떤 말이 모욕에 해당하는지 구분하기가 쉽지 않습니다. 뒷 장의 '실제 사례로 감을 잡아봅시다'에서 소개한 사례를 보면 알 수 있듯, 법원에서 모욕이다 아니다를 판단한 경우들을 보면 "어, 이건 되는데 이건 왜 안 돼?"라는 의문이 생길 때가 있습니다. 이런 모호한 기준은 곧 모욕죄 폐지가 이야기되는 원인 중 한 가지로 꼽히기도 하지요. 모욕 자체에 말려들지 않기 위해서는 상욕은 물론 피해야 할 것이고, '이건 아니다 싶은 내용'에 대해 꼭 감정을 표현하고 싶은 경우라면 누군가를 꼭 집어 타깃으로 해서 말하기보다는 스스로의 감정이나 상황 자체에 대한 표현으로

---

16) 대법원 2018. 11. 29. 선고 2017도2661 판결

수위를 낮춰 말해야 합니다. "가수 K가 쓰레기 같은 사람이다"라고 말하는 것보다 "가수 K가 방송을 하는 걸 보고 있으면 화가 난다"라는 식으로 수위를 낮춰 말하는 방안을 생각해 볼 만합니다.

➤ 실제 사례로 감을 잡아봅시다

• 노동조합 사무장직을 맡아 노조 활동을 하는 C는 노사 관계자 140여 명이 있는 자리에서 15살 많은 회사 부사장 D를 향해 "야 ○○아, ○○이 여기 있네, 니 이름이 ○○이잖아. ○○아 나오니까 좋지?"라고 큰 소리로 발언했다.

대법원은 이 표현이 무례하고 예의에 어긋난 표현이긴 하지만 모욕으로 보기는 어렵다고 봤다. 법원은 노조와 회사가 극심하게 대립을 하는 상황이었고, 이전에 노조와 회사 간에 서로 욕설을 주고받아 교섭이 파행된 적도 있었으며, 회사 쪽에서 노조 게시물을 철거하려 하자 홧김에 한 말인 점 등을 종합해서 판단했다.

• B 신문은 대기업 근로자의 백혈병 발병에 관한 진상 규명을 요구하는 단체 Z에 대해 비판 기사를 냈다. Z를 가리켜 "집회

가 벼슬인 마냥 요란한 소리를 내며 억지 주장을 일삼는 Z의 민낯", "시위와 싸움을 훈장으로 여기는 전문 시위꾼들이 Z를 장악", "억지 선동과 막말을 쏟아내고 있다", "Z 시위가 막장 집회로 변질되고 있다", "놀 거 다 놀면서 벌이는 집회" 등 표현을 했다.

법원은 언론자유의 범위를 벗어나는 모멸적인 표현이라고 보아 Z 단체의 인격권을 침해했다고 봤다.

• 언론사 S는 2018년 남북정상회담 당시 문재인 대통령이 군사 분계선을 넘은 행위에 대해 국가보안법 위반이라는 일각의 주장을 소개하는 보도를 했다. 이에 대해 미디어 비평 언론사 T는 시대착오적인 기사라는 비판을 하면서 "한심한 언론", "언론계를 떠나라"라는 표현을 사용했다.

법원은 비판적인 견해를 나타내면서 이것을 강조하기 위해 과장한 것일 뿐 표현의 자유를 넘어 모욕적이고 경멸적인 표현까지 이르렀다고는 볼 수 없다고 판단했다.

• 시사평론가 K가 다른 평론가 J를 향해 인터넷 게시글에서 반복적으로 "듣보잡(듣도 보도 못한 잡것)"이라고 표현하는 글을 올린 데 대해 법원은 모욕죄를 인정했다.

- H 교수가 시사평론가 M을 향해 "권력을 손에 쥔 무척 아픈 아이"라고 표현한 데 대해, 법원은 M의 공인으로서의 위치를 함께 고려하면서 모욕죄가 아니라고 봤다.

- 그밖에 법원이 모욕죄를 인정한 경우와 관련해서 그 표현들만 모아보면 아래와 같다. 단, 이런 표현들은 구체적인 맥락이나 배경에 따라서 인정 여부가 달라질 수 있는 점에 유의해야 한다.

모욕 ○	모욕 X
- 일베충('일간베스트' 사이트 회원을 비하하며 이르는 말) - 된장녀(허영심 많은 일부 여성을 비하하며 이르는 말) - 매국노 - 악질 친일분자의 후손 - 돼지 같은 것 - "○○○회를 거짓과 악한 음모로 가득 채우며 하나님의 진실을 농락"했다고 표현 - 대표적인 진보 노동단체의 투쟁방식에 대해 "공산 게릴라식 빨치산 전투"라고 표현	- 부모가 그런 식이니 자식도 그런 것이다 - 언론사를 "파시스트 언론 집단"으로 표현 - 여성 2명과 함께 관광 홍보를 한 군수의 TV 광고에 대해 "소문대로 역시 젊은 여자분들을 너무 좋아하십니다"라고 표현 - 대표적인 진보 노동단체에 대해 "불법단체, 불법 불순 세력"으로 표현, 그 투쟁 행위에 대해 "북한의 조선노동당의 이익을 위한 노동당 운동"으로 표현

▶ 모욕하면 어떤 처벌이나 불이익을 받나?

방송에서 누군가를 모욕하게 되면 형법에 따라 1년 이하의 징역이나 금고 또는 200만 원 이하의 벌금에 처해질 수 있고, 모욕을 당한 피해자가 겪은 고통에 대해서도 배상해야 합니다. 형사 처벌의 경우 징역이나 금고형이 나오는 경우는 매우 드물고, 처벌이 내려지더라도 벌금으로 그칠 때가 많습니다. 그러나 징역형이 나올 때도 분명히 있습니다. 5·18 광주 민주화운동 희생자의 관 앞에서 유족들이 오열하는 사진을 가리켜 "아이고 우리 아들 택배 왔다"라는 제목으로 인터넷 게시판에 합성 사진을 올린 네티즌이 있었습니다. 이런 몰상식한 표현에 대해, 법원은 징역 6개월(집행유예 1년)을 선고한 바 있습니다. 모욕의 경우 언론 관련 소송에서도 사례가 많지 않아 평균 배상액을 명확히 말하기 어렵지만 같은 인격권 침해 쟁점이라는 점을 고려해 보면, 명예훼손 배상액 평균인 약 960만 원(2019년 기준) 선을 크게 벗어나지는 않을 것입니다.

모욕적인 콘텐츠 때문에 방송통신심의위원회에서 내리는 '시정요구' 불이익을 받을 수 있습니다. 콘텐츠를 내리거나 앞으로 게재하지 말라는 법원의 판결이나 가처분 결정 역시 내려질 수 있으며, 유튜브의 커뮤니티 가이드 위반 및 광고 수익 제한조치 등 자체적인 제재로 불이익을 받게 될 수 있습니다. 이에 대한 설명은 명예훼손 부분을 참고하도록 합시다.

▶ 모욕으로 민사소송, 고소를 당했을 때 어떻게 대처해야 하나?

민·형사 절차와 대처 방식은 명예훼손에서 한 설명과 같습니다. 명예훼손과 모욕의 차이로는 모욕죄는 '친고죄'라는 점, 그리고 문제 제기에 대응할 때 당신이 한 표현이 사회상규상 허용되는 수준의 발언이라는 것을 최대한 어필해야 한다는 점입니다.

모욕죄는 '친고죄'입니다. ▶ 피해자가 고소해야 기소, 처벌이 이뤄지고, ▶ 모욕한 사람, 모욕한 사실을 안 날로부터 6개월까지만 고소할 수 있습니다.

쉬운 이해를 위해, 앞서 '반의사불벌죄'라고 했던 명예훼손죄와 비교해 보죠. 당신이 A의 명예를 훼손하는 방송을 했습니다. A를 생판 모르는 B가 당신이 명예훼손을 했다고 경찰에 알리면 당신은 수사를 받게 됩니다. 다만, A가 처벌하지 말아달라고 하면 기소나 처벌을 받지 않게 되는 것이지요. 경찰에 알리는 데도 시간제한이 없기 때문에, 공소시효만 안 넘기면 처벌이 가능합니다. 하지만 모욕죄의 경우는 다릅니다. B가 경찰에 알리면 수사는 할 수 있겠지만, 결국 A의 고소가 없으면 당신은 기소나 처벌을 받지 않게 됩니다. 또한, 모욕의 경우 A는 당신의 방송을 보고 6개월 안에 고소해야 하고, 6개월이 넘어 고소하면 '공소권 없음'이라는 불송치 또는 불기소 결정에 따라 재판에 가지 않습니다. 혹여나 재판에 가게 된다고 하더라도 '공소기각'이라는 판결로 처벌이 내려지지 않습니다. 형사에서 고소 기간을 넘겨도 민사소송에서는 손해배상 책임이 인정될 수 있습니다. 고소를 취소하든, 처벌을 원하지 않는다는 의사를 표시하든, 처벌을 피하기 위한 절대적인 역할이 피해자에게 있다는 점은 명예훼손이나 모욕 모두 똑같습니다. 모욕 역시 불리한 상황이라면 합의를 통한 해결의 필요성이 크다고 할 수 있습니다.

모욕으로 인한 형사처벌이나 민사 손해배상을 피하려면, 이 정도 표현은 우리 사회에서 상식적으로 허용되는 수준이라는 점을 주장해야 합니다.

▶ 그런 표현이 나올 만한 상황이었고, ▶ 전체적으로 정당한 주장을 하는 과정에서 나온 표현이었고, ▶ 말 전체에서 차지하는 비중이 아주 작다는 점을 강조하면 도움이 될 수 있습니다. 모욕은 명예훼손의 공익성, 진실성처럼 명확하게 방어 사유라고 할 만한 게 없습니다. "이 정도 표현은 우리 사회상규상 괜찮은 거 아니냐", "이런 상황에서 이 정도 말까지 처벌하는 건 사회통

넘상 너무 심한 거 아니냐"라는 논리로 방어할 수밖에 없습니다. 대법원은 "어떤 글이 이러한 모욕적 표현을 담고 있는 경우에도 그 글을 게시하게 된 동기나 그 경위 및 배경, 글의 전체적인 취지, 구체적인 표현 방법, 전제된 사실의 논리적 · 객관적 타당성, 그 모욕적 표현이 그 글 전체에서 차지하는 비중과 전체적인 내용과의 연관성 등을 고려하여 볼 때, 그 글이 객관적으로 타당성이 있는 사실을 전제로 하여 그 사실관계나 이를 둘러싼 문제에 관한 자신의 판단과 피해자가 취한 태도 등이 합당한가 하는 데 대한 자신의 의견을 밝히고, 자신의 판단과 의견이 타당함을 강조하는 과정에서 부분적으로 모욕적인 표현이 사용된 것에 불과하다면, 다른 특별한 사정이 없는 한 이는 사회상규에 위배되지 않는 행위로서 형법 제20조에 의하여 위법성이 조각된다고 보아야 한다"[17]라고 한 바 있습니다. 이에 비춰봤을 때, 모욕 책임을 방어하기 위해서는 일단 말하게 된 배경과 맥락을 잘 설명하는 것이 좋습니다. 예를 들어 상대방과 이전부터 공격적인 말을 하며 다투는 중이었다거나 상대방의 부당한 행위로 인해 감정이 굉장히 격해진 상태였다는 등 뭔가 잘못되고 억울한 일을 항의, 비판하는 과정에서 몇 마디 나온 것일 뿐이라는 점을 강하게 어필할 필요가 있습니다. 예를 들어 내가 회사로부터 부당한 대

---

17) 대법원 2008.4.24. 선고 2006도4408 판결

우를 당한 끝에 해고까지 당하게 되었습니다. 이런 억울함을 사람들에게 알리는 내용으로 방송을 하는 과정에서 "아니 이런 쓰레기 같은 회사가 어디 있습니까"라고 말을 한 것에 대해 모욕죄로 고소를 당했습니다. 그렇다면 당신은 '내가 회사로부터 부당한 대우를 당해서 또 다른 피해자가 발생하지 않길 바라는 마음으로 방송을 하던 중이었다', '이렇게까지 부당한 대우를 당했다는 점에 대해 호소를 하면서 감정이 복받쳐서 한마디 나온 것뿐이다', '전체 내용은 그런 정당한 항의였던 거고, 그중 딱 한 번 이런 표현이 나왔을 뿐이다'는 점을 꼭 이야기해야 하는 것입니다. 물론 이러한 방어 논리는 실제 그런 배경이나 상황이었을 때, 이를 최대한 잘 드러나도록 주장해서 위험을 피할 수 있는 도구입니다. 별다른 맥락 없이 관심을 끌기 위한 목적으로 센 수위의 말을 했다면, 정당한 목적이라 해도 너무 심한 수위의 말을 했다면, 사과와 합의가 더 빠른 문제 해결의 길임을 기억합시다.

▶ 누가 날 모욕하면 어떻게 대처해야 하나?

누군가 날 모욕했을 때의 대처는 명예훼손의 경우와 같습니다. 민사소송(손해배상 소송 등 본안), 가처분을 제기하거나 경찰에 형사고소를 해야 하며, 악플러의 신상정보를 모른다면 우선 이용자 정보제공청구나 형사고소부터 진행합니다. 특히 모욕의 경우에는 앞서 설명한 것과 같이 고소 기간이 6개월로 정해져 있으므로 주소, 시간, 아이디가 잘 나오게 악플이 달린 인터넷 페이지 화면을 캡처하는 등 증거를 신속히 확보하여 고소장을 접수해야 합니다. 그리고 모욕 게시물이 있는 사이트의 자체 신고 절차, 방송통신심의위원회의 권리침해정보 심의 신청을 통해 신속하게 침해 게시물을 삭제해서 피해 확산을 줄일 수 있습니다('누가 내 명예를 훼손하면 어떻게 대처해야 하나?'의 '이건 더 알아둡시다' 참고). 이때, 마찬가지로 화면 캡처로 꼭 증거를 확보해 놓아야 하는 점도 잊지 맙시다.

★ 봐야 할 법을 모아봤습니다

형법

제311조(모욕) 공연히 사람을 모욕한 자는 1년 이하의 징역이나 금고 또는 200만 원 이하의 벌금에 처한다.

제312조(고소와 피해자의 의사) ①제308조와 제311조의 죄는 고소가 있어야 공소를 제기할 수 있다.

특히 더 조심해야 할 뒷광고,
그리고 선거 기간의 방송

🔔 이건 꼭 기억합시다

뒷광고

- 소위 '뒷광고'를 하는 것보다는 광고한다고 솔직히 표시해 주는 게 낫다.
- 상품을 소개할 때 거짓 정보나 지나친 과장이 없도록 주의해야 한다.
- 특히, '먹는 것'을 소개할 때 '약'인 것처럼 소개하면 위험하다.

선거 기간의 방송

- 선거 후보나 후보 가족의 스펙을 허위로 부풀리면 처벌될 수 있다.
- 선거 후보나 후보 가족에게 불리할 만한 허위 사실을 말하면 처벌될 수 있다.
- 허위 정보가 아니더라도 후보나 후보 가족을 비방하면 처벌될 수 있다.

▶ 뒷광고보다는 솔직한 앞광고가 낫다

유튜브 콘텐츠에서 상품 광고비를 받았으면서 광고인 것을 일부러 드러내지 않는 경우가 있습니다. 소위 '뒷광고'라고 불리는 이러한 행위는 법 위반입니다.

최근 '뒷광고'가 문제 되어 일부 인기 유튜버들이 사과 방송을 하거나 방송 은퇴 선언까지 하는 일이 있었습니다. 거짓·과장, 기만적인 내용의 광고는 부당한 광고행위로서 법으로 금지되는데, 공정거래위원회는 대가를 받고 광고를 하면서 이를 제대로 알리지 않을 경우 부당한 광고에 해당한다고 보고 있습니다 (표시·광고의 공정화에 관한 법률, 추천·보증 등에 관한 표시·광고 심사지침). 이런 부당한 광고를 한 사업자에 대해서는 시정명령, 과징금 또는 형사처벌의 불이익이 내려질 수 있습니다. 그동안 이러한 불이익은 상품 광고를 의뢰한 '광고주'에게 주로 적용되었고 유튜버나 인플루언서들이 적극적으로 제재를 받은 일은 없었습니다. 그러나 공정거래위원회는 상품을 알리면서 경제적인 대가를 받는 일을 업으로 삼는 유튜버나 인플루언서라면 법 적용 대상으로 보고 있고, 추천·보증 등에 관한 표시·광고 심사지침이 본격적으로 시행되는 2021년부터는 이들에 대한 적극적인 제재가 취해질 예정입니다. 다만, 단지 광고라는 걸 숨겼다고 해서 유튜버에게 사기죄를 적용하기는 어렵습니다.

무엇보다 유튜버의 방송을 믿고 시청하는 대중들의 신뢰를 크게 떨어뜨릴 수 있기 때문에 법적인 처벌을 떠나 채널을 운영하는 데 피해야 할 행위임은 분명하다고 할 수 있겠습니다.

조금 더 구체적으로 알아보죠. 최근 공정거래위원회가 ≪추천보증심사지침: 경제적 이해관계 표시 안내서≫(2020. 9.)를 발간했는데, 이 책을 보면 어떤 경우에 광고를 표시해야 하는지, 어떻게 표시해야 하는지가 잘 나와 있습니다. 자세한 내용은 공정거래위원회 홈페이지(www.ftc.go.kr)에서 다운받을 수 있고, 아래에 간략하게 핵심 내용을 정리해 보겠습니다.

① 어떤 방송 내용에 적용되나?

- 어떤 상품·서비스에 대해 좋다고 인정·평가하거나, 구매·사용해 보라고 권하는 내용을 담을 때. 그렇게 권하는 내용을 시청자들이 보고 광고주의 의견이 아니라 유튜버나 다른 사람의 의견으로 느낄 수 있는 방송.

② 어떻게 표시해야 하나?

- 시청자들이 방송을 보고 광고라고 생각할 수 있게, 광고주로부터 금전적인 대가를 받거나 협찬, 혜택 등을 받고 만든 콘텐츠라는 걸 알 수 있게 표시해야 함. 공정거래위원회가 적절한 예로 소개한 표시는 '광고', '유료 광고'. 구체적으로 보면, ▶ '광고비 지급', '금전적 지원', '제작비 협찬', '판매 수익 일부 지급'(대가로 돈이 지급될 때), ▶ '협찬', '~무료 제공', '무료 대여'(상품 등 무료 제공, 대여일 때), ▶ '~할인 지원', '할인 혜택 제공'(상품 등 할인 혜택을 받았을 때) 등이 있음. 반면 부적절한 예로 소개한 표시는 '체험단', '선물', '숙제',

'홍보성 글', '홍보문구가 포함됨', '고마워요 [브랜드]', '[브랜드]와 함께해요.' 또는 브랜드 로고만 표시하는 경우. 광고비를 받았지만, '상품 협찬'으로 다르게 표시하는 경우도 부적절.

- 광고 표시는 시청자가 쉽게 알아볼 수 있게 해야 함. 공정거래위원회에서는 콘텐츠 제목에 표시하거나 영상 내 자막, 영상 위 배너로 표시하는 방식을 적절한 예로 소개. 반면 영상 게시물의 고정 댓글이나 영상 설명란, 실시간 방송 채팅창에 표시하는 방식을 부적절한 예로 소개. 구체적으로 보면, 제목에 표시할 때는 광고 표시 문구가 생략되지 않도록 길이를 적절히 조절하고, 영상 내 자막이나 배너로 표시할 경우 상품 관련 내용의 시작 부분과 끝부분에 표시를 삽입하고 영상 중에 반복적으로 표시함.

③ 어떤 처벌을 받게 되나?

- 부당하게 표시, 광고한 사업자에 대해서는 시정명령(위반행위 중지, 시정명령 받은 사실 공개, 정정 광고 등), 과징금(매출액 100분의 2 또는 5억 원 내), 형사고발 시 2년 이하의 징역 또는 1억 5천만 원 이하의 벌금.

특히 건강식품의 경우에는 다른 상품들에 비해 처벌이 무겁고 식약처의 적극적인 적발과 형사 고발이 이루어지는 경우가 있으므로 각별한 주의가 필요합니다.

2020년 3월 식품의약안전처가 가짜 체험기 등을 활용해 다이어트, 디톡스 등의 효과를 강조하는 허위·과대 광고를 한 인플루언서들을 적발한 사건이 있었습니다. 인플루언서들 중에는 유튜버 상당수가 포함되어 있었는데요. 유명 먹방 유튜버 K는 자신이 판매하는 건강식품이 다이어트 효과가 있는 것처럼 과장 광고를 한 혐의로 벌금형 500만 원의 판결(2심)이 선고되기도 했습니다. 사실 다른 일반적인 상품에 대해서는 유튜버나 인플루언서의 광고를 문제 삼는 경우가 그리 많지는 않지만, '먹을 것'은 조금 다릅니다. 식약처는 적발한 광고주 업체에 대해 행정적인 조치를 취하는 것을 넘어, 유튜버나 인플루언서에 대해서도 형사고발조치를 취하기도 합니다. '먹을 것'은 그만큼 국민의 안전에 직접적인 영향을 미치기 때문에 더 적극적인 조치를 취한다고 볼 수 있습니다. 몇 개의 적발 사례를 살펴보겠습니다. 2020년 3월에 식약처가 적발한 광고는 153개인데, 이 중 부기 제거에 효과가 있다고 거짓·과장한 경우가 65건, 섭취 전·후를 과장해서 비교한 체험기 광고가 34건, 건강기능식품이 아닌데 건강기능식품인 것처럼 헷갈리게 한 광고가 27건, 원재료의 효능과 효과를 활용한 소비자 기만 광고가 15건, 암 예방 등 질병 치료 효과가 있다고 한 광고가 5건 등이었습니다. 비교 사진에서 보정한 사진을 써서 가짜 체험기를 올리거나 효과를 지나치게 과장해서 체험 소개를 하는 경우가 대표적인 사례였습니다.

▶ 선거 기간에는 특히 더 말조심

시사·정치 이슈를 다루는 방송을 하는 유튜버는 선거철에 하는 방송에서 특별히 더 주의해야 합니다. 내가 미는 후보에 대해 부풀리거나 상대 후보에 대해 거짓 정보를 말하면 공직선거법에 따라 처벌될 수 있기 때문입니다.

형법상의 명예훼손이나 모욕죄보다 처벌이 무겁고, 명예가 훼손되었는지, 모욕적인 표현인지 여부와는 상관없이 처벌받게 되므로 각별히 유의해야 합니다. 여기서 거짓 정보, 즉 '허위'는 후보자에 대해 정확한 판단을 그르치게 할 만한 정도의 내용이면 충분합니다. 예를 들어 내가 좋아하는 정치인 A가 이번 국회의원 선거에서 꼭 당선되었으면 좋겠습니다. 지역구 후보인 A가 그동안 지역에 기여한 업적이라든지, A의 성품이라든지를 방송에서 이야기하는 것은 문제가 되지 않습니다. 그러나 A가 2주일짜리 프로그램만 수료하고 온 외국 학교를 졸업까지 했다고 과장하거나, 회원 신분에 불과했지만 정치단체의 회장을 했다고 부풀리는 식으로 이야기하면 형사처벌을 받을 수 있습니다. 아마 대부분의 문제는 A의 경쟁 후보인 B에 대해 이야기할 때 발생될 것입니다. B의 명예를 훼손하는 내용이 아니더라도 B에게 불리할 만한 허위 사실을 방송에서 이야기하면 그 자체만으로도 법 위반이 됩니다.

거짓정보가 아니라 진실이더라도, 특정 후보나 가족을 비방하는 표현을 하면 이 역시 처벌을 받을 수 있습니다.

여기서 '비방'의 의미에 대해 법원은 "정당한 이유 없이 상대방을 깎아내리거나 헐뜯는 것"[18]이라고 하고 있습니다. 어떻게 보면 모욕죄와 비슷해 보일 수 있는데, 모욕죄와 다른 점이 있다면 후보자 비방죄는 의견이나 평가가 아닌 '사실'(fact)에 대해 말했을 때 문제가 되는 것입니다. 하지만 후보자의 좋지 않은 정보라 하더라도 유권자의 선택에 필요한 내용이라면 널리 알려야 될 필요가 있을 때도 분명 있죠. 법은 이럴 때를 예상해서 명예훼손과 비슷한 면책 조건을 두고 있습니다. 즉, 진실한 사실(진실이 아니더라도 그렇게 믿을만한 이유가 있는 경우)이고 공공의 이익을 위한 것이면 처벌되지 않는 것이죠.

↗ 실제 사례로 감을 잡아봅시다

- 정치 사안을 많이 다루는 유명 인터넷 방송 BJ M은 특정 국회의원 후보 C에 대해 "C가 지난 구청장 선거 때 후보 J의 바지를 찢었다", "S 상임고문 장례식장과 그의 딸 결혼식에서 선거

---

18) 대법원 2009. 6. 25. 선고 2009도1936 판결

운동을 했다"라는 이야기를 했다.

법원은 M의 공직선거법 위반(후보자 비방)죄를 인정해 징역 6개월 형을 선고했다.

• 재보궐 선거를 앞두고 유명 인터넷 방송의 패널로 출연한 A는 지역구 예비후보로 등록한 Z에 대해 "Z와 Z 동생이 배다른 형제여서 사이가 좋지 않다"라는 이야기를 했다.

검찰은 A를 정보통신망법상 명예훼손과 공직선거법 위반 혐의(허위사실공표죄)로 기소하였고, 1심 법원은 300만 원의 벌금형을 선고했다.[19]

• A는 X 국회의원 후보와 Y 국회의원 후보의 연대 사실을 SNS로 알리면서 "X 후보 완전 맛이 갔다. 경선에서 이기려고 부자증세 등 날치기했던 여당 출신의 Y 후보와 연대하는 모임에 참여했다. 이래도 되나요?"라고 게재했다.

법원은 X와 Y가 연대한 사실은 없지만, 여러 사정들을 고려해 볼 때 A가 그렇게 믿을 만했다는 점을 인정했다. 그리고 경선에서 다른 후보를 탈락시키기 위해 정치적 입장이 전혀 다른 상대당 출신 후보자와 연대한다는 것은 선거의 공정성을 침해할 수

---

19) 해당 사건의 경우, 최종 확정된 법원의 판결에 대해서는 알려지지 않은 점 참고하시기 바랍니다.

있는 것이므로 이를 사람들에게 알리는 것은 공공의 이익을 위한 목적이 있었다고 보아 후보자 비방죄를 무죄로 판단했다.

★ 봐야 할 법을 모아봤습니다

공직선거법

제250조(허위사실공표죄) ① 당선되거나 되게 할 목적으로 연설 · 방송 · 신문 · 통신 · 잡지 · 벽보 · 선전문서 기타의 방법으로 후보자(候補者가 되고자 하는 者를 포함한다. 이하 이 條에서 같다)에게 유리하도록 후보자, 후보자의 배우자 또는 직계존비속이나 형제자매의 출생지 · 가족관계 · 신분 · 직업 · 경력 등 · 재산 · 행위 · 소속단체, 특정인 또는 특정단체로부터의 지지여부 등에 관하여 허위의 사실[학력을 게재하는 경우 제64조제1항의 규정에 의한 방법으로 게재하지 아니한 경우를 포함한다]을 공표하거나 공표하게 한 자와 허위의 사실을 게재한 선전문서를 배포할 목적으로 소지한 자는 5년 이하의 징역 또는 3천만 원 이하의 벌금에 처한다.

② 당선되지 못하게 할 목적으로 연설 · 방송 · 신문 · 통신 · 잡지 · 벽보 · 선전문서 기타의 방법으로 후보자에게 불리하도록 후보자, 그의 배우자 또는 직계존 · 비속이나 형제자매에 관하여

허위의 사실을 공표하거나 공표하게 한 자와 허위의 사실을 게재한 선전문서를 배포할 목적으로 소지한 자는 7년 이하의 징역 또는 500만 원 이상 3천만 원 이하의 벌금에 처한다.

③ 당내경선과 관련하여 제1항(제64조제1항의 규정에 따른 방법으로 학력을 게재하지 아니한 경우를 제외한다)에 규정된 행위를 한 자는 3년 이하의 징역 또는 6백만 원 이하의 벌금에, 제2항에 규정된 행위를 한 자는 5년 이하의 징역 또는 1천만 원 이하의 벌금에 처한다. 이 경우 '후보자' 또는 '후보자(후보자가 되고자 하는 자를 포함한다)'는 '경선후보자'로 본다.

제251조(후보자비방죄) 당선되거나 되게 하거나 되지 못하게 할 목적으로 연설·방송·신문·통신·잡지·벽보·선전문서 기타의 방법으로 공연히 사실을 적시하여 후보자(候補者가 되고자 하는 者를 포함한다), 그의 배우자 또는 직계존·비속이나 형제자매를 비방한 자는 3년 이하의 징역 또는 500만 원 이하의 벌금에 처한다. 다만, 진실한 사실로서 공공의 이익에 관한 때에는 처벌하지 아니한다.

표시·광고의 공정화에 관한 법률

제3조(부당한 표시·광고 행위의 금지) ① 사업자등은 소비자를 속이거나 소비자로 하여금 잘못 알게 할 우려가 있는 표시·광고 행위로서 공정한 거래질서를 해칠 우려가 있는 다음 각 호의 행위

를 하거나 다른 사업자등으로 하여금 하게 하여서는 아니 된다.

1. 거짓 · 과장의 표시 · 광고

2. 기만적인 표시 · 광고

3. 부당하게 비교하는 표시 · 광고

4. 비방적인 표시 · 광고

② 제1항 각 호의 행위의 구체적인 내용은 대통령령[20]으로 정한다.

제7조(시정조치) ① 공정거래위원회는 사업자등이 제3조제1항을 위반하여 부당한 표시 · 광고 행위를 하는 경우에는 그 사업자등에 대하여 그 시정을 위한 다음 각 호의 조치를 명할 수 있다.

1. 해당 위반행위의 중지

2. 시정명령을 받은 사실의 공표

3. 정정광고

4. 그 밖에 위반행위의 시정을 위하여 필요한 조치

제9조(과징금) ① 공정거래위원회는 제3조제1항을 위반하여 표시 · 광고 행위를 한 사업자등에 대하여는 대통령령으로 정하는 매출액(대통령령으로 정하는 사업자의 경우에는 영업수익을 말한다. 이하 같다)에 100분의 2를 곱한 금액을 초과하지 아니하는 범위에서 과징금을 부과할 수 있다. 다만, 그 위반행위를 한 자가 매출액이 없거나 매출액을 산정하기 곤란한 경우로서 대통령령으로 정하는

---

20) 표시 · 광고의 공정화에 관한 법률 시행령 제3조

사업자등인 경우에는 5억원을 초과하지 아니하는 범위에서 과징금을 부과할 수 있다.

제17조(벌칙) 다음 각 호의 어느 하나에 해당하는 자는 2년 이하의 징역 또는 1억 5천만 원 이하의 벌금에 처한다.

1. 제3조제1항을 위반하여 부당한 표시 · 광고 행위를 하거나 다른 사업자등으로 하여금 하게 한 사업자등

식품 등의 표시 · 광고에 관한 법률

제8조(부당한 표시 또는 광고행위의 금지) ① 누구든지 식품 등의 명칭 · 제조방법 · 성분 등 대통령령으로 정하는 사항[21]에 관하여 다음 각 호의 어느 하나에 해당하는 표시 또는 광고를 하여서는 아니 된다.

1. 질병의 예방 · 치료에 효능이 있는 것으로 인식할 우려가 있는 표시 또는 광고

2. 식품 등을 의약품으로 인식할 우려가 있는 표시 또는 광고

3. 건강기능식품이 아닌 것을 건강기능식품으로 인식할 우려가 있는 표시 또는 광고

4. 거짓 · 과장된 표시 또는 광고

5. 소비자를 기만하는 표시 또는 광고

---

21) 식품 등의 표시 · 광고에 관한 법률 시행령 제2조

6. 다른 업체나 다른 업체의 제품을 비방하는 표시 또는 광고

7. 객관적인 근거 없이 자기 또는 자기의 식품 등을 다른 영업자나 다른 영업자의 식품등과 부당하게 비교하는 표시 또는 광고

8. 사행심을 조장하거나 음란한 표현을 사용하여 공중도덕이나 사회윤리를 현저하게 침해하는 표시 또는 광고

9. 제10조제1항에 따라 심의를 받지 아니하거나 같은 조 제4항을 위반하여 심의 결과에 따르지 아니한 표시 또는 광고

② 제1항 각 호의 표시 또는 광고의 구체적인 내용과 그밖에 필요한 사항은 대통령령[22]으로 정한다.

제26조(벌칙) ① 제8조제1항제1호부터 제3호까지의 규정을 위반하여 표시 또는 광고를 한 자는 10년 이하의 징역 또는 1억 원 이하의 벌금에 처하거나 이를 병과(竝科)할 수 있다.

제27조(벌칙) 다음 각 호의 어느 하나에 해당하는 자는 5년 이하의 징역 또는 5천만 원 이하의 벌금에 처하거나 이를 병과할 수 있다.

2. 제8조제1항제4호부터 제9호까지의 규정을 위반하여 표시 또는 광고를 한 자

---

22) 식품 등의 표시·광고에 관한 법률 시행령 제3조 제1항, 시행령 [별표1] 부당한 표시 또는 광고의 내용 기준

화분의 꽃 한 송이가 지겨우면 꽃을 하나 더 꽂거나, 다른 꽃으로 갈거나, 안개꽃 무리를 추가해 배경으로 삼으면 분위기가 달라집니다. 하지만 사람은 다릅니다. 꽃보다 아름답지만 그만큼 훨씬 더 어려운 존재라, 마음대로 가져와서 꽂아보고 비춰보고 써볼 수 없습니다.

내가 아무리 재미있는 사람이라도 나만 계속 나오는 콘텐츠는 지루할 수밖에 없지요. 이럴 때 다른 사람을 출연시키거나 보여주는 것은 좋은 변화가 될 수 있습니다. 아예 다른 사람만 나오는 콘텐츠도 있을 수 있지요. 사람이 꽃보다 어려운 이유는 사람만이 가질 수 있는 특별한 권리가 있기 때문입니다. 마음대로 보여지지 않고 알려지지 않을 권리. 그 권리를 지키면서 방송하기 위해서는 어떤 것을 알고 있어야 할까요?

유튜법

2장

다른 사람이 나올 때 알아야 할 법

초상권, 사생활, 아이, 동물

화면에 비추는 모두가
초상권 침해 대상

▶ 어떤 경우에 초상권 침해가 될까?

얼굴 혹은 얼굴이 아니더라도 누군지 알 수 있는 신체 부위를 동의 받지 않고 방송하면 초상권 침해가 됩니다.

대법원은 초상권에 대해 "사람은 누구나 자신의 얼굴, 기타 사회통념상 특정인임을 식별할 수 있는 신체적 특징에 관하여 함부로 촬영 또는 그림·묘사되거나 공표되지 아니하며 영리적으로 이용당하지 않을 권리를 가지는데, 이러한 초상권은 우리 헌법 제10조 제1문에 의하여 헌법적으로 보장되는 권리"[23]라고 하고 있습니다. 즉, 쉽게 말해 세상 누구든지 마음대로 촬영되거나 촬영된 것이 공개(방송)되거나 돈 버는 데 이용당하지 않을 권리가 보장되는 것입니다.

특히 유의해야 할 점은, 보통 초상권이라고 하면 '얼굴'만을 떠올리는 경우가 많은데 얼굴 뿐 아니라 누군지 알아볼 수 있는 특징 있는 신체 부위라면 모두 보호 대상이라는 것입니다.

실제 법원은 국민적인 관심사였던 어린이 성폭행 사건 피해자의 상처 사진을 방송한 언론사들에 대해, 얼굴이 나오지 않고 상처 부위가 모자이크 되었음에도 불구하고 손해배상 책임을 인정하기도 했습니다. 얼굴을 가리면 누구인지 알아볼 수 없게 되어 문제 삼을 위험이 적어지는 것은 맞지만, 이것만으로 초상권 문제가 해결되는 것은 아닙니다. 초점을 '얼굴'에 맞출 게 아니라 '방송을 본 사람들이 누군지 알아볼 수 있는가'에 맞추어야 초상권을 침해하게 될 위험을 낮출 수 있습니다.

초상권 침해에서 가장 중요한 것은 '동의'입니다. 허락을 받고

---

23) 대법원 2006. 10. 13. 선고 2004다16280 판결

방송에 내보냈으면 아무 문제가 없는 건 너무나 당연한 이야기겠지만, 문제는 동의를 명확히 받지 않고 방송했을 때 발생합니다.

당신이 식당에 찾아가 즉석에서 출연자를 섭외하고 간단한 게임을 하는 방송을 한다고 생각해 봅시다. 남녀 커플이 한창 식사를 하는 테이블에 찾아가 카메라를 비추며 끝말잇기 게임을 하자고 제안했고, 커플이 허락해서 기분 좋게 게임을 한판 한 후 벌칙 장면까지 찍어 방송에 내보냈습니다. 이런 경우라면 아무 문제가 없을까요? 당신이 보기에는 자연스럽게 허락받아 방송했다고 생각할지 모르겠지만, 출연자의 생각은 다를 수 있습니다. 출연자는 이 녹화 영상이 실제로 당신의 채널에 업로드될지 몰랐을 수도 있고, 모자이크 처리를 하고 나간다고 생각했을 수도 있고, 부끄러운 벌칙 장면은 안 나갈 거라고 생각했을 수도 있습니다. 그리고 당신이 방송하려는 내용을 전부 허락받았다는 건 당신이 증명해야 합니다. 명확히 동의 받지 않았다면, 그런 증명을 하지 못하면 초상권 침해 책임을 지게 되는 것입니다. 하나 더 생각해 보죠. 저 커플을 찍을 때 뒤에서 밥 먹고 있는 모습이 나온 중년의 신사는 어떨까요? 자연스럽게 출연 동의를 받았다고 생각되는 출연자의 경우도 위에서 말한 것처럼 문제가 될 수 있는데, '자기 앞에서 커플을 찍는 걸 뻔히 알고 있었기 때문에, 그 중년의 신사도 방송에 나온 걸 동의한 것으로 본다'라는 주장은 더욱 통하기 어렵겠죠.

동의를 받기는 했는데, 동의 받은 범위를 넘어서 방송했을 때도 문제가 됩니다.

얼굴을 가리고 방송하기로 해 놓고 얼굴을 그대로 노출한다든지, 인터뷰 시작하기 전 준비 장면을 촬영한 부분은 빼기로 해 놓고 그것까지 방송한다든지, 1회분에서만 방송하기로 해 놓고 다음 회에서도 또 방송을 내보낸다든지 등 약속한 대로 방송하지 않는 경우는 여러 가지가 있을 것입니다. 이 경우 동의를 넘어서 방송한 부분에 대해서는 당연히 초상권 침해가 됩니다. 의도나 목적을 다르게 해도 마찬가지입니다. 예를 들어 대학생 새내기들의 밝고 활기찬 모습을 시청자들에게 보여주려고 한다면서 MT에 따라가 대학생들이 술을 마시고 게임을 하는 장면을 촬영해 놓고, 실제로는 '흥청망청 대학생들'이라는 제목으로 비판적인 내용의 방송을 했습니다. 이런 경우에는 동의를 받았지만 진실된 동의를 받았다고 보기가 어렵습니다. 처음 출연 허락을 받을 때 밝힌 의도나 목적과 다르게 방송하게 되면 초상권 침해 책임을 피하기 어렵습니다.

동의를 명확히 받지 않았어도 동의를 받은 걸로 보는 경우도 있긴 합니다. 이런 걸 '묵시적 동의'라 하는데, 그러나 이건 정말 누가 봐도 방송을 허락했다고 볼 만한 사정이 있는 경우에만 인정됩니다.

당신이 유명 관광지를 여행하고 리뷰하는 방송을 한다고 합니다. 파리 에펠탑을 보여주며 한참 설명하고 한 한국 관광객에게 다가갑니다. 관광객 앞에서 당신이 "지금 방송을 통해 에펠탑을 리뷰하고 있습니다. 관광객들의 소감을 들어볼까요?"라며 이 관광객에게 다가가 "안녕하세요, 유튜버 ○○입니다. 지금 시청자들에게 에펠탑 리뷰를 하고 있는데, 소감이 어떠신가요?"라고 묻자, 이 관광객이 옷매무새를 가다듬고 카메라를 응시하면서 "너무 아름답네요. 여러분도 한 번은 꼭 직접 보셔야 합니다. 엄마 다음에 꼭 같이 오자!"하고 기분 좋게 대답합니다. 출연을 동의한다는 명백한 상황을 예시로 든 것이긴 하지만, 정말 이런 경우라면 나중에 "나는 방송에 동의하지 않았어!"라며 초상권 침해를 주장하기는 어렵습니다. 이렇게 누가 봐도 방송에 동의하는 상황이 아닌 한, 초상권 침해의 위험은 항상 있습니다. 그렇다면 위 예시에서 한 두 가지만 빼보면 어떨까요? 내가 유튜버이고 에펠탑 리뷰를 한다는 소개를 빼면 어떨까요? 이 관광객은 내가 무얼 찍는지 모르고 나의 인터뷰에 응해줬는데, 나중에서야 나의 채널에 올라가는 방송인 걸 알게 됐다고 할 수도 있겠죠. 말을 하긴 했는데 카메라를 응시하지 않고 얼굴을 가리면서 했다면 어떨까요? 인터뷰에 응하긴 했지만 얼굴을 내보내긴 싫었다고 할 수 있겠죠. 이렇듯 '묵시적 동의'는 쉽게 인정되는 것이 아닙니다. 이러한 '묵시적 동의'가 있었다는 증명도 당신이

해야 하기 때문에 다투기도 어렵습니다. '뭐 이 정도면 동의한 거겠지'하는 마음으로 확실히 허락받지 않은 채 방송을 하면 초상권 침해가 발생할 위험이 높습니다.

⇉+ 이건 더 알아둡시다

> **공개적인 집회, 시위에 나온 군중들은 왜곡하지 않고 의도적으로 나쁜 인상을 갖지 않도록 써야 문제가 없다.**

공공장소에서 얼굴을 드러내고 공개적으로 목소리를 내며 집회와 시위를 한다는 것은 초상이 드러나는 것을 어느 정도 감수하는 것이라고 본다. 하지만 얼굴을 드러내고 시위를 한다고 해서 우스꽝스럽게 비치거나 사실과 다른 설명과 함께 방송되는 것까지 괜찮은 건 아니다. 법원은 대표적으로 다음 3가지 경우에는 집회, 시위에 나온 사람들을 찍은 화면이라도 초상권 침해가 될 수 있다고 봤다.[24]

---

24) 서울중앙지방법원 2009. 10. 14. 선고 2009가합41071 판결(단, 해당 판결은 승패 없이 2심에서 조정으로 종결).

- 화면에 나타난 피촬영자 영상이나 그에 대한 내용이 시청자에게 왜곡된 사실을 전달하는 결과를 가져왔을 때(예: 부정적인 내용을 내보내면서 관련 없는 피촬영자의 사진을 사용하거나, 피촬영자가 집회·시위의 주도자가 아닌데도 그런 인상을 주도록 편집해 사용하는 경우 등)

- 화면에 나타난 피촬영자의 영상이나 그에 대한 내용이 부정적인 인상을 주는 것으로 피촬영자를 모욕하거나 비방할 목적으로 방송했을 때(예: 순간적으로 촬영된 지극히 부자연스러운 표정이나 동작의 일부를 전후 설명 없이 보여줌으로써 피촬영자가 의도하지 아니한 의사 표현이나 동작을 한 것처럼 보이게 해서 피촬영자에 대해 과도하게 부정적인 인상을 갖도록 한 경우)

- 비슷한 때 이뤄진 다른 방송과 종합해서 보면 위의 2개 경우와 같은 효과가 나타날 수 있을 때

용서받지 못할 범죄자라고 해도 초상권은 있다.

초상권은 '세상 누구든지' 갖고 있는 권리로 범죄자라고 해서 예외는 아니다. 다만 사람들에게 알려 2차 피해를 막고, 범죄 종류에 따라 얼굴을 드러낼 필요가 있는 범죄자들도 있다. 그렇기

때문에 법은 살인이나 특수강간 등 몇 가지 흉악한 범죄에 대해서는 공익에 필요하고 충분한 증거가 있는 등 조건이 맞을 경우 경찰이나 검찰이 얼굴을 공개하도록 결정할 수 있게 했다(특정강력범죄의 처벌에 관한 특례법 제8조의2).

법에 따라 수사기관이 공개 결정을 한 사람이라면 방송에 얼굴을 내보내도 초상권 침해 위험이 거의 없을 것이고, 공개수배범의 경우에는 적극적으로 얼굴을 알려야 잡을 수 있는 큰 공익성이 있기 때문에 방송에 얼굴을 내보내도 문제 되기 어려울 것이다.

공인의 초상이라고 해서 자유롭게 쓸 수 있는 건 아니다.

유명 연예인이나 정치인 등 이미 대중에게 얼굴이 많이 알려져 있는 사람이라면 아무래도 그들의 모습이 대중들의 관심사가 되는 경우가 많고, 본인 스스로가 적극적으로 자기 모습을 대중에게 보이고 싶어 하거나 대중에게 공개가 예상되는 자리에 일부러 참석하는 경우도 있다. 이런 경우는 초상권 침해가 발생하기 어렵다. 다만 공인이라고 해서 무조건 초상 공개가 문제없는 건 아니다. 본인이 공개하기 싫어하는 아주 사적인 부분을 촬영해서 방송하거나 초상을 가지고 따로 사진집을 만들어 파는 등 적극적으로 영리활동에 이용했을 때는 초상권 침해 책임을 지게 될 수 있다.

➜ 실제 사례로 감을 잡아봅시다

• O 방송사는 주의력결핍과잉행동장애(ADHD)에 대한 시사 프
로그램을 제작하면서 실제 ADHD 증상의 어린이 M과 H의
행동을 보여주는 내용을 방송했다. 그런데 따로 허락을 받지
않은 채 M과 H의 영상을 다른 보도, 교양 프로그램 3개 방송
에서도 추가로 사용했다.
법원은 이 경우 동의 없는 초상 공개로 권리 침해가 인정된다
고 봤다.[25]

• P 방송사는 뉴스에서 탤런트 U의 검찰 소환조사 장면을 방송
했다. 탤런트 U는 검찰청 출입구 포토라인에 서서 기자들과
인터뷰를 하고 건물에 들어갔는데, 이때 탤런트 U의 뒤에서
에스코트했던 사람들의 얼굴까지 방송에 나가게 되었다.
법원은 에스코트 했던 사람들에 대해 U가 포토라인에 섰을 때
얼굴을 가리지도 않고 고개를 들고 있었고, 이들이 꼭 U와 동
행해야 할 의무가 있는 것도 아니었으며, 자발적으로 다수의
취재진이 촬영하는 공간에 등장한 점 등을 미루어 보아 초상
공개를 묵시적으로 동의했다고 봤다.

---

25) 1심 법원이 본 견해로, 이 사건은 화해권고결정으로 끝이 났습니다.

▶ 초상권을 침해하면 어떤 처벌이나 불이익을 받나?

초상권을 침해하면 초상권자에 대해 민사상 손해배상 책임을 지게 됩니다. 따로 형사처벌을 받지는 않습니다. 초상권을 침해하게 되면 통상은 몇백만 원 수준의 배상 책임을 지게 됩니다. 물론 초상권을 침해한 배경이나 정도, 피해 등을 고려해 배상액은 몇백만 원 수준 이상이 될 수도 있습니다. 언론사의 배상 사례를 살펴보면, 2017년과 2018년에 초상권과 사생활 침해가 함께 문제된 사례 3건에서 평균 700만 원의 배상액이 인정되었고, 2018년 명예훼손과 초상권 침해가 함께 문제된 사례 4건에서 평균 330만 원의 배상액이 인정되기도 했습니다.[26] 실제 사례를 하나 보면, R 골프웨어 판매업자가 R 골프웨어를 입은 일반인 SNS 사진을 발견했고 이 사진을 영업용 온라인 커뮤니티에 올렸습니다. 그리고 여기서 그치지 않고 R 골프웨어 회사까지 나서 그 사진을 회사 공식 SNS에 올렸습니다. 법원은 판매업자에게 300만 원, 골프웨어 회사에 500만 원을 피해 입은 일반인에게 배상하라는 판결을 내렸습니다. 개인 방송에서 다른 사람 초상을 사용했을 때, 다른 사정이 없다면 앞서 든 평균이나 예시와 비슷한 수준의 배상액이 인정된다고 추측해 볼 수 있습니다.

---

26) 언론중재위원회, 2017년도 언론관련판결 분석보고서, 2018, 31쪽, 각주6)

초상권 침해 역시 방송통신심의위원회에서 내리는 '시정요구' 불이익을 받을 수 있습니다. 콘텐츠를 내리거나 앞으로 게재하지 말라는 법원의 판결이나 가처분 결정 역시 내려질 수 있으며, 유튜브의 커뮤니티 가이드 위반 및 광고 수익 제한조치 등 자체적인 제재로 불이익을 받게 될 수 있습니다. 이에 대한 설명은 명예훼손 부분과 같으니 참고하도록 합시다.

▶ 어떻게 하면 초상권 침해가 안 되게 방송할 수 있을까?

동의를 받아야 합니다. 동의를 받지 못하면 가려야 합니다.

일단 내 영상에 내가 아닌 사람들이 나오면 원칙적으로 그 사람들의 동의를 다 받아야 한다고 생각합시다. 단순한 논리이지만 열심히 방송하다 보면 미처 이 점을 생각지 못할 때가 있습니다. 분위기상 동의를 받은 줄 알았는데, 아니었던 경우가 발생할 때도 있죠. 우선 도움이 될 만한 초상이용 동의서 샘플을 소개합니다. 방송 목적이나 용도에 따라 다음 페이지 샘플을 참고해서 양식을 하나 만들어 두고 촬영할 때 사인을 꼭 받아놓는 걸 원칙으로 삼읍시다. 단, 지금 보여드리는 이 양식은 유튜브 채널에 게시해 이용하는 것만을 예정한 간략한 샘플이라는 점을 감안하면 좋겠습니다.

초상이용 동의서

본인은 유튜브 채널 △△△ 운영자가 본인의 초상을 촬영하는 데 동의하며, 이를 아래와 같이 이용하는 데 동의합니다.

○ 이용처 : 유튜브 채널 △△△
○ 이용 방식 :
  ① 촬영 초상이 포함된 (예: 여행리뷰) 내용 콘텐츠 제작 및 이용처 게재
  ② 초상 촬영물 편집 가능하며 콘텐츠를 통한 광고 수익 예정
○ 이용 기간 : 동의서 작성일 ~ 유튜브 채널 △△△ 운영 종료일

※ 본 초상이용 동의를 위해 본인의 성명, 생년월일, 연락처 정보가 위 유튜브 채널 운영자에게 제공, 보유 및 이용(동의서 작성 시부터 사용 목적 종료 시까지)되는 데 동의합니다.

2021.   .   .

성   명 :   (사인)

생년월일 :

연 락 처 :

※ 출연자가 만 19세 미만인 미성년자일 경우, 미성년자의 법정대리인
  (친권자인 부모, 없으면 후견인)의 동의 사인까지 받아야 안전함.

동의서를 받기 어려운 상황이라면 촬영, 방송에 대해 설명하고 승낙하는 과정 자체를 녹화하는 방법으로라도 남겨 놓아야 합니다.

초상이용 동의서 샘플 하나를 소개해 드리긴 했지만 초상이용 동의를 꼭 문서로만 받아야 효력이 있는 건 아닙니다. 문서로 남겨 놓으면 구체적이고 분명하게 근거가 남기 때문에 우선적으로 권해드리는 것입니다. 하지만 콘텐츠를 만들다 보면 종이로 된 동의서를 준비해 사인받기 여의치 않은 경우도 있고, 문서에 사인해야 한다는 거부감 때문에 촬영 자체가 거부당하는 일이 많아질 수 있죠. 그럴 때는 차선책으로 종이가 아닌 카메라에 승낙 과정을 남겨놓는 방법을 생각해 볼 수 있습니다. 그렇다고 무작정 카메라를 비추면서 "촬영해도 됩니까"라고 물어보는 식은 안 됩니다. 이미 초상권 침해를 한 상태에서 허락을 받는 모양새가 되기 때문입니다. 추천할 만한 방법은 일단 상대방을 비추지 않은 상태에서 설명해서 허락을 받아놓고, 촬영을 시작하면서 재차 설명과 허락 과정을 담아두는 것입니다. 허락을 받을 때 어떻게 말을 해야 할지 어렵게 느껴진다면, 육하원칙을 떠올려봅시다. 놀이기구 리뷰 방송을 하는 경우를 예시로 들어보겠습니다. 동의서만큼은 아니지만 동의 범위를 분명히 해서 허락을 받는 데 도움이 될 것입니다.

누가: 안녕하세요, 유튜버 OO입니다.

왜: 놀이기구를 탄 느낌을 시청자에게 전달하는 방송을 만들려고 하는
데요.

어디서: 유튜브 개인 방송 OOO 채널에서

무엇을: 당신을 인터뷰하는 장면을 촬영해서 사용해도 될까요?

언제: 촬영 다음 날부터 채널 운영 끝날 때 까지 영상이 채널에 올라가
있을 예정이고

어떻게: 재미있게 자막을 넣고, 조금 편집을 해서 올릴겁니다. 괜찮으
실까요?

동의를 못 받은 사람은 확실히 가립시다. 배경으로 나오는 사람들도 마찬가지입니다. 배경 사람들을 가리기 여의치 않으면, 촬영 중이라는 걸 사람들이 충분히 알 수 있도록 고지라도 해야 합니다.

요즘 지상파나 종편의 리얼리티 프로그램을 살펴보면, 영상 주인공인 연예인 외에 지나가는 사람들 얼굴을 모자이크 처리하고 있는 경우를 많이 볼 수 있습니다. 지나가는 사람을 그대로 방송하면 초상권 침해가 될 수 있고, 실제 방송 후 초상권 침해 항의를 받게 된 경우가 있기 때문입니다. 개인 방송도 다르지 않습니다. 방송에서 직접 인터뷰를 하거나 메인으로 촬영한 사람이 아니라 뒤에서 지나치듯 나온 사람이라고 해도, 이 사람이

동의를 하지 않은 상태에서 초상이 촬영되고 방송되면 침해 책임을 지는 건 변함이 없습니다. 누군지 분간이 안 될 정도, 최소한 얼굴 정도는 모자이크나 블러 처리를 해야 합니다. 도저히 모자이크하기 어려운 상황이다 싶으면 최소한 카메라에 얼굴을 비칠 수 있는 사람들이 미리 피할 수 있도록 충분히 공지를 해 줘야 합니다. 예를 들어 길거리 공연을 라이브로 하고 관중들의 모습을 자연스럽게 방송하는 방식이라면 공연 장소 주변에 팻말로 촬영 중임을 안내하고 종종 촬영 중임을 구두로 안내한다든지, 조금 외진 공간에서 하되 입장하는 길목에서 촬영에 대한 안내 문구가 담긴 종이를 나누어 준다든지 여러 방식을 생각해 볼 수 있을 것입니다. 카메라에 비춘 사람이 방송 중임을 알고 피할 수 있도록 최대한 조치를 취하는 길이, 곧 초상권 침해 위험을 피하는 길임을 기억해 둡시다.

초상이용 동의를 받지 않고, 가리지도 않았는데 초상권 침해가 되지 않는 경우가 있습니다. 촬영과 방송의 공익성이 큰 경우입니다. 그러나 이 경우에는 가급적 기대하지 않는 것이 좋습니다. 앞서 범죄자 얼굴이 어떤 경우에 공개될 수 있는지 살펴보았죠. 이것만 떠올려 보더라도 어느정도 공익성이 있어야 초상 공개가 괜찮을지 알 수 있습니다. 예를 들어 시청자에게 재미를 주기 위해, 상습적으로 불법 주차하는 사람에게 창피를 주기 위해,

어떤 사람의 선행을 널리 알리기 위해 등과 같은 이유만으로 초상을 공개한다면 침해 책임을 지게 될 가능성이 큽니다.

▶ 초상권 침해 소송을 당했다면?

초상권 침해로 민사소송을 당했다면 먼저 '동의'가 있었는지부터 꼼꼼히 돌이켜봐야 하고, 그 증거를 꼭 찾아야 합니다. 앞서 살펴본 것처럼 '동의' 범위를 벗어나서 사용했다면 그 부분은 동의가 없었던 것으로 보아야 합니다. '동의'라고 볼만한 무언가 기억이 난다 해도 그 증거가 없다면 법원은 동의가 있었다고 믿지 않습니다. 동의가 있었다는 증거는 당신이 제출해야 하기 때문에 증거가 없으면 결국 소송에서 지게 됩니다. 귀찮더라도 초상이용 동의서나 동의를 촬영한 영상을 꼭 남겨놓아야 하는 이유입니다.

문서, 영상, 허락하는 모습을 본 증인 등 분명한 동의의 증거가 없다면 '묵시적 동의'가 있었다고 봐줄 만한 근거들을 최대한 찾아 주장해 봐야 합니다.

법원이 든 판결 하나를 살펴보면, "촬영과 공표 사실을 알고 있거나 예상하면서도 촬영을 적극적으로 제지하거나 이의를 제기하지 않고 촬영에 임하는 경우, 카메라 앞에서 스스로 촬영에 응해 포즈를 취하거나 카메라를 피하지 않고 친근하게 웃는 표정을 짓는 경우, 신문기자에게 기꺼이 설명하는 경우 등은 촬영에 대한 묵시적 동의 내지 승낙의 의사표시를 추단할 수 있다. 다만 묵시적 동의가 인정되기 위해서는 촬영 당시 촬영과 공표의 범위, 사용 목적을 객관적으로 추정할 수 있는 상황일 것을 요한다. 즉, 촬영에 묵시적으로 동의했다고 하더라도 어느 방송 프로그램에 어떠한 용도로 쓰일지 알지 못했다면 초상 공개에 대해 동의한 것으로 볼 수 없다."[27]라고 한 바 있습니다. 이것을 참고해 봤을 때, 상대방이 어떤 프로그램 촬영인지, 자기 얼굴이 나오는지 다 알고 있었다는 점을 보여줄 만한 근거를 최대한 많이 제시해야 한다는 걸 알 수 있겠습니다. 예를 들어 당신이 길거리에 노래방 기계를 설치해 놓고 행인들을 즉석에서 섭외해 노래 부르는 모습을 담는 방송을 합니다. 섭외한 사람에게는 동의를 받았는데, 노래방 기계 앞에서 그걸 구경하고 있는 A가 초상권 침해를 문제 삼았다면 어떤 점을 강조해서 맞서야 할까요? 만약 제가 문제 제기를 당했다면 ▶ 노래방 기계 옆 등 촬영 장소 곳곳에 '유튜브 채널 길거리쑝 방송 촬영 중입니다. 촬영 장면 관람 시 얼굴이 방송에 나올 수 있습니다'라는 공지 팻말을 달았

27) 서울고등법원 2017. 8. 18. 선고 2016나2088859 판결.

음, ▶ 방송 중에 진행자가 팻말과 동일한 멘트를 다시 한번 직접 고지했고, A도 그걸 들었음, ▶ A는 카메라 앞에서 얼굴을 전혀 가리지 않았고 오히려 옷매무새를 다듬거나 친구와 브이자를 그려 보이기도 했음, ▶ 진행자가 채널명을 밝히면서 즉석 섭외를 하고 참가자가 군중 앞에서 노래를 부르는 장면 그대로가 카메라에 녹화 및 방송된 것이어서 A 역시 방송 내용을 충분히 알고 있었음과 같은 내용을 주장해 볼 것입니다.

마지막으로 주장해 보아야 할 것은 공익성입니다. 즉, 초상이 공개돼서 이 사람이 얻는 개인적인 피해보다 우리 사회가 얻게 되는 공익이 훨씬 크다는 점을 최대한 주장해야 합니다.

애초에 동의 없이 다른 사람 초상을 사용한 게 분명하다면 이 단계부터 고민을 시작해 봐야겠지요. 묵시적인 동의로 볼 만한 사정이 없는 경우에도 마찬가지입니다. 이것과 관련해서 법원은 "초상권이나 사생활의 비밀과 자유를 침해하는 행위를 둘러싸고 서로 다른 두 방향의 이익이 충돌하는 경우에는 구체적 사안에서의 사정을 종합적으로 고려한 이익형량을 통하여 침해행위의 최종적인 위법성이 가려진다. 이러한 이익형량 과정에서, 첫째 침해행위의 영역에 속하는 고려요소로는 침해행위로 달성하려는 이익의 내용 및 그 중대성, 침해행위의 필요성과 효과성, 침해행위의 보충성과 긴급성, 침해방법의 상당성 등이 있고, 둘째 피해이익의 영역에 속하는 고려요소로는 피해법익의 내용과 중대성 및 침해행위로 인하여 피해자가 입는 피해의 정도, 피해이익의 보호가치 등이 있다. 그리고 일단 권리의 보호영역을 침범함으로써 불법행위를 구성한다고 평가된 행위가 위법하지 아니하다는 점은 이를 주장하는 사람이 증명하여야 한다"[28]라고 보고 있습니다. 쉬운 말로 풀어서 정리해 보면 아래의 사항들을 잘 강조해서 법원을 설득해야 한다는 것입니다.

▶ 굉장히 중대한 사안과 관련해서 이 사람 초상을 공개한 것이고, 이런 공개를 통해 사람들이 얻는 이익이 크다.
▶ 초상 공개가 꼭 필요하고 공개를 하지 않을 만한 다른 대안도 없었다.
▶ 초상 공개를 하긴 했지만 피해가 너무 커지지 않기 위해 보호 조치도 취했다.
▶ 초상이 공개된 사람이 입는 피해가 작고, 초상을 보호해 줘야 할 가치도 크지 않다.

쉽게 풀어봐도 조건이 까다롭다는 점을 알 수 있습니다. 실제로 일반인의 초상 침해에 대해서 방송으로 내보내는 공익이 더

---

28) 대법원 2013. 6. 27. 선고 2012다31628 판결.

크다고 인정되기는 쉽지 않습니다. 그렇기 때문에 초상과 관련된 사항은 명시적이든 묵시적이든 '동의'를 먼저 고려해야 한다는 점을 꼭 유의해야 합니다.

▶ 누가 내 초상권을 침해했다면?

누군가 내가 나온 영상을 마음대로 쓰거나 내 사진을 가지고 방송을 하는 등 초상권을 침해하면 민사소송(손해배상 등 본안), 가처분을 제기할 수 있지만, 형사처벌은 없기 때문에 고소하기는 어렵습니다. 다만, 내 초상이 명예훼손이나 모욕적인 의도로 쓰였다면 그 죄명을 이유로 고소가 가능합니다. 침해한 자의 신상정보를 모른다면 우선 방송통신심의위원회에 이용자 정보제공 청구를 해서 확보 시도를 해 봅시다.

나의 초상권을 침해당했을 때 초상권 침해 게시물이 있는 사이트의 자체 신고 절차를 이용하거나 방송통신심의위원회의 권리침해정보 심의 신청을 하는 것도 가능합니다('누가 내 명예를 훼손하면 어떻게 대처해야 하나?'의 '이건 더 알아둡시다' 참고). 이때, 화면 캡처로 꼭 증거를 확보해 놓아야 하는 점도 잊지 맙시다.

누가 공인이고,
사생활은 어디까지 공개 가능할까?

🔔 이건 꼭 기억합시다

• 공익적인 목적 외에 다른 사람의 사생활은 공개해서는 안 됩니다.

• 공인이 아니라면 누가 봐도 누구인지 알아챌 수 없을 정도로 정보를 최대한 가려
서 공개해야 합니다.

▶ 어떤 경우에 사생활 침해가 될까?

사람들이 널리 알아야 할 필요가 없는데도 다른 사람의 사적
인 일을 공개하면 사생활 침해가 됩니다.

법원은 "헌법 제10조 제1문, 제17조, 제21조 제4항, 형법 제
316조, 제317조 등 여러 규정을 종합하여 보면, 사람은 자신의
사생활의 비밀에 관한 사항을 함부로 타인에게 공개당하지 아니

할 법적 이익을 가진다고 할 것이므로, 개인의 사생활의 비밀에 관한 사항은 그것이 공공의 이해와 관련되어 공중의 정당한 관심의 대상이 되는 사항이 아닌 한, 비밀로서 보호되어야 한다"[29] 라고 보고 있습니다. 사람이면 누구나 초상권을 갖는다고 앞서 설명한 것과 같이 이 세상 누구나 자기의 사적인 생활을 보호받을 권리를 가지고 있습니다.

많은 사람의 관심사이고 공익성이 있는 내용이라면 사생활이라 해도 공개가 문제없을 수 있습니다.

사적인 일이라 하더라도 그게 완전히 사적인 일이 아닐 때가 있습니다. 국회의원 A가 건설업자로부터 뇌물을 받은 일을 "사적인 돈거래다"라며 사생활이니 보호해야 한다고 할 수 있을까요? 유명 연예인 C가 집에서 상습적으로 마약을 한 일을 "범죄행위는 민감한 사생활이다"라며 알리지 말아야 한다고 할 수 있을까요? 사생활이 중요하기는 하지만 그게 많은 사람의 관심 대상이 되고, 또 여러 사람에게 알리는 것이 공익을 위해 필요하다면 더 이상 사적인 일로 보기 어렵습니다. 즉, 이러한 경우는 공개했다고 불법이라 할 수 없는 것입니다. 이와 관련해 법원은 "개인의 사생활과 관련된 사항의 공개가 사생활의 비밀을 침해

---

29) 각주 28)

하는 것이더라도, 사생활과 관련된 사항이 공공의 이해와 관련되어 공중의 정당한 관심의 대상이 되는 사항에 해당하고, 공개가 공공의 이익을 위한 것이며, 표현내용 · 방법 등이 부당한 것이 아닌 경우에는 위법성이 조각될 수 있는 것"으로 보고 있습니다.[30]

↱ 실제 사례로 감을 잡아봅시다

- K 방송사는 실리콘 백을 활용한 성형수술의 현황과 문제점, 보상받는 방법을 알리는 내용의 방송을 제작했다. 이때 수술 부작용으로 고생하는 M의 인터뷰를 실으면서 이름을 가명으로 처리하고 얼굴은 그림자만 내보냈는데, 목소리는 그대로 방송을 해서 M의 친척이나 친구 등 주변 사람들이 M 인지 알아채게 되었다.
  법원은 프로그램이 공익적인 내용이라고는 해도 수술 부작용으로 고생하는 사람이 누구인지까지는 공중의 정당한 관심사가 아니라고 하면서 방송사에 1,000만 원의 배상 책임을 인정했다.

---

30) 각주 28)

- 연예 정보지 M 사는 유명 재벌그룹의 후계자 X가 교제 중인 일반인 여성 Z와 호텔에서 상견례 모임을 하는 모습, 데이트 장면 등을 촬영하고 Z에 대한 정보, 신혼집 이야기와 함께 상세하게 보도했다.

  법원은 X가 공적인 인물이기 때문에 결혼 계획에 대한 일반적인 내용이나 신혼집의 현황, Z의 기본적인 정보는 공중의 정당한 관심거리가 된다고 보았고, 이 부분을 다룬 기사 내용도 흥미 위주의 자극적인 표현을 사용하지 않았기 때문에 문제되지 않는다고 보았다. 하지만 상견례와 데이트 현장의 구체적인 분위기나 옷차림, 사진을 공개한 것은 공중의 정당한 관심사도 아니고 사생활을 보호할 가치가 더 크기 때문에 사생활 침해가 인정된다고 판단했다. 결국 재벌그룹 후계자 X에 대해서는 500만 원, 일반인 여성 Z에 대해서는 1,000만 원의 배상 책임이 인정되었다.

- 신문사 Q와 L은 주한미군 군무원인 M이 외부 계약직 H와 불륜 관계에 있다는 사실을 보도했다. 이때 신문사 Q는 M의 실명을 쓰지 않고 이니셜로 표시하고 '주한미군 고위 인사', '주한미군 정보 관련 업무를 맡고 있는' 등의 정보만을 기사에 썼다.

  법원은 기사를 본 M의 지인이나 주변 사람들도 기사가 M에 대한 이야기라는 걸 알기 어렵다는 이유로 사생활 침해가 되지 않는다고 보았다. 반면 다른 신문사 L은 M이 군무원을 하기 전의 경력, 담당하던 구체적인 업무 내용과 연령, 입양 사실까지 함께 공개했는데, 법원은 누구에 대한 기사인지 특정이 되었고 기사 내용도 공적인 사안이 아니라는 이유로 1,000만 원의 배상 책임이 있다고 판단했다.

▶ 어떤 사람들을 공인으로 볼 수 있을까?

사생활 침해를 비롯해 명예훼손, 모욕, 초상권 부분 모두에서 공통으로 적용될 수 있는 논리가 있습니다. 쉬운 말로, 바로 '공인'에 대한 것이라면 일반인보다 봐주는 쪽이 더 넓다는 것입니다.

우리 집에서 도둑질을 한 옆집 청년 A의 범죄 사실을 공개적으로 알리며 못된 사람이라고 방송하는 것과, 같은 상황인 국회의원 B의 도둑질에 대해 방송하는 것은 당연히 다르겠지요. 국회의원 B의 일이라면 많은 사람들의 관심사이기도 하고, 널리 알릴 필요도 있습니다. 그렇기 때문에 공인에 대해 알리는 것은 일반인에 대해 알리는 것에 비해 불법 책임을 잘 묻지 않습니다. 하지만 아무리 공인에 대한 것이라도 악의적이거나 부당하게 공격하려는 목적으로 방송하는 등 선을 넘었을 때는 여전히 책임을 질 수 있다는 점은 기억해 두어야 하겠습니다.

공인에 대한 방송이 괜찮을 수 있다면 자연히 이런 질문이 떠오르게 될 것입니다. '그럼 누가 공인일까요?' 앞서 명예훼손 부분에서 공직자나 유명 연예인, 자기가 공개를 자처해서 많은 사람들의 관심 대상이 된 사람 등으로 이야기를 했지만, 어떤 사람을 공인으로 봐야 하는지 법이나 대법원에서 딱 정해 놓은 기준은 없습니다. 법원에서 어떤 사람을 공인, 공적인 인물로 보았는지 사례들을 참고해 볼 수밖에 없는데, 이를 간단히 표로 정리해 보면 아래와 같습니다.

공인 ○	공인 X
• 유명 연예인, 스포츠 선수 • 고위 공직자(대통령, 국회의원, 4급 이상의 고위 공무원, 시장, 공공기관장) • 유명 언론사 대표 • 대학교 총장 • 정치적인 의견 표명으로 장기간 언론, 대중의 관심 대상이 된 사람	• 과거에 유명했지만 20년 동안 활동을 안 한 연예인 • 10년 전 도지사였던 사람 • 평범한 의사, 변호사 • 5급 법원 사무관 • 지역사회에서 인지도 있는 택시노조 활동가

※ 구체적인 상황에 따라 공인 판단 여부는 달라질 수 있음.

출처: 언론중재위원회, 알면 유용한 언론분쟁 Q&A, 2015. 20~21쪽 중 일부 발췌.

▶ 사생활을 침해하면 어떤 처벌이나 불이익을 받나?

사생활을 침해하면 민사상 손해배상 책임을 지게 되고, 따로 형사처벌을 받지는 않습니다. 초상권과 같다고 보면 됩니다. 통상 몇백만 원 수준의 배상 책임을 지게 되는데, 침해 배경이나 정도, 피해 등을 고려해 배상액은 달라질 수 있습니다. 언론사 배상 사례를 살펴보면, 초상권 부분에서 언급한 것처럼 2017년과 2018년에 초상권과 사생활 침해가 함께 문제된 사례 3건에서 평균 700만 원의 배상액이 인정되었습니다. 2018년에 명예훼손과 사생활 침해가 함께 문제된 사례 6건에서는 평균 배상액 1,000만 원,[31] 2019년에는 사례 3건에서 평균 833만 원이 인정되기도 했습니다.[32]

사생활 침해도 방송통신심의위원회에서 내리는 '시정요구', 유튜브의 커뮤니티 가이드 위반 및 광고 수익 제한조치 대상이 될 수 있습니다. 콘텐츠를 내리거나 앞으로 게재하지 말라는 법원의 판결이나 가처분 결정 역시 내려질 수 있으며, 이에 대한 설명은 명예훼손 부분을 참고합시다.

---

31) 각주 6)
32) 각주 5)

▶ 어떻게 공개하면 사생활 침해가 되지 않을까? 소송을 당했다면?

사생활 침해가 되는 경우를 반대로 생각하면 되겠습니다. 즉, 많은 사람들의 관심사이고 공익에 도움 되는 내용이 아니라면 다른 사람의 사적인 일은 공개하지 맙시다.

앞서 정치인 뇌물사건이나 유명 연예인 범죄를 예로 들었지만, 공인에 대한 일은 많은 사람들이 관심 있어 하는 내용이기도 하고 공개를 통해 대중들의 알 권리를 실현시켜주는 이익도 있어 침해가 되지 않는 경우가 많습니다. 하지만 그렇지 않은 평범한 사람의 사적인 일이 널리 공개되어야 할 필요가 있을까요? 많은 사람들에게 알려져야 하는 일이라고 해도 과연 '누구의 일'이라는 것까지 공개가 되어야 할 필요가 있을까요? 입장을 바꾸어 공개되는 쪽이 나라고 생각하면 사생활 공개를 쉽게 결정해서는 안 된다는 점을 알 수 있습니다. 하지만 어디까지가 사생활 침해이고 어디까지가 공중의 정당한 관심사인지 판단하기가 결코 쉽지는 않습니다. 법원에서도 같은 사건에 대해서 1심, 2심, 3심 판단이 제각각일 때도 있습니다. 조금 더 꼼꼼히 판단해 보기 위해 이럴 때는 법원의 기준을 참고해 볼 필요가 있습니다.

법원의 기준은 초상권 부분의 내용과 같습니다.

▶ 굉장히 중대한 사안과 관련해서 이 사람의 사생활을 공개한 것이고, 이런 공개를 통해 사람들이 얻는 이익이 크다.

▶ 사생활 공개가 꼭 필요하고 공개를 하지 않을 만한 다른 대안도 없다.

▶ 공개를 하긴 했지만 피해가 너무 커지지 않기 위해 보호 조치도 취했다.

▶ 사생활이 공개된 사람이 입는 피해가 작고 보호해 줘야 할 가치도 크지 않다.

이 주장들이 곧 당신이 소송을 당했을 때 최대한 주장해야 할 내용이고, 위의 내용을 자신 있게 주장할 수 있겠는지를 방송에 앞서서 기준으로 삼아 생각해 봐야 하는 것입니다. 다시 한 번 법원의 말을 적어보자면, "초상권이나 사생활의 비밀과 자유를 침해하는 행위를 둘러싸고 서로 다른 두 방향의 이익이 충돌하는 경우에는 구체적 사안에서의 사정을 종합적으로 고려한 이익형량을 통하여 침해행위의 최종적인 위법성이 가려진다. 이러한 이익형량 과정에서, 첫째 침해행위의 영역에 속하는 고려요소로는 침해행위로 달성하려는 이익의 내용 및 그 중대성, 침해행위의 필요성과 효과성, 침해행위의 보충성과 긴급성, 침해방법의 상당성 등이 있고, 둘째 피해이익의 영역에 속하는 고려요소로는 피해법익의 내용과 중대성 및 침해행위로 인하여 피해자가 입는 피해의 정도, 피

유튜법

해이익의 보호가치 등이 있다. 그리고 일단 권리의 보호영역을 침범함으로써 불법행위를 구성한다고 평가된 행위가 위법하지 아니하다는 점은 이를 주장하는 사람이 증명하여야 한다"[33]입니다.

꼭 공개를 해야 된다면, 그게 누구에 대한 이야기인지 아무도 모르게 공개해야만 합니다.

앞서 '어떤 경우에 사생활 침해가 될까?'의 '실제 사례로 감을 잡아봅시다' 부분에서 주한미군 군무원 M의 사례를 살펴보았지요. 그 사람이 누구인지 실명을 쓰지 말고 과거 경력, 구체적으로 무슨 일을 하는지, 가족관계 등 말하려는 내용과 관계없는 신상정보는 최대한 덜어내야 합니다. 기준은 '방송을 본 사람이 저 이야기가 M의 이야기인지 알 수 있나?'로 잡을게 아니라, 한 걸음 더 나아가서 '방송을 본 M의 친척이나 친구들이 저 이야기가 M의 이야기인지 알 수 있나?'로 잡아야 합니다.

▶ 누가 내 사생활을 침해했다면?

초상권 침해의 경우와 같다고 생각하면 되겠습니다. 민사소송,

---

33) 대법원 2013. 6. 27. 선고 2012다31628 판결.

가처분을 제기할 수 있고, 사생활 침해 내용이 명예훼손과 모욕에도 해당한다면 그 죄명을 이유로 고소하면 됩니다.

침해한 자의 신상정보를 모르면 방송통신심의위원회에 이용자 정보제공청구를 해 봅시다. 또한, 화면 캡처로 꼭 증거를 확보해 놓은 후 사생활 침해 게시물이 있는 사이트의 자체 신고 절차, 방송통신심의위원회의 권리침해정보 심의 신청으로 피해 확산을 막읍시다('누가 내 명예를 훼손하면 어떻게 대처해야 하나?'의 '이건 더 알아둡시다' 참고).

내 아이라서,
내가 키우는 동물이라서 괜찮다고요?

🔔 이건 꼭 기억합시다

아이

- 아이가 원하지 않는 방송은 물론, 위험하거나 비도덕적인 행동을 시켜 방송하면 아동학대가 될 수 있다.
- 아이를 출연시킬 때는 법정대리인(보통은 부모)의 허락을 받아야 한다.

반려동물

- 출연 동물을 다치게 하거나 고통을 주면 처벌받을 수 있다.
- 자기 반려동물이라 해도 처벌받는 건 똑같다.

▶ 아이를 방송에 출연시킬 때 특별히 주의할 점

최근 유명 키즈 유튜브 채널들이 아동학대로 논란이 된 사건이 있었습니다. 쌍둥이가 출연하는 Z 유튜브 채널은 몸무게

15kg의 아이들이 10kg의 커다란 대왕문어를 힘겹게 먹는 장면을 방송하고, C 유튜브 채널은 아이가 잠든 아빠 지갑에서 몰래 돈을 훔치거나 자동차 도로에서 장난감 자동차를 운전하는 장면을 연출해서 방송했습니다. Z 채널의 경우 아이들도 원해서 촬영했고, 촬영 후 문어를 잘라서 먹었다는 해명으로 학대가 아니라는 점이 알려지게 되었지만, 제작자의 사과와 함께 영상이 삭제되었습니다. 하지만 C 채널은 사회단체의 고발에 따라 아동학대가 인정, 가정법원의 보호 처분이 내려지게 되었습니다.

아동이 출연하는 방송을 할 경우에는 반드시 아이들의 자발적인 의사에 따라 콘텐츠가 제작되어야 하고, 설령 동의했다고 해도 신체적인 건강을 해치거나 비도덕적인 일을 하도록 요구해선 안 됩니다.

아동복지법은 19세 미만을 아동으로 보면서 아동학대를 "보호자를 포함한 성인이 아동의 건강 또는 복지를 해치거나 정상적 발달을 저해할 수 있는 신체적·정신적·성적 폭력이나 가혹 행위를 하는 것과 아동의 보호자가 아동을 유기하거나 방임하는 것을 말한다"라고 규정하고 있습니다. 법은 이와 함께 구체적인 행위들을 금지행위로 보고 직접적인 처벌을 내리고 있는데, 그중 콘텐츠 제작과 관련해서 주의해야 할 행위가 바로 '아동의 정신건강 및 발달에 해를 끼치는 정서적 학대 행위'입니다. 아이를 신체적으로 때리거나 성적인 수치심을 주는 행위는 당연히 아동학대에 해당하는 것이고, 해선 안 된다는 사실을 누구나 잘 알 것입니다. 하지만 원치 않는 방송을 억지로 요구해서 시키거나 비도덕적인 일을 시키는 것 자체가 곧 '정서적 학대'에 해당할 수 있다는 점은 잘 인식하지 못하는 경우가 많습니다.

그렇다면 어떨 때 정서적 학대 책임을 지게 될까요?

▶ 정신건강을 해치는 행위라면 아이의 몸이 다쳤든 다치지 않았든 관계없다.

▶ 실제 정신건강을 해치지 않았어도 그럴 위험이 있었을 경우.

▶ 정신건강을 해치려는 목적까진 없었다 하더라도 '이렇게 하면 아이 정신건강에 나쁠 텐데'라고 알고 있었을 경우.

법원의 말을 보면, "유형력 행사를 동반하지 아니한 정서적 학대 행위나 유형력을 행사하였으나 신체의 손상에까지 이르지는 않고 정서적 학대에 해당하는 행위를 가리킨다고 보아야 한다. 현실적으로 아동의 정신건강과 그 정상적인 발달을 저해한 경우뿐만 아니라 그러한 결과를 초래할 위험 또는 가능성이 발생한 경우도 포함되며, 반드시 아동에 대한 정서적 학대의 목적이나 의도가 있어야만 인정되는 것은 아니고 자기의 행위로 인하여 아동의 정신건강 및 발달을 저해하는 결과가 발생할 위험 또는 가능성이 있음을 미필적으로 인식하면 충분하다고 할 것이다"
라고 보고 있습니다.[34] 재미있는 콘텐츠일 것이라는 혼자만의 생
각으로 아이가 하기 싫어하는 위험한 행위를 시키거나, 아직 도
덕적인 분별력이 없는 어린아이에게 비도덕적인 일을 시키거나,
성 상품화로 비칠 수 있는 행위를 시키거나 할 경우에는 정서적
학대에 해당할 가능성이 높습니다.

⇛ 이건 더 알아둡시다

> **아이를 출연시킬 때는 부모(또는 후견인)의
> 동의를 꼭 받아야 한다.**

만 19세 미만 미성년자가 출연할 때는 미성년자 법정대리인
의 동의를 받아야 안전하다. 법정대리인은 친권자가 되며, 보통
부모인 경우가 많다. 부모가 아니라면, 후견인이 법정대리인이
된다.

법정대리인 동의 없이 아이를 출연시킬 경우 아이에 대한 초
상권 침해가 되거나, 나중에 법정대리인이 아이의 동의를 취소

---

34) 대법원 2015. 12. 23. 선고 2015도13488 판결.

유튜법

함에 따라 콘텐츠를 모두 내려야 할 수 있다.

▶ 동물을 방송에 출연시킬 때 주의할 점

한 유튜버가 생방송 중 자기 반려견을 침대에 던지고 때리는 등 학대한 사건이 있었습니다. 이 유튜버는 시청자들의 신고로 출동한 경찰에게까지 "내가 내 강아지 때린 게 잘못이냐"라며 오히려 항의하기까지 했습니다. 결국 법원(1심)은 이 유튜버의 동물 학대를 인정해 징역 4월에 집행유예 2년 등을 선고했습니다.

사람이 아니니까 동물은 괜찮겠지, 내가 키우는 동물은 내 거니까 괜찮겠지 하는 생각으로 동물에게 고통을 주는 콘텐츠를 만들면 법의 처벌을 받을 수 있습니다. 우리 법은 동물을 보호하는 '동물보호법'을 따로 두고 있고, 동물을 다치게 하거나 신체적인 고통을 주는 행위를 처벌하고 있습니다. 또한, 자기가 한 짓이 아니라고 해도 이런 행위가 담긴 사진이나 영상을 인터넷에 게시하는 행위까지도 300만 원 이하의 벌금형으로 처벌하고 있습니다.

★ 봐야 할 법을 모아봤습니다

아동복지법

제3조(정의) 이 법에서 사용하는 용어의 뜻은 다음과 같다.

1. '아동'이란 18세 미만인 사람을 말한다.

7. '아동학대'란 보호자를 포함한 성인이 아동의 건강 또는 복지를 해치거나 정상적 발달을 저해할 수 있는 신체적·정신적·성적 폭력이나 가혹행위를 하는 것과 아동의 보호자가 아동을 유기하거나 방임하는 것을 말한다.

제17조(금지행위) 누구든지 다음 각 호의 어느 하나에 해당하는 행위를 하여서는 아니 된다.

2. 아동에게 음란한 행위를 시키거나 이를 매개하는 행위 또는 아동에게 성적 수치심을 주는 성희롱 등의 성적 학대행위

3. 아동의 신체에 손상을 주거나 신체의 건강 및 발달을 해치는 신체적 학대행위

5. 아동의 정신건강 및 발달에 해를 끼치는 정서적 학대행위

6. 자신의 보호·감독을 받는 아동을 유기하거나 의식주를 포함한 기본적 보호·양육·치료 및 교육을 소홀히 하는 방임행위

7. 장애를 가진 아동을 공중에 관람시키는 행위

8. 아동에게 구걸을 시키거나 아동을 이용하여 구걸하는 행위

9. 공중의 오락 또는 흥행을 목적으로 아동의 건강 또는 안전에

유해한 곡예를 시키는 행위 또는 이를 위하여 아동을 제3자에게 인도하는 행위

제71조(벌칙) ① 제17조를 위반한 자는 다음 각 호의 구분에 따라 처벌한다.

1의2. 제2호에 해당하는 행위를 한 자는 10년 이하의 징역 또는 1억 원 이하의 벌금에 처한다.

2. 제3호부터 제8호까지의 규정에 해당하는 행위를 한 자는 5년 이하의 징역 또는 5천만 원 이하의 벌금에 처한다.

4. 제9호에 해당하는 행위를 한 자는 1년 이하의 징역 또는 1천만 원 이하의 벌금에 처한다.

동물보호법

제2조(정의) 이 법에서 사용하는 용어의 뜻은 다음과 같다.

1의2. '동물학대'란 동물을 대상으로 정당한 사유 없이 불필요하거나 피할 수 있는 신체적 고통과 스트레스를 주는 행위 및 굶주림, 질병 등에 대하여 적절한 조치를 게을리하거나 방치하는 행위를 말한다.

제8조(동물학대 등의 금지)

② 누구든지 동물에 대하여 다음 각 호의 학대행위를 하여서는 아니 된다.

1. 도구·약물 등 물리적·화학적 방법을 사용하여 상해를 입히

는 행위. 다만, 질병의 예방이나 치료 등 농림축산식품부령으로 정하는 경우는 제외한다.

2. 살아 있는 상태에서 동물의 신체를 손상하거나 체액을 채취하거나 체액을 채취하기 위한 장치를 설치하는 행위. 다만, 질병의 치료 및 동물실험 등 농림축산식품부령으로 정하는 경우는 제외한다.

3. 도박·광고·오락·유흥 등의 목적으로 동물에게 상해를 입히는 행위. 다만, 민속경기 등 농림축산식품부령으로 정하는 경우는 제외한다.

3의2. 반려(伴侶) 목적으로 기르는 개, 고양이 등 농림축산식품부령으로 정하는 동물에게 최소한의 사육공간 제공 등 농림축산식품부령으로 정하는 사육·관리 의무를 위반하여 상해를 입히거나 질병을 유발시키는 행위

4. 그 밖에 수의학적 처치의 필요, 동물로 인한 사람의 생명·신체·재산의 피해 등 농림축산식품부령으로 정하는 정당한 사유 없이 신체적 고통을 주거나 상해를 입히는 행위

⑤ 누구든지 다음 각 호의 행위를 하여서는 아니 된다.

1. 제1항부터 제3항까지에 해당하는 행위를 촬영한 사진 또는 영상물을 판매·전시·전달·상영하거나 인터넷에 게재하는 행위. 다만, 동물보호 의식을 고양시키기 위한 목적이 표시된 홍보 활동 등 농림축산식품부령으로 정하는 경우에는 그러하지 아니

하다.

제46조(벌칙) ② 다음 각 호의 어느 하나에 해당하는 자는 2년 이하의 징역 또는 2천만 원 이하의 벌금에 처한다.

1. 제8조제1항부터 제3항까지를 위반하여 동물을 학대한 자

④ 다음 각 호의 어느 하나에 해당하는 자는 300만 원 이하의 벌금에 처한다.

1. 제8조제5항제1호를 위반하여 사진 또는 영상물을 판매 · 전시 · 전달 · 상영하거나 인터넷에 게재한 자

※ 아동복지법 조문 중 영상콘텐츠 제작과 직접 관련이 없어 보이는 아동 매매 등, 동물보호법 중 방송에서 일어난 가능성이 낮은 행위(죽음에 이르게 하는 행위 등)는 제외함.

개인 방송 콘텐츠를 만드는 분들의 이야기를 들어보면 하나같이 "힘들다", "만만히 볼 게 아니다"라고 말합니다. 지금까지 1장, 2장에서 본 내용만 보더라도 합법적인 콘텐츠를 만들기 위해서는 신경 쓸 게 많다는 걸 알 수 있습니다. 더군다나 그걸 재미있게까지 만들려면 많은 노력이 필요하겠지요. 그런데 이렇게 당신이 공을 들여 만든 콘텐츠를 누가 마음대로 자기 방송에 갖다 쓴다면 기분이 어떨까요? 밤새 머리를 짜내며 만든 새로운 내용의 영상을 경쟁자들이 우후죽순 써버려서 내 시청자를 빼앗아 간다면 어떤 생각이 들까요?

질문에 돌아오는 대부분의 답은 '부당하다', '기분이 나쁘다', '못 쓰게 해야 한다' 일 것입니다. 반대로 생각해 보면, 당신이 '남의 것', 즉 다른 창작자의 콘텐츠를 가져다 쓸 때, 그 상대방 창작자도 똑같은 대답을 할 것입니다. 내가 만든 콘텐츠가 보호받아야 하듯, 남이 만든 콘텐츠도 보호받아야 합니다. 당장의 재미만 생각하기보다는, 룰을 지키며 콘텐츠를 만들어야 오래 빛날 수 있을 것입니다.

오래 빛나는 내 방송을 위해 '남의 것'은 무엇인지, 어떻게 '남의 것'을 써야 하는지, 누가 나의 것을 썼다면 어떻게 대응해야 하는지를 알아보도록 합시다.

유튜법

다른 사람 것을 써야 할 때 알아야 할 법

저작권

허락받고 쓰라는 법,
저작권법

🔔 이건 꼭 기억합시다

• 남의 창작 콘텐츠를 허락 없이 쓰면 저작권 침해다.

• 첫째도 허락, 둘째도 허락, 셋째도 허락. 마음대로 쓸 수 있는 콘텐츠가 아니라면 콘텐츠 창작자의 허락을 어떻게 받을지 고민해야 한다.

• 저작자가 갖는 인격적인 권리인 저작인격권, 실연자 · 음반 제작자 · 방송 사업자가 갖는 저작인접권을 침해해도 법적 책임을 지게 된다.

▶ 저작권은 무엇일까? 어떤 경우에 저작권 침해가 되나?

다른 이의 저작물을 허락 없이 쓰면 저작권 침해가 됩니다. 생각해 보면 아주 간단합니다. 사실 저작권 침해는 어떤 경우에 침해가 되는지가 간단하기 때문에, 침해가 안 되는 경우를 더 열심히 살펴봐서 그것에 맞게 쓰는 게 유튜버에게 많은 도움이 됩니다. 침해가 안 되는 경우는 다음 부분에서 자세히 알아보도록 하고, 우선 '저작권'이란 게 무엇인지 간단하게 아래 표로 살펴봅시다.

저작권			
저작재산권		저작인격권	
복제권	저작물을 복제할 권리 ex) 이미지 캡처, 영상녹화, 파일 다운로드	공표권	저작물을 공중에게 공개할지 안 할지 결정할 권리
공연권	저작물 어떤 장소에서 대중에게 상연, 연주, 상영, 재생 등으로 공개하는 권리 ex) 백화점에서 음악 재생, 영화관에서 영상 상영		
공중송신권 (전송권, 방송권, 디지털음성 송신권)	저작물을 유 · 무선 통신으로 송신, 제공할 권리 ex) TV 방송, 유튜브 방송, 스트리밍 음악 재생	성명 표시권	저작물에 자기 이름이나 별칭을 표시할 권리
전시권	미술품, 사진을 일반 대중이 관람하도록 전시할 권리 ex) 동상, 그림 미술관 전시		
배포권	저작물 원본이나 복제본을 사람들에게 주거나 빌려주는 권리 ex) 영화 DVD, 소설책 판매	동일성 유지권	저작물을 함부로 변경하지 않고 그대로 유지할 권리
대여권	상업용 음반이나 컴퓨터 프로그램을 영리 목적으로 빌려주는 권리		
2차적 저작물 작성권	원래 저작물을 변형해서 새로운 저작물로 만들고 이용하는 권리 ex) 소설을 영화화, 패러디물 제작		

쉽게 말해 저작권은 '돈'으로서의 권리인 '저작재산권'과 '정
신적인 가치'로서의 권리인 '저작인격권' 2가지로 이루어져 있
고, 각 저작재산권과 저작인격권 역시 몇 가지 권리들로 나누어
집니다. 유튜버가 다른 이의 콘텐츠를 허락받지 않고 썼을 때 문
제 될 수 있는 저작재산권은 아무래도 복제권, 공중송신권, 2차
적 저작물 작성권인 경우가 많을 것입니다.

그럼 마음대로 쓰면 안 되는 '저작물'이란 건 무엇일까요? 쉽
게 말해 생각이나 감정을 담아 만들어낸 창작물이기만 하면 됩
니다. 어디 등록할 필요도 없고, 기록해 놓을 필요도 없습니다.
일단 만들어내기만 하면 바로 저작물이고, 저작권법의 보호를
받게 됩니다. 우리 저작권법은 저작물을 "인간의 사상 또는 감정
을 표현한 창작물"이라고 하고 있습니다. 저작물이 되기 위한 조
건이 아주 쉽죠. 때문에 방송에서 나올 수 있는 대부분은 저작물
로 보호받을 수 있다고 봐야 합니다. 당신의 방송 영상, 당연히
저작물이 되겠죠. 우리 저작권법에서 저작물이라고 예를 들어놓
은 걸 보면 소설, 시, 논문, 강연, 연설, 각본, 음악, 연극, 무용, 회
화, 서예, 조각, 판화, 공예, 건축물, 사진, 영상, 지도, 컴퓨터 프로
그램까지 정말 다양합니다(저작권법 제4조). 사람이 생각해서 만들
었다고 떠올릴 수 있을 만한 건 웬만하면 다 포함됩니다.

반대로 생각이나 감정을 담아 만들어낸 게 아니라면 저작물이 아닙니다. 이런 걸 썼을 때 저작권 침해가 되진 않지만, 여기서 유의해야 할 점은 생각이나 감정을 담아 창작해 내야 한다는 뜻이 뭔가 예술성이 있거나 이전과 전혀 다른 새로운 것이어야 한다는 의미가 아니라는 것입니다. 여러분이 방송을 만들 때 카메라 구도를 어떻게 찍을지, 무얼 하는 영상을 담아낼지 생각을 해서 만들죠. 그 정도면 됩니다. 다섯 살짜리 아이가 스케치북에 색색으로 그린 그림 정도도 되고, 자기 전에 몇 줄 적은 일기도 됩니다. 핸드폰 카메라로 구도를 잡아 찍은 풍경 사진이나 아기 동영상도 됩니다. 어떤 생각이나 감정을 담아내서 만들었다고 보기 어려운 경우, 예를 들어 너무나 간단하거나 누가 하더라도 그렇게 만들 수밖에 없는 것들이 아니라면 모두 저작물로 법의 보호를 받습니다. 그렇기 때문에 허락받지 않고 함부로 썼을 때 침해가 되는 경우가 아무래도 많을 수밖에 없는 것입니다. 참고로 법원은 책이나 프로그램의 제목(제호), 광고 전단지용으로 제품이 무엇인지만 보여주기 위해 기능적으로 찍은 사진 같은 것들은 저작물이 아니라고 봤습니다.

만들어낸 게 아니라 생각에만 머물러 있는 '아이디어' 정도라면 저작물로서 보호받지 못합니다. 즉, 그런 생각만을 따라 썼다고 해서 저작권 침해가 되지는 않습니다.

저작권법이 저작물을 인간의 사상 또는 감정을 '표현'한 것이라고 본다고 하였지요. '표현'이라고 보기 어려운 건 보호받지 못한다는 뜻입니다. 당신이 기가 막힌 방송 콘텐츠를 생각해 냈습니다. 신이 나서 그 아이디어를 친구에게 이야기해 주었는데, 그 친구가 그대로 프로그램을 만들어버렸다면 어떨까요? 이걸 저작권 침해라고 문제 삼기는 어렵습니다. 친구는 그냥 '아이디어'만 따서 쓴 것일 뿐이지요. 단지 방송 프로그램 콘셉트나 코너 구성이 같다고 해서 저작권 침해가 되진 않습니다. 그런 것들은 그냥 '아이디어'일 뿐이어서 누구나 쓸 수 있다고 보기 때문입니다. 만약 "카메라 앞에 푸짐하게 음식을 늘어놓고 먹으며 맛을 평가하는 방송은 내가 제일 먼저 했다"라면서, 앞으로 '먹방'할 때 자기 허락을 받으라고 주장하는 사람이 있다면 어떨까요? 이 정도 생각을 누구의 재산이라고 인정해 버리면, 수많은 '먹방' 콘텐츠가 자유롭게 만들어지지 못하는 부당한 상황이 벌어질 것입니다. 다만 프로그램 전체의 구성, 진행, 캐릭터, 소품 같은 것에 이르기까지 거의 통으로 따서 만든 수준이라면 저작권 침해에 해당할 수도 있습니다.

저작권이 한국저작권위원회에 등록해야 발생한다고 생각하는 경우가 간혹 있는데, 그렇지 않습니다.

상표권이나 특허권은 특허청에 등록해야 생기기 때문에 저작권도 이와 똑같다고 생각해서 오해가 생기곤 하는데, 저작권은 창작물로 만들어지기만 하면 원칙적으로 일단 그것을 만든 사람에게 생기는 것입니다. 그런데 내가 만들긴 했지만, 내가 만든 게 맞다고 다른 사람들에게 주장하고 인정받아야 하는 문제가 있죠. 누가 만든 작품의 저작권을 내가 무상으로 받거나 샀을 때도 마찬가지입니다. 누군가 "그걸 당신이 만들었는지 어떻게 아나요?", "당신이 저작권을 넘겨받은 건지 어떻게 아나요?"라고 했을 때, 그걸 대답하기 위해서는 내가 언제 이걸 생각했고, 처음에 만든 걸 어디에 올렸고, 이걸 어떻게 계약을 했는데 구구절절 설명하고 증거를 어렵게 찾아서 보여줘야 합니다. 하지만 누구나 신뢰하는 기관에서 "이거 이 사람이 만든 거 맞아. 내가 알고 있어", "이 사람이 권리 넘겨받은 거 맞아"라고 하면 그럴 필요도 없이 간단히 증명되겠죠. 저작권위원회의 저작권 등록은 그래서 필요한 것입니다. 즉, '내가 이걸 만들었다', '내가 저작권을 넘겨받았다'는 걸 공공기관에 등록해 두고 알릴 수 있는 장점이 있는 것입니다.

저작권 등록의 자세한 절차와 내용은 한국 저작권위원회 홈페이지(www.copyright.or.kr)를 방문하면 잘 정리되어 있습니다. 저작권에 대한 유용한 정보를 얻고 상담도 받을 수 있습니다. 저작권 등록 전용 사이트(www.cros.or.kr)를 통해서는 가능한 경우 인터넷으로도 저작권 등록을 할 수 있습니다.

≕+ 이건 더 알아둡시다

> 방송 자막을 넣을 때, 폰트(글자체) 사용에도 주의해야 한다. 폰트 자체는 법원이 저작물로 보고 있지 않기 때문에 저작권법으로 보호되지 않지만, 폰트 프로그램은 저작물로서 법의 보호를 받는다.

컴퓨터에 이미 깔려있거나 무료로 다운로드 받은 폰트라고 해도 상업용으로 이용할 때는 별도로 요금을 주고 구매해야 하는 경우가 있다. 예를 들어 광고 수익을 얻는 유튜브 방송 콘텐츠를 제작하면서 컴퓨터에 설치된 '훈고딕굴림'체를 사용했다. 자료실에서 이 글씨체를 다운로드 받을 때는 무료로 다운을 받았지만, '훈디자인' 홈페이지에서 이 글자체에 대한 정보를 살펴보면 아래와 같이 공지되어 있다.

- 가정 및 개인 사용자의 PC에만 설치
- 개인 사용자를 제외한 모든 사업자 및 기업, 단체, 기관, 법인, 학교, 학원, 커뮤니티 등에서는 무료 폰트를 사용할 수 없습니다.
- 무료 폰트 사용범위: 개인의 문서 작성 및 소장 자료, 이미지 제작, 인쇄물(쇼핑몰 및 홍보 블로그 제외)

- 개인 및 가정 내 사용의 경우도 비상업적 용도로만 사용 가능합니다

위 내용으로 보아 이 글씨체로 상업적인 유튜브 방송 콘텐츠를 만들게 되면 문제가 될 수 있는 것이다. 폰트 파일은 다운로드 사이트나 폰트 회사에서 대부분 사용 범위를 공지해 놓는다. 요즘은 상업적인 용도까지도 제한 없이 사용할 수 있는 폰트가 많아, 미리 사용 범위만 잘 확인하면 안전하게 폰트를 사용할 수 있다.

➤ 실제 사례로 감을 잡아봅시다

- 입시학원 강사 Z는 벼락치기 공부비법 7가지 등 자신이 체계 잡은 내용이 포함된 공부법 책을 출간했다. 교육 콘텐츠를 만드는 유튜버 X는 이 내용 중 일부를 차용해서 7가지 중 3가지 방법을 재가공해 소개하는 방송을 했고, Z는 저작권 침해를 주장했다.
  법원은 Z의 책이 저작권법의 보호 대상인 저작물은 맞지만, 유튜버 X가 차용해 방송한 공부 방법은 표현이 아닌 아이디어에

불과하기 때문에 저작권 침해가 되지 않는다고 봤다.[35]

- 소설가 Z는 활발한 SNS 활동으로 유명하다. 140자 제한이 있는 트위터에 신변잡기, 현실 풍자적인 짧은 글들을 올려 많은 이들에게 공감을 주었는데, M 출판사는 Z의 트위터 글 56개를 모아 ≪Z 어록, 24억짜리 언어의 연금술≫이라는 전자책 파일을 만들었다. M은 이 책을 자신이 운영하는 애플리케이션 콘텐츠 서비스와 유명 포털 전자책에 제공하여 많은 이들이 무료로 이용할 수 있게 했다.

  법원은 Z의 트윗글이 짧다고 해도 소설가의 개성이 드러나는 저작물에 해당한다고 봤다. 나아가 전자책 자체가 무료라 해도 자신의 애플리케이션을 홍보하거나 특정 사업체를 광고하고 있어 상업적인 목적으로 이용했고 정당하게 인용한 것도 아니기 때문에 저작권을 침해했다고 판단했다.

- 여행사 S는 동남아 국가들의 여행 사진을 촬영한 뒤 설명을 덧붙여 홈페이지에 게재했다. 여행업, 여행알선업 등 동종업계 종사자인 M 등은 해당 사진과 설명을 S의 허락 없이 자신들의 홈페이지에 게재하였고, 이들이 게재한 S의 사진은 합쳐서

---

35) 1심 법원이 본 견해로, 이 사건은 화해권고결정으로 끝났습니다.

5,000장에 이른다.

법원은 여행 사진이 여행객들의 관심을 불러일으킬 만한 장면과 구도를 선택하고 장식품 배치, 카메라 각도 및 방향 등을 조절하는 등 노력을 통해 광고효과를 극대화하기 위해 촬영된 것이기 때문에 촬영자의 개성과 창조성이 반영된 저작물이라고 봤고, 총 1억 2천여만 원에 이르는 손해배상액을 인정했다.

- 성형외과 원장 M은 A 회사가 개최한 세미나에 참석해서 특수실을 이용한 주름개선 시술 방법에 대해 강연했다. 강연은 주로 시술 과정 시연을 화면으로 보여주면서 설명을 덧붙이는 방식이었다. A 회사는 강연 후 이를 동영상으로 만들어서 배포했고, M은 저작권 침해를 주장했다.

법원은 시술 기법 자체는 표현이 아니라 아이디어이기 때문에 저작물이 아니어서 저작권법으로 보호되지 않는다고 봤다. 나아가 M의 강연도 실용적인 것으로 일반적인 방법으로 이루어져 있기 때문에 창작성이 있다고 보기 어려워 저작권 침해가 되지 않는다고 봤다.

▣ 저작인격권? 저작인접권?

앞서 저작권은 '돈'으로서의 권리인 '저작재산권'과 '정신적인 가치'로서의 권리인 '저작인격권' 2가지로 이루어졌다고 했습니다. '저작인격권'도 저작권입니다. 이것을 침해해도 저작권 침해가 됩니다. ① 저작권자가 공개하지도 않은 작품을 먼저 공개해 버리거나(공표권), ② 누구 작품인지 제대로 표시를 안 하거나(성명표시권), ③ 방송에서 사용할 때 마음대로 변형해서 사용하게 되면(동일성유지권) 이 '저작인격권'을 침해하는 게 됩니다. 사람은 하나의 인격체로 보호받아야 하는 인격권이 있고, 명예를 훼손하는 건 이 인격권을 침해하는 것입니다. 이것과 비슷하게 작품을 만든 사람도 특별히 보호받게 되는 인격권인 '저작인격권'이 있는데, 위와 같은 3가지 행위를 하게 되면 저작재산권과는 별개로 이 저작인격권을 침해하게 되는 것입니다. 예를 들어 허락을 받고 다른 사람 영상을 쓰긴 했는데 누구 작품인지 아무런 표시도 하지 않고 효과를 더 삽입해서 마음대로 편집 등 변형을 하게 되면, 허락받은 것과는 상관없이 '저작인격권'을 침해하게 되어 책임을 지게 될 것입니다. 다만, 저작물의 성질이나 이용하는 목적, 형태 등에 비춰봤을 때 정말 어쩔 수 없이 저작자 표시를 생략하거나 저작물을 변형한 경우라면 문제가 되지 않습니다.

저작권 말고 '저작인접권'이란 것도 있습니다. 저작권은 아닌데 저작권과 비슷한 권리라는 뜻으로, 작품을 만들어낸 저작자는 아니지만 그만큼 문화발전에 고생한 사람에게 따로 이익을 챙겨주는 권리입니다. 이 권리는 실연자, 음반 제작자, 방송 사업자 딱 세 사람에게만 인정해 줍니다. 이들이 누구인지, 어떤 권리를 갖고 있는지는 아래 정리된 표를 참고합시다. 허락 없는 저작물 사용은 이들의 권리도 침해할 수 있어 별도의 민·형사상 책임을 지게 됩니다. 예를 들어 KBS 뮤직뱅크에 출연한 그룹 레드벨벳의 빨간맛 노래 영상을 녹화해서 유튜브 방송에서 보여주게 되면, 실연자 레드벨벳과 음반 제작자 SM엔터테인먼트의 복제권, 전송권, 그리고 방송 사업자 KBS의 복제권을 침해할 수 있습니다.

대상		보장되는 권리
실연자	배우, 가수와 같이 영화나 음악을 만든 사람은 아니지만 연기나 노래로 그걸 보여주는 사람	실연(연기, 노래 등)에 대한 복제권, 배포권, 대여권, 공연권, 방송권, 전송권 ※ 인격권인 성명표시권, 동일성유지권도 인정됨
음반 제작자	음반을 기획해서 만든 사람 ex) YG엔터테인먼트, 안테나뮤직	음반(음원)에 대한 복제권, 배포권, 대여권, 전송권
방송 사업자	사업적으로 방송을 하는 사람 ex) KBS, SBS, MBN	방송에 대한 복제권, 공연권, 동시 중계방송권 (방송을 받자마자 실시간으로 내보내는 것)

※ 실연자, 음반 제작자는 상업용 음반을 사용해 공연하는 자 등에 대한 보상금 청구권이 있음.

↱ 실제 사례로 감을 잡아봅시다

- O는 자동차 수리, 디자인을 하는 회사인데, O에서 근무하는 직원 T는 친구 U와 함께 O에게 차량 홍보 유튜브 콘텐츠를 만들자고 제안했고, O의 대표가 이 제안을 수락했다. T와 U가 만든 콘텐츠는 유튜브에 게시되고 포털 블로그 등에 링크되었다. 이에 대해 T와 U는 허락도 하지 않았는데 O가 마음대로 영상을 공개(공표)했고, 영상에 저작자인 자신들의 이름도 표시하지 않았기 때문에 저작인격권이 침해당했다고 주장했다.

  법원은 O 회사 대표가 영상을 업로드하면 되냐고 묻자 T가 허락하면서 영상 파일을 보낸 점 등을 이유로 공개를 허락했다고 봤다. 또한, 영상이 O의 유튜브 홍보 목적으로 이루어졌고 이를 위해 O가 제작비도 지급한 점, O 회사 대표에게 영상을 보낼 때 T, U가 이름을 표시하지 않았고 이름 표시 요구를 하지도 않은 점 등을 고려해 성명표시권도 침해되지 않았다고 봤다.

- 가수 P 등은 영상물을 판매하는 L과 콘서트 공연 녹화 영상을 독점 공급하는 계약을 맺었다. 계약에서 P 등은 원래의 마스터 테이프 영상에 편집이나 수정을 가할 수 없다는 조건을 넣

어 약정했는데, L은 영상에 콘서트 제목과 각 노래 제목 자막을 짧게 삽입했다.

법원은 약정한 조건의 성격, 영상 전체 상영 시간 등 여러 사정을 고려한 후 단지 제목을 붙인 짧은 자막 삽입만으로는 영상의 동일성을 침해한다고 보기 어렵다고 판단했다.

- 가수 K는 음반사를 통해 12곡의 노래를 부른 음반을 발매했다. 가수 L은 이 노래들을 포함한 20곡의 노래를 메들리 형식으로 편곡해 음반을 발매했고, 가수 K는 실연자인 자신의 저작인접권이 침해되었다고 주장했다.

법원은 가수 K가 실연자로서 저작인접권을 갖는 것은 맞지만, 실연자의 저작인접권은 실연과 그 실연을 복제한 복제물에만 한정되기 때문에 가수 L이 노래를 변형해 메들리 형태로 발매하고 불렀다고 했더라도 저작인접권이 침해된 것은 아니라고 판단했다. 단, 가수 L이 가수 K와 혼동될 수 있을 정도로 유사하게 불렀을 경우에는 저작인접권 침해 가능성이 있다고 봤다.[36]

---

36) 1심 법원이 본 견해로, 이 사건은 조정으로 끝이 났습니다.

▶ 저작권을 침해하면 어떤 처벌이나 불이익을 받게 되나?

허락 없이 다른 사람의 저작물을 사용해서 저작권을 침해하게 되면, 저작권법에 따라 5년 이하의 징역이나 5천만 원 이하의 벌금에 처해질 수 있고, 권리자에게 손해도 배상해 주어야만 합니다.

유튜버로서 영상을 만들면서 저작권을 침해한 이유로 징역이 나오는 경우는 매우 드물고, 대부분 벌금이 내려지게 됩니다. 특히 저작권 침해의 경우에는 법 위반이 처음이고 비교적 가벼운 사건일 때, 검찰에서 '교육조건부 기소유예' 처분을 내리는 경우가 많습니다. 한국저작권위원회에서 8시간 정도 저작권 교육을 받는 것을 조건으로 기소유예 처분을 받는 것인데, 기소유예 처분이기 때문에 전과가 남지 않습니다. 실수로 저작권을 침해한 청소년의 경우에는 처음 1번에 한해 조사도 받지 않고 검찰의 '각하' 처분이 내려지기도 합니다(청소년 저작권 침해 고소사건 각하제도). 저작권 침해 사건은 2018년 검찰이 저작권 침해사범에 대해 총 11,835건 중 약 81%인 9,537건을 불기소 처분으로 종결했고, 기소가 된 사건의 90%가 약식으로 처리될 정도로 정식재판까지 가능 경우가 많지는 않습니다.[37] 하지만 저작권 침해를 결코 가볍게 봐서는 안 됩니다. 약식으로 벌금을 받는 것도 엄연히 전과

---

37) 한국저작권위원회, 저작권통계, 2020, 175쪽.

가 남는 범죄를 저지르는 것입니다. 또한, 유튜브 방송으로 광고 수익을 얻으려고 다른 사람의 저작물을 사용하는 것은 상업적인 목적으로 이용하는 것이기 때문에 불송치나 불기소로 끝나기 어려울 수 있습니다. '기소유예'를 받더라도 권리자에게 물어야 할 손해배상 책임까지 없어지게 되는 건 아니라는 점도 유의합시다.

저작인격권을 침해해도 처벌을 받습니다. 저작인격권을 침해하여 명예를 훼손하면 3년 이하의 징역 또는 3천만 원 이하의 벌금에 처해질 수 있고, 저작자를 다른 사람으로 표시해서 공표하면 1년 이하의 징역 또는 1천만 원 이하의 벌금에 처해지게 됩니다. 법에서 저작권자의 허락 없이 저작물을 쓸 수 있다고 정한 경우가 있는데(제23조~제36조), 이때도 출처를 제대로 표시하지 않으면 경우에 따라 500만 원 이하의 벌금에 처해질 수 있습니다.

형사적인 처벌 외에도 저작권자에게 민사상 손해배상을 해야 합니다. 손해배상액은 보통 돈을 내고 썼다면 저작권자에게 줬어야 했을 이용료 상당액이 되는 경우가 많습니다. 예를 하나 들어보면 과거 지상파, 종합편성 채널 등 다수 방송사가 한 인터넷 방송의 영상을 허락 없이 사용한 사건에서, 법원은 무단 사용한 영상이 30초 이내일 경우 50만 원, 30초를 넘을 경우에는 10초당 10만 원씩을 더해 손해배상액을 정한 적이 있습니다. 물론 이 액수는 실제 이용료가 아니라 여러 사정들을 참작해서 적당한 금액을 정한 것입니다. 실제 이용료나 시장 상황에 따라서 손해배상액이 달라질 수 있지만, 위 액수를 어느 정도 참고삼아 볼 수는 있을 것입니다.

저작권 침해가 더 이상 발생하지 않도록 법원이 내리는 침해정지 판결을 받을 수도 있습니다. 저작권자가 침해자를 상대로 소송을 걸어 이기면 받게 되는 것인데, 소송보다 더 절차가 빠른 방법으로 '저작권 침해금지 가처분'을 걸게 되면, 단 몇 주 만에 결정이 나올 수도 있습니다. 저작권 침해로 기소가 됐을 때 법원이 고소인의 신청에 따라 임시로 침해정지를 명할 수도 있습니다. 판결이나 결정 등이 나오는 즉시 일단 방송 영상을 바로 내리고, 그 외 문제 되는 저작물이 포함된 결과물들 모두 외부로 나가지 않도록 조치를 취해야 합니다.

저작권 침해의 경우에도 방송통신심의위원회가 사이트 운영자에게 내리는 '시정요구' 때문에 당신이 불이익(국내 사이트의 경우 한국저작권보호원의 시정요구, 문화체육관광부의 시정명령)을 받을 수 있습니다. 명예훼손 부분에서 설명한 것처럼 해외에 서버를 둔 유튜브에 대해서는 특정 콘텐츠나 채널을 삭제하라고 강제하기 어렵지만, 유튜브가 방송통신심의위원회의 요구에 협조하는 경우가 있습니다.

유튜브는 저작권 침해 콘텐츠에 대해 게시를 중단하고 '저작권 위반 경고'를 줄 수 있습니다. 처음 경고를 받았을 때는 동영상과 퀴즈로 이루어진 '저작권 학교'를 수료하면 90일 후에 경고가 소멸하게 됩니다. 경고를 받으면 당신의 수익 창출 자격이 박탈될 수 있고, 경고를 3번 받았을 때는 ▶ 계정 및 모든 채널 해지, ▶ 업로드 동영상 모두 삭제, ▶ 새로운 채널 개설 불가의 조치가 취해질 수 있습니다.

저작권 위반 경고를 해결하기 위해서는 저작권 침해를 신고한 유저의 연락 정보를 알 경우(채널에 연락처가 공개되어 있는 등) 그에게 직접 연락해 신고를 철회해 달라고 요청할 수 있습니다. 어렵다면 '반론 통지 제출'이라는 이의신청을 해야 합니다. 저작권을 침해한 게 아닌데 저작권자가 실수로 신고를 한 것이라거나, '공정사용'에 해당한다는 것을 밝혀야 할 수도 있습니다. 여기서 '공정사용'은 저작권법에서 이야기하는 공정 이용(fair use)과 같은 것으로 자세한 내용은 '3. 저작권 침해 방어와 공격법'에서 살펴보겠습니다.

'저작권 위반 경고'는 아니지만 '콘텐트 아이디(Content ID) 소유권 주장'이라는 것도 있습니다. 저작권자는 유튜브 데이터베이스에 자기 자료를 업로드하고 특정 기준을 만족하면 콘텐트 아이디를 받을 수 있는데, 이 도구는 저작권자의 영상과 비슷한 유튜브 콘텐츠를 자동으로 잡아내서 저작권자에게 알려주게 됩니다. 그럼 저작권자는 잡아낸 콘텐츠에 대해 해당 동영상을 차단하거나 수익을 자기 것으로 가져와버릴 수 있게 됩니다. 이런 조치를 받아들일 수 없다면, 당신은 콘텐트 아이디 툴이 잘못 잡아낸 경우라거나, '공정사용'에 해당한다는 이유로 이의를 제기할 수 있습니다. 이의를 제기하면 결론이 날 때까지는 수익을 가져가는 게 보류가 되고, 저작권자는 소유권 주장을 취소하거나, 유지하거나, 아예 동영상 게시중단을 요청해 '저작권 위반 경고'가 내려지게 할 수 있습니다. 저작권자가 소유권 주장을 유지할 때, 당신은 한 번 더 다투는 '항소'를 할 수 있고, 이때 저작권자가 또 받아들이지 않으면 '저작권 위반 경고' 절차로 이어지게 되는 것입니다.

≡+ 이건 더 알아둡시다

저작권 침해는 피해자의 고소가 있어야 처벌할 수 있다.

저작권법 위반죄는 앞서 살펴본 모욕죄와 같이 대부분 '친고죄'이다. 피해자가 고소를 해야 기소, 처벌이 이뤄지고 피해자가 저작권을 침해한 사람, 침해한 사실을 안 날로부터 6개월까지만 고소할 수 있다. 형사에서 고소 기간을 넘겨도 민사소송에서는 손해배상 책임이 인정될 수 있다.

> 저작권 침해를 상습적으로 하거나,
> 돈을 벌기 위한 목적으로 했을 경우에는
> 피해자 고소가 없어도 기소, 처벌할 수 있다.

저작권법 위반죄가 전부 '친고죄'에 해당하는 것은 아니다. 상습적이거나 영리목적의 침해이면 저작권자가 고소를 하지 않은 경우라 하더라도 수사기관이 알아서 기소 할 수 있고, 고소를 할 수 있는 기간도 따로 정해져 있지 않다.

★ 봐야 할 법을 모아봤습니다

저작권법

제2조(정의) 이 법에서 사용하는 용어의 뜻은 다음과 같다.

1. '저작물'은 인간의 사상 또는 감정을 표현한 창작물을 말한다.

2. '저작자'는 저작물을 창작한 자를 말한다.

3. '공연'은 저작물 또는 실연·음반·방송을 상연·연주·가

창·구연·낭독·상영·재생 그 밖의 방법으로 공중에게 공개하는 것을 말하며, 동일인의 점유에 속하는 연결된 장소 안에서 이루어지는 송신(전송을 제외한다)을 포함한다.

4. '실연자'는 저작물을 연기·무용·연주·가창·구연·낭독 그 밖의 예능적 방법으로 표현하거나 저작물이 아닌 것을 이와 유사한 방법으로 표현하는 실연을 하는 자를 말하며, 실연을 지휘, 연출 또는 감독하는 자를 포함한다.

5. '음반'은 음(음성·음향을 말한다. 이하 같다)이 유형물에 고정된 것(음을 디지털화한 것을 포함한다)을 말한다. 다만, 음이 영상과 함께 고정된 것을 제외한다.

6. '음반제작자'는 음반을 최초로 제작하는 데 있어 전체적으로 기획하고 책임을 지는 자를 말한다.

7. '공중송신'은 저작물, 실연·음반·방송 또는 데이터베이스(이하 '저작물등'이라 한다)를 공중이 수신하거나 접근하게 할 목적으로 무선 또는 유선통신의 방법에 의하여 송신하거나 이용에 제공하는 것을 말한다.

8. '방송'은 공중송신 중 공중이 동시에 수신하게 할 목적으로 음·영상 또는 음과 영상 등을 송신하는 것을 말한다.

9. '방송사업자'는 방송을 업으로 하는 자를 말한다.

10. '전송(傳送)'은 공중송신 중 공중의 구성원이 개별적으로 선택한 시간과 장소에서 접근할 수 있도록 저작물 등을 이용에 제

공하는 것을 말하며, 그에 따라 이루어지는 송신을 포함한다.

11. '디지털음성송신'은 공중송신 중 공중으로 하여금 동시에 수신하게 할 목적으로 공중의 구성원의 요청에 의하여 개시되는 디지털 방식의 음의 송신을 말하며, 전송을 제외한다.

22. '복제'는 인쇄 · 사진촬영 · 복사 · 녹음 · 녹화 그 밖의 방법으로 일시적 또는 영구적으로 유형물에 고정하거나 다시 제작하는 것을 말하며, 건축물의 경우에는 그 건축을 위한 모형 또는 설계도서에 따라 이를 시공하는 것을 포함한다.

23. '배포'는 저작물 등의 원본 또는 그 복제물을 공중에게 대가를 받거나 받지 아니하고 양도 또는 대여하는 것을 말한다.

24. '발행'은 저작물 또는 음반을 공중의 수요를 충족시키기 위하여 복제 · 배포하는 것을 말한다.

25. '공표'는 저작물을 공연, 공중송신 또는 전시 그 밖의 방법으로 공중에게 공개하는 경우와 저작물을 발행하는 경우를 말한다.

32. '공중'은 불특정 다수인(특정 다수인을 포함한다)을 말한다.

제5조(2차적저작물) ① 원저작물을 번역 · 편곡 · 변형 · 각색 · 영상제작 그 밖의 방법으로 작성한 창작물(이하 '2차적저작물'이라 한다)은 독자적인 저작물로서 보호된다.

제10조(저작권) ① 저작자는 제11조 내지 제13조의 규정에 따른 권리(이하 '저작인격권'이라 한다)와 제16조 내지 제22조의 규정에 따른 권리(이하 '저작재산권'이라 한다)를 가진다.

② 저작권은 저작물을 창작한 때부터 발생하며 어떠한 절차나 형식의 이행을 필요로 하지 아니한다.

제11조(공표권) ① 저작자는 그의 저작물을 공표하거나 공표하지 아니할 것을 결정할 권리를 가진다.

제12조(성명표시권) ① 저작자는 저작물의 원본이나 그 복제물에 또는 저작물의 공표 매체에 그의 실명 또는 이명을 표시할 권리를 가진다.

② 저작물을 이용하는 자는 그 저작자의 특별한 의사표시가 없는 때에는 저작자가 그의 실명 또는 이명을 표시한 바에 따라 이를 표시하여야 한다. 다만, 저작물의 성질이나 그 이용의 목적 및 형태 등에 비추어 부득이하다고 인정되는 경우에는 그러하지 아니하다.

제13조(동일성유지권) ① 저작자는 그의 저작물의 내용·형식 및 제호의 동일성을 유지할 권리를 가진다.

② 저작자는 다음 각 호의 어느 하나에 해당하는 변경에 대하여는 이의(異議)할 수 없다. 다만, 본질적인 내용의 변경은 그러하지 아니하다.

5. 그 밖에 저작물의 성질이나 그 이용의 목적 및 형태 등에 비추어 부득이하다고 인정되는 범위 안에서의 변경

제16조(복제권) 저작자는 그의 저작물을 복제할 권리를 가진다.

제17조(공연권) 저작자는 그의 저작물을 공연할 권리를 가진다.

제18조(공중송신권) 저작자는 그의 저작물을 공중송신할 권리를 가진다.

제19조(전시권) 저작자는 미술저작물 등의 원본이나 그 복제물을 전시할 권리를 가진다.

제20조(배포권) 저작자는 저작물의 원본이나 그 복제물을 배포할 권리를 가진다. 다만, 저작물의 원본이나 그 복제물이 해당 저작재산권자의 허락을 받아 판매 등의 방법으로 거래에 제공된 경우에는 그러하지 아니하다.

제21조(대여권) 제20조 단서에도 불구하고 저작자는 상업적 목적으로 공표된 음반(이하 '상업용 음반'이라 한다)이나 상업적 목적으로 공표된 프로그램을 영리를 목적으로 대여할 권리를 가진다.

제22조(2차적저작물작성권) 저작자는 그의 저작물을 원저작물로 하는 2차적저작물을 작성하여 이용할 권리를 가진다.

제37조(출처의 명시) ① 이 관에 따라 저작물을 이용하는 자는 그 출처를 명시하여야 한다. 다만, 제26조, 제29조부터 제32조까지, 제34조 및 제35조의2부터 제35조의4까지의 경우에는 그러하지 아니하다.

제123조(침해의 정지 등 청구) ① 저작권 그 밖에 이 법에 따라 보호되는 권리(제25조·제31조·제75조·제76조·제76조의2·제82조·제83조 및 제83조의2의 규정에 따른 보상을 받을 권리를 제외한다. 이하 이 조에서 같다)를 가진 자는 그 권리를 침해하는 자에 대하여 침해의 정지

를 청구할 수 있으며, 그 권리를 침해할 우려가 있는 자에 대하여 침해의 예방 또는 손해배상의 담보를 청구할 수 있다.

② 저작권 그 밖에 이 법에 따라 보호되는 권리를 가진 자는 제1항의 규정에 따른 청구를 하는 경우에 침해행위에 의하여 만들어진 물건의 폐기나 그 밖의 필요한 조치를 청구할 수 있다.

③ 제1항 및 제2항의 경우 또는 이 법에 따른 형사의 기소가 있는 때에는 법원은 원고 또는 고소인의 신청에 따라 담보를 제공하거나 제공하지 아니하게 하고, 임시로 침해행위의 정지 또는 침해행위로 말미암아 만들어진 물건의 압류 그 밖의 필요한 조치를 명할 수 있다.

제125조(손해배상의 청구) ① 저작재산권 그 밖에 이 법에 따라 보호되는 권리(저작인격권 및 실연자의 인격권을 제외한다)를 가진 자(이하 '저작재산권자등'이라 한다)가 고의 또는 과실로 권리를 침해한 자에 대하여 그 침해행위에 의하여 자기가 받은 손해의 배상을 청구하는 경우에 그 권리를 침해한 자가 그 침해행위에 의하여 이익을 받은 때에는 그 이익의 액을 저작재산권자등이 받은 손해의 액으로 추정한다.

② 저작재산권자등이 고의 또는 과실로 그 권리를 침해한 자에 대하여 그 침해행위에 의하여 자기가 받은 손해의 배상을 청구하는 경우에 그 권리의 행사로 통상 받을 수 있는 금액에 상당하는 액을 저작재산권자등이 받은 손해의 액으로 하여 그 손해배

상을 청구할 수 있다.

③ 제2항의 규정에 불구하고 저작재산권자등이 받은 손해의 액이 제2항의 규정에 따른 금액을 초과하는 경우에는 그 초과액에 대하여도 손해배상을 청구할 수 있다.

제136조(벌칙) ① 다음 각 호의 어느 하나에 해당하는 자는 5년 이하의 징역 또는 5천만 원 이하의 벌금에 처하거나 이를 병과할 수 있다.

1. 저작재산권, 그 밖에 이 법에 따라 보호되는 재산적 권리(제93조에 따른 권리는 제외한다)를 복제, 공연, 공중송신, 전시, 배포, 대여, 2차적저작물 작성의 방법으로 침해한 자

② 다음 각 호의 어느 하나에 해당하는 자는 3년 이하의 징역 또는 3천만 원 이하의 벌금에 처하거나 이를 병과할 수 있다

1. 저작인격권 또는 실연자의 인격권을 침해하여 저작자 또는 실연자의 명예를 훼손한 자

제137조(벌칙) ① 다음 각 호의 어느 하나에 해당하는 자는 1년 이하의 징역 또는 1천만 원 이하의 벌금에 처한다.

1. 저작자 아닌 자를 저작자로 하여 실명 · 이명을 표시하여 저작물을 공표한 자

2. 실연자 아닌 자를 실연자로 하여 실명 · 이명을 표시하여 실연을 공연 또는 공중송신하거나 복제물을 배포한 자

제138조(벌칙) 다음 각 호의 어느 하나에 해당하는 자는 500만

원 이하의 벌금에 처한다.

2. 제37조(제87조 및 제94조에 따라 준용되는 경우를 포함한다)를 위반하여 출처를 명시하지 아니한 자

제140조(고소) 이 장의 죄에 대한 공소는 고소가 있어야 한다. 다만, 다음 각 호의 어느 하나에 해당하는 경우에는 그러하지 아니하다.

1. 영리를 목적으로 또는 상습적으로 제136조제1항제1호, 제136조제2항제3호 및 제4호(제124조제1항제3호의 경우에는 피해자의 명시적 의사에 반하여 처벌하지 못한다)에 해당하는 행위를 한 경우

※ 저작인접권에 관하여는 저작권법 제66조~제90조에 규정.

법을 지키며
안전하게 저작물을 사용하는 방법

🔔 이건 꼭 기억합시다

- 저작권자의 허락을 받고 쓰고, 쓸 때는 계약서, 동의서, 하다못해 메일이라도 허락 받았다는 증빙을 꼭 남기자.

- 유튜브에서 음악을 사용할 때는 오디오 보관함의 무료 음악을 사용하거나 한국음 악저작권협회가 관리하는 음악을 사용하는 게 비교적 안전하다.

- ① 시간이 흘러 저작권이 사라졌을 때, ② 원래부터 저작권자가 마음대로 써도 된다고 한 저작물일 때, ③ 법에서 정한 방법으로 허락을 받았을 때, ④ 법에서 허 락받지 않아도 된다고 정해 놓았을 때는 따로 허락을 받지 않아도 저작물을 사용 할 수 있다.

▶️ 저작물 이용 허락

다른 사람 저작물을 쓸 때는 꼭 허락을 받고 써야 합니다. 그리고 허락을 받았다는 증빙을 꼭 남겨야 합니다.

어떤 증빙이 더 안전하냐를 따질 수는 없겠습니다만, 아무래도 저작권자와 '계약'을 맺어두면 이용할 때 지켜야 할 조건 등 서로의 약속을 분명하게 남겨둘 수 있겠지요. 이용 허락 계약서가 필요하다면, 한국저작권위원회 홈페이지(www.copyright.or.kr)의 메뉴>이용안내>서식다운로드>저작권 표준계약서에서 저작재산권 독점적 이용 허락 계약서, 저작재산권 비독점적 이용 허락 계약서를 손쉽게 다운로드 받을 수 있습니다. '독점적 이용 허락'은 저작물을 한 사람에게만 쓸 수 있도록 약속하는 것이라서, 그렇지 않은 '비독점적 이용 허락' 계약서를 사용할 일이 아무래도 많을 것입니다. 저작재산권을 완전히 가져오고 싶을 때는 저작권 표준계약서에서 '저작재산권 전부에 대한 양도 계약서'를 활용하면 됩니다.

이보다 더 간편하게 온라인에서 이용 허락 계약을 체결할 수 있는 방법도 있습니다. 한국저작권위원회에서 운영하는 '디지털 저작권거래소'(www.kdce.or.kr)를 이용하는 것입니다. 저작물을 허락받고 쓰는 일이 결코 쉽지 않은 것처럼, 저작권자 입장에서도 저작권에 대해 이용 허락을 해 가며 관리하기가 쉬운 일은 아닙니다. 갖고 있는 저작물이 많은 저작권자라면 더더욱 그렇겠지요. 작사가 김이나 씨가 과거 한 방송에 출연해 저작권 등록을 한 곡 수만 300곡이 넘는다고 밝힌 적이 있습니다. 작사가 혼자

이 300곡에 대해 일일이 이용 허락을 하고 침해에 문제 제기를 하는 등 대응을 하기란 거의 불가능에 가까운 일일 것입니다. 그래서 저작권자들로부터 권리를 맡아 이들을 대신해 관리하는 신탁단체들이 생기게 되었습니다. 많이 알려져 있는 한국음악저작권협회, 한국방송작가협회가 바로 그런 곳입니다. '디지털저작권거래소'는 이런 단체들 중 일부가 관리하는 음악, 글, 뉴스, 이미지 저작물에 대해서 온라인으로 계약을 체결하고 이용할 수 있도록 하는 시스템을 마련하고 있습니다. 아직 완전하지 않은 점이 있고 크게 활성화되어 있지는 않지만, 현재로서는 안전하고 간편한 방식으로 추천할 수 있는 시스템이니 활용해 보시기 바랍니다. 내가 찾는 저작물이 디지털 거래소에서 검색이 되지 않거나, 쓰려고 하는 권리가 거래소에 나와 있지 않거나, 시스템 이용이 불편하다면 다음 페이지 표를 참고하여 각 저작권, 저작인접권 신탁관리단체의 홈페이지에 접속하거나 홈페이지상 전화번호로 직접 연락하여 문의해 봅시다. 대부분의 신탁관리단체는 이용 허락에 대한 표준양식을 갖고 있어, 따로 계약서나 동의서를 준비할 필요가 없을 것입니다.

신탁관리단체	관리 분야	홈페이지
한국 음악저작권협회	음악	www.komca.or.kr
함께하는 음악저작인협회		www.koscap.or.kr
한국 음악실연자연합회	음악 가수 노래, 연주자 연주 관련	www.fkmp.kr
한국 음반산업협회	음악 음반 제작자의 권리 관련	www.riak.or.kr
한국 복제전송저작권협회	글(어문), 이미지 저작물의 복제, 전송 관련	www.korra.kr
한국 문예학술저작권협회	글(어문), 연극, 영상, 미술, 사진	www.ekosa.org
한국 방송실연자권리협회	방송 연기	www.kobpra.kr
한국 시나리오작가협회	영화 시나리오	www.scenario.or.kr
한국언론진흥재단	뉴스	www.kpf.or.kr
한국영화제작가협회	영화	www.kfpa.net
한국문화정보원	공공저작물	www.kcisa.kr
한국방송작가협회	방송극본	www.ktrwa.or.kr

하지만 모든 저작물이 신탁관리단체에 맡겨져 있는 건 아니어서 '디지털저작권거래소'나 단체 연락을 통해 이용 허락을 받을 수 없는 경우가 많습니다. 그렇다고 저작권자와 매번 계약을 체결하기가 쉽지 않고, 대뜸 계약서를 내민다는 것부터가 거부감

을 줄 수 있습니다.

그 대안으로 생각해 볼 수 있는 첫 번째 방법이 저작물 이용을 허락한다는 내용을 담은 간략한 동의서를 받는 것입니다. 도움을 위해 간편하게 사용할 수 있는 저작재산권 이용 동의서 샘플을 다음 페이지에 소개합니다. 유튜브 방송용으로 이용하는 것을 예정한 간략한 샘플이고, 그 외 용도로 사용할 경우에는 이용 권리 등을 수정하여 사용해야 합니다. 만약 당신이 저작권자이고 다른 사람에게 허락해 주는 입장에서 동의서를 이용한다면, 이용 조건에 제한을 두고 싶은 내용을 더 넣거나(예를 들어 특정 유튜브 채널에만 게시해야 한다든지), 이용 기간을 명확히(예를 들어 동의서 작성일로부터 3년) 정하는 것이 아무래도 유리할 것입니다.

저작재산권 이용 동의서

대상 저작물의 저작권자인 본인(이하 저작권자)은 유튜브 채널 △△△ 운영자 ○○
○(이하 이용자)가 아래와 같이 대상 저작물의 저작재산권을 이용하는 데 동의합니
다. 이용자는 대상 저작물을 본 동의서에 명시된 바에 따라 이용 허락 기간 동안 자
유롭게 이용할 수 있습니다.

○ 대상 저작물 :

　예) 저작권자가 유튜브 채널 △△△에 게시한 제목 ○○○ 동영상

　예) 저작권자가 작곡한 음악 ○○○

　예) 저작권자가 촬영한 사진 ○○○(동의서에 사본 첨부)

　예) 한국 저작권위원회 저작권 등록번호 C-2020-00000000 저작물

○ 이용 권리 : 복제권, 공중송신권, 2차적 저작물 작성권

○ 이용 조건 :

　① 이용자는 이용 대가로 저작권자에게 0000원을 지급함.

　② 저작권자는 저작재산권 이용 동의에 필요한 권리 및 권한을 적법하게 보유하
　　 고 있고, 대상 저작물이 제3자의 권리를 침해하지 않음을 보증함.

　③ 이용자는 저작권자의 동의 없이, 대상 저작물 이용허락 권리를 제3자에게 양
　　 도하거나 제3자가 재이용하도록 할 수 없음.

　④ 이용자는 이용목적에 맞게 대상 저작물을 수정하거나 편집 가능함.

○ 이용 기간 : 동의서 작성일 ~ 유튜브 채널 △△△ 운영 종료일

※ 본 저작재산권 이용 동의를 위해 저작권자의 성명, 생년월일, 연락처 정보가 이
　 용자에게 제공, 보유 및 이용(동의서 작성 시부터 사용 목적 종료 시까지)되는
　 데 동의합니다.

2021.　 .　 .

저작권자 성　 명 :　　　　　　 (사인)

생년월일 :

연락처 :

만일 저작물이 신탁관리단체에도 없고 이용에 대해 계약을 체결하거나 동의서를 받을 여력까지도 없다면, 최소한 저작권자로부터 메일이라도 받아 놓아야 합니다.

완벽하지는 않지만 허락을 받았다는 증빙으로 삼을 수 있기 때문에 그 정도는 해 두는 것이 좋습니다. 메일을 보낼 때는 샘플 동의서 내용을 담아서 쓴다고 생각하면 됩니다. '어떤 저작물을 얼마 기간 동안 어떤 조건으로 쓰고 싶은데 만약 이걸 허락하면 허락한다는 답장을 보내 달라, 이용 대가가 필요하면 답장에 써 달라'는 식으로 처음에 보내놓고, 이후에는 저작권자가 허락을 하거나 조건을 요구하는 바에 따라서 동의 절차를 이어가면 될 것입니다. 중요한 점은 어떤 식으로 절차가 진행되든 결국 저작권자가 '허락'했다고 볼 수 있을 만한 내용이 담긴 증빙(메일, 휴대폰 문자, 통화 녹음, 메신저 대화)을 꼭 남겨두어야 한다는 겁니다. 이처럼 허락받은 증빙을 강조하는 이유는 나중에 문제가 생겼을 때 스스로를 방어하기 위해서입니다. 말로 간단하게 허락받고 방송을 했는데 저작권자가 나중에야 이용 허락을 한 적이 없다, 허락은 했는데 공짜로 쓰라는 건 아니었다, 콘텐츠 인기가 많은데 어느 정도 나한테 수익을 분배해야 하는 것 아니냐는 등 문제 제기를 해 올 수도 있습니다. 법전을 뒤져가며 어렵게 다투기 앞서, 무엇보다 당신이 가장 쉽고 완벽하게 방어할 수 있는 방법은 저작권자 본인이 허락을 했다는 증거를 대는 것임을 기억해 둡시다.

저작물을 이용하겠다는 허락은 허락할 권한이 있는 사람, 즉 저작권자한테만 받아야 합니다. 저작권자도 아닌 사람에게 허락을 받아놓는 것은 아무 소용이 없습니다.

한국 저작권위원회에 등록이 되어 있는 저작물이라면 한국 저작권위원회 홈페이지 저작권등록(www.cros.or.kr)에서 검색이 가능합니다. 예를 들어 영화 〈범죄도시〉에서 장첸의 명대사 장면들을 모아 콘텐츠를 만들고 싶다면, 위 홈페이지에서 저작권 등록 정보를 검색해 봅시다. 〈범죄도시〉를 검색하면 등록번호 C-2017-032122인 영상저작물이 나오고, 현재 저작재산권자는 '주식회사 키위미디어그룹'이라는 정보를 찾을 수 있습니다. 이제 회사에 전화를 걸어 이용 허락 절차에 대해 문의하면 되겠지요. 이렇게 저작권 등록이 되어 있는 경우라면 누구한테 허락을 받을지 찾는 게 간단하겠지만, 당신이 찾는 저작물 대부분은 등록이 되어 있지 않은 경우가 많습니다. 저작권 등록이 의무는 아니므로 애초에 등록을 하지 않는 저작권자가 많기 때문입니다.

공식적인 등록 내용이 없다면 한국 저작권위원회의 '권리자 찾기' 서비스(www.findcopyright.or.kr)를 이용해 봅시다. 이곳에서는 저작권위원회 등록 저작물, 신탁관리단체에서 관리하는 저작물, 디지털저작권 거래소에 올라와 있는 저작물까지 한 번에 검색이 가능합니다.

그래도 확인이 어렵다면 그 저작물의 저작자나 저작권자로 표시되어 있거나, 그렇게 알려진 사람(또는 회사)에게 연락해 봅시다. 보통은 표시된 사람(또는 회사)이 저작권자가 맞거나, 저작권자가 아니라면 누구에게 허락을 받아야 하는지 정보를 잘 알고 있는 경우가 많습니다. 방송국 프로그램이라면 그 방송국에 연락했을 때 이용 허락을 담당하는 부서를 안내받거나 저작권을 가지고 있는 별도의 회사 연락처를 안내받게 될 겁니다. 유튜브 영상이라면 저작권자를 영상 말미에 표시하고 있거나 영상 설명란 등 페이지 내에 써놓는 경우도 있을 것이고, 그런 것조차 없다면 유튜버 또는 그 유튜버가 속한 소속회사에 연락해 볼 수 있을 것입니다. 이렇게까지 해도 연락해야 할 저작권자가 누군지 모른다면, 그 저작물을 이용한 적이 있는 다른 사람을 찾아 물어보는 방법도 있습니다.

이런 모든 노력을 기울였는데도 저작권자를 못 찾을 수 있습니다. 하지만 저작권자를 알아보기 위해 당신이 기울인 노력이 결코 쓸모가 없어지는 게 아닙니다. 저작권법에서는 이런 경우를 대비해, 얼마간의 보상금을 나라에 맡겨놓고 저작물을 이용할 수 있게 하는 제도를 마련하고 있습니다. 절차가 매우 까다롭기는 하지만 알아두면 도움이 되는 제도로, 이에 대해서는 다음 페이지 '허락받지 않아도 되는 경우'에서 자세히 살펴보겠습니다.

▶ 허락받지 않아도 되는 경우

　다른 이의 저작물은 저작권자의 허락을 받고 써야 합니다. 앞서 살펴본 것처럼 애초에 창작성이 없어서 저작물이 아니라면 허락을 받아야 할 필요도 없겠지만, 유튜브 방송에서 당신이 쓰려고 하는 대부분의 소스는 저작물일 가능성이 높습니다. 그럼 허락받을 필요 없이 저작물을 쓸 수 있는 경우에는 어떤 것들이 있을까요? 대표적으로 ① 시간이 흘러 저작권이 사라졌을 때, ② 저작권자가 마음대로 써도 된다고 한 저작물일 때, ③ 법에서 정한 방법으로 허락을 받았을 때, ④ 법에서 허락받지 않아도 된다고 정해 놓았을 때가 있습니다.

① 시간이 흘러 저작권이 사라졌을 때

　저작권도 생존 기간이 있습니다. 시간이 흘러 저작권이 사라진 저작물은 자유롭게 사용해도 됩니다. 우리 저작권법에서 저작재산권은 저작자가 생존하는 동안, 사망한 후 70년간 존속한다고 정해 놓았습니다. 즉, 저작물을 만든 사람이 살아있을 동안, 그리고 그 사람이 죽은 후 70년까지는 저작권자의 허락을 받고 저작물을 써야 한다는 것이지요. 만약 저작자 표시가 없거나, 저작자의 잘 알려지지 않은 다른 이름이 표시된 저작물이라면 처음 공중에 공개(공표)한 때로부터 70년간 보호를 받습니다. 회사가 업무상으로 만든 저작물이나 영상 저작물 역시 처음 공중에 공개(공표)한 때로부터 70년 동안입니다. 예를 들어봅시다. 빈센트 반 고흐의 '별이 빛나는 밤에' 그림을 쓰려고 합니다. 빈센트 반 고흐는 1890년에 사망을 했기 때문에, 그가 그린 '별이 빛나는 밤에'는 누구나 자유롭게 사용해도 되는 것입니다. MBC 드라마 〈수사반장〉 첫 회를 쓰고 싶은 경우는 어떨까요? MBC가 이 프로그램 첫 방송을 1971년 3월에 했기 때문에 그사이 법이 바뀌지 않는 한 2042년이 되어야 자유롭게 쓸 수 있겠군요. 단, 아무리 자유롭게 쓸 수 있다고 해도 만든 사람의 명예를 훼손하는 식으로 쓴다면 여전히 법 위반이 될 수 있습니다.

저작권 보호 기간은 과거 법이 개정되면서 점차 연장이 되어 갔고, 기간을 세는 시작점에도 변화가 있었기 때문에 계산이 간단치만은 않습니다. 저작인접권 역시 보호 기간(실연은 실연한 후 70년, 음반은 발행한 후 70년, 방송은 방송한 후 50년)이 법 개정에 따라 변화가 있었습니다. 이들 권리의 보호 기간에 대해서는 전문기관인 한국저작권위원회에 먼저 문의해 보는 것도 좋은 방법입니다.

② 저작권자가 마음대로 써도 된다고 한 저작물일 때

원래부터 저작권자가 마음대로 써도 된다고 한 저작물은 마음대로 써도 됩니다. 이런 저작물들은 미리 허락해 놓은 것과 다름

없기 때문에 자유롭게 사용을 하더라도 문제가 되지 않는 것입니다. 이러한 저작물들을 모아놓은 사이트들에 대해서는 '4. 유용한 정리 – 방송 유형별 저작물 이용 방법, 알아두면 좋은 저작물 공개 사이트'에서 따로 다루도록 하고, 여기서는 '마음대로 써도 된다고 했는지' 알 수 있는 표시에 대해 이야기하도록 하겠습니다.

우선 저작물에 아무런 표시도 안 되어 있다면 당연히 허락받고 써야 합니다. 다음으로 확인해야 할 것은 마음대로 써도 된다는 표시가 있는지 여부입니다. 앞서 '저작권은 무엇일까? 어떤 경우에 저작권 침해가 되나?'의 '이건 더 알아둡시다'에서 폰트(글자체) 저작권에 대해 살펴봤지요. 여기서 예로 들었던 '훈고딕 굴림'체 폰트 파일과 같이, 저작물을 다운로드 받는 사이트나 저작권자가 운영하는 홈페이지를 방문해 보면 허락을 받아야 하는지, 어떤 범위부터 허락을 받고 사용해야 하는지가 나와 있습니다. 저작권자에게 직접 연락해 보는 것도 좋습니다. 하지만 그 전에 어떤 저작물들은 쓰는 사람이 알기 쉽게 기호로 표시를 해두는 경우가 있습니다. 많이 사용되는 게 'CCL'(Creative Commons License) 표시입니다. 웹서핑을 하다 보면 영상이나 사진 주변에 ⓒⓘⓢⓔ와 같은 표시들이 되어 있는 걸 본 적이 있을 것입니다. CCL 표시는 저작권자가 사람들이 자유롭게 쓸 수 있는 조건을 알려놓은 것으로 각 기호의 뜻만 알면 해석하기 어렵지 않습니

다. 맨 앞에 있는 원 안의 'CC' 표시 다음이 사용 조건이며, 각
의미는 아래와 같습니다.

〈**CCL 표시의 뜻**〉

저작자 표시 (Attribution)
• 저작자의 이름, 출처 등 저작자를 반드시 표시해야 한다는 필수 조건입니다.
• 저작물을 복사하거나 다른 곳에 게시할때도 반드시 저작자와 출처를 표시해야 합니다.

비영리 (Noncommercial)
• 저작물을 영리 목적으로 이용할 수 없습니다.
  따라서 영리목적의 이용을 위해서는, 별도의 계약이 필요합니다.

변경금지 (No Derivative Works)
• 저작물을 변경하거나 저작물을 이용해 2차 저작물을 만드는 것을 금지한다는 의미입니다.

동일조건변경허락 (Share Alike)
• 2차 저작물 창작을 허용하되,
  2차 저작물에 원 저작물과 동일한 라이선스를 적용해야 한다는 의미입니다.

출처: 크리에이티브커먼즈 홈페이지(http://ccl.cckorea.org/about/)

③ 법에서 정한 방법으로 허락받았을 때

법에서 정한 방법으로 허락받았을 때는 저작권자 본인한테 허
락받지 않아도 자유롭게 쓸 수 있습니다. 앞서 모든 노력을 기울
였는데도 저작권자를 못 찾을 경우에는 얼마간의 보상금을 나라
에 맡겨놓고 저작물을 이용할 수 있게 하는 제도가 있다고 했었
지요. '법정허락'이라고 하는 제도는 바로 이럴 때 쓸 수 있는 방
법입니다. 다소 까다롭게 느껴지고 시간도 오래 걸리는 절차이

지만, 법에 따라 안전하게 쓸 수 있는 방법이므로 알아두고 활용해 볼 것을 추천합니다. 법정허락으로 저작물을 이용하기 위해서는 ▶ 저작재산권자 또는 그가 어디 사는지 모르는 경우, ▶ 그걸 알기 위해 상당한 노력을 기울인 경우(상당한 노력 기준은 저작권법 시행령 제18조 참고), ▶ 문화체육관광부가 정하는 보상금을 한국저작권위원회에 지급하고 승인을 받아 이용할 수 있습니다. 절차나 기준이 까다롭고 어렵기 때문에 가급적 앞서 소개한 한국저작권위원회 '권리자 찾기'(www.findcopyright.or.kr) 사이트를 방문하고, 이곳을 통해 절차를 진행할 것을 추천합니다. 이 사이트에서는 절차에 대한 자세한 안내를 확인할 수 있고, '법정허락 승인 신청', '상당한 노력' 기준 중 하나인 '저작권자 조회 공고' 신청 등을 온라인에서 진행할 수 있습니다.

④ 법에서 허락받지 않아도 된다고 정해 놓았을 때
– 저작재산권의 제한

법에서 허락받지 않아도 된다고 정해 놓았을 때는 당연히 허락받지 않고 저작물을 사용할 수 있습니다. 저작권법은 저작재산권이 있기는 하지만 공익을 위해 아무나 자유롭게 사용할 수 있도록 할 필요가 있는 경우 몇 가지를 추려서 정해 놓고 있습니다(저작재산권의 제한). 간단히 조문을 꼽아보면 다음 페이지와 같습니다. 다음 내용은 조문을 간단히 축약한 것이므로 구체적인 의미는 전체 조문을 살펴보아야 합니다.

- ▶ 재판·수사 목적이나 입법·행정을 위한 내부자료 목적의 복제(저작권법 제23조)
- ▶ 공개적인 정치연설, 법정이나 의회에서의 공개 진술 등(제24조)
- ▶ 국가나 지방자치단체가 업무상 작성한 공공저작물 등(제24조 의2)
- ▶ 학교 교육 목적의 교과용 도서에 게재(제25조)
- ▶ 시사보도를 하는 과정에서 보이거나 들리는 저작물(제26조)
- ▶ 시사적인 기사 및 논설을 다른 언론기관이 복제 등 이용(제27조)
- ▶ 공표된 저작물의 인용(제28조)
- ▶ 비영리 목적으로 공표된 저작물을 공연 또는 방송(제29조)
- ▶ 사적인 이용을 위한 복제(제30조)
- ▶ 도서관 등에서의 복제(제31조)
- ▶ 시험문제를 위한 복제 등(제32조)
- ▶ 시각, 청각 장애인 등을 위한 복제(제33조, 제33조의2)
- ▶ 방송사업자의 일시적 녹음, 녹화(제34조)
- ▶ 미술 저작물 등의 전시 또는 복제(제35조)
- ▶ 저작물 이용 과정에서의 일시적 복제(제35조의2)
- ▶ 사진촬영 등 과정에서 부수적인 복제 등(제35조의3)
- ▶ 문화시설에 의한 복제 등(제35조의4)

▶ 저작물의 공정한 이용(제35조의5)

▶ 번역 등에 의한 이용(제36조)

이 중 유튜브 방송에서 적용될 수 있는 대표적인 경우를 살펴보면, 국가나 지방자치단체가 업무상 작성한 공공저작물 등(제24조의2), ▶ 저작물의 공정한 이용(제35조의5), ▶ 공표된 저작물의 인용(제28조) 정도를 소개할 수 있습니다.

첫째, 국가나 지방자치단체가 업무상 직접 만들어서 공개했거나, 직접 만들진 않았어도 저작재산권을 가지고 있는 공공저작물은 자유롭게 이용 가능합니다.

언뜻 쉽게 보이지만, 결코 간단한 내용은 아닙니다. 예를 하나 들어보죠. 유튜브에서 〈펭수가 보내온 영상편지 '코로나19 모두 힘내세요'〉 영상을 발견했습니다. 영상 마지막에 '대한민국 정부'라고 나와 있고, 청와대 홈페이지에도 게시가 되어 있군요. 귀여운 펭수가 훈훈한 메시지를 전하는 이 32초 영상. 조금 밋밋한 것 같으니 영상 효과를 조금 더하고 다른 유명 캐릭터들의 코로나19 응원 영상과 함께 엮어봅시다. 이제 이 영상을 광고 수익을 얻는 당신의 유튜브 방송에서 사용할 수 있을까요? 결론부터 말하자면 그렇게 사용해선 안 됩니다. 청와대 홈페이지와 공공저작물을 모아놓은 공공누리 사이트(www.kogl.or.kr)에서 확인해 보면, 이 펭수 영상은 상업적 이용이 안 되고, 변형할 수 없으며, 2차적 저작물을 만들 수 없게 이용 조건이 걸려있습니다. 펭수 영상의 예를 굳이 들지 않더라도 어떤 영상을 보고 그게 국가나 지자체가 직접 만들었는지, 저작재산권을 전부 가졌는지 권리관계까지 알기는 어렵습니다. 가장 쉽고 안전한 방법은 위에서 언급한 공공누리 사이트(www.kogl.or.kr)를 이용하는 것입니다. 공공누리 사이트는 국가, 지방자치단체, 공공기관의 저작물을 모아놓은 곳으로 이미지, 소리, 영상, 음악, 글꼴, 글 등 다양한 공공저작물을 검색해 사용 조건을 확인할 수 있습니다. 저작물을 검색하면 앞서 이야기한 CCL 표시와 거의 비슷한 OPEN 식의 표시를 확인할 수 있는데, 다음 페이지 그림을 참고하여 해당 표시 조건에 맞게 저작물을 이용하면 됩니다.

〈공공누리 표시의 뜻〉

 출처표시
저작물의 출처를 표시해야 됩니다.

이용자는 공공저작물을 이용할 경우, 다음과 같이 출처 또는 저작권자를 표시해야 합니다.

ex) "본 저작물을 'ㅇㅇㅇ(기관명)'에서 'ㅇㅇ년'작성하여 공공누리 제ㅇ유형으로 개방한 '저작물명(작성자:ㅇㅇㅇ)'을 이용하였으며, 해당 저작물은 'ㅇㅇㅇ(기관명), ㅇㅇㅇ(홈페이지주소)'에서 무료로 다운받으실 수 있습니다."

* 위 내용은 예시이므로 작성연도 및 해당 기관명과 홈페이지 주소, 작성자명 기입
온라인에서 출처 원사이트에 대한 하이퍼링크를 제공하는 것이 가능한 경우에는 링크를 제공하여야 합니다.
이용자는 공공기관이 이용자를 후원한다거나 공공기관과 이용자가 특수한 관계가 있는 것처럼 제3자가 오인하게 하는 표시를 해서는 안됩니다.

 변경금지
저작물을 변경 혹은 2차 저작물 작성금지

공공저작물의 변경이 금지 됩니다. 또한 내용상의 변경 뿐만 아니라 형식의 원저작물을 번역·편곡·각색·영상 제작 등을 위해 2차적 저작물을 작성하는 것도 금지 대상 행위에 포함됩니다.

 상업적 이용금지
비영리 목적으로만 이용 가능

상업적 이용이 금지된 공공저작물은 영리행위와 직접 또는 간접으로 관련된 행위를 위하여 이용될 수 없습니다.
다만, 별도의 이용허락을 받아 공공저작물을 상업적으로 이용하는 것은 가능합니다.

출처: 공공누리 홈페이지(https://www.kogl.or.kr/info/license.do)

둘째, 저작권법에서 정하는 '저작물의 공정한 이용'에 해당하면 저작권자 허락을 받지 않고도 자유롭게 이용이 가능합니다.

저작물을 써서 만든 내 유튜브 방송이 그 저작물을 이용하는 방법과 서로 충돌하지 않고, 저작권자가 정당하게 얻어야 할 이익도 해치지 않아야만 공정한 이용에 해당할 수 있습니다. 이렇게 이야기하면 감을 잡기가 좀 어렵죠. 그래서 법은 공정한 이용에 해당하는지 살펴보기 위해 4가지를 살펴봐야 한다고 정하고 있습니다. 법을 그대로 옮겨서 4가지 요소를 살펴보면 '▶ 이용의

목적 및 성격, ▸ 저작물의 종류 및 용도, ▸ 이용된 부분이 저작물 전체에서 차지하는 비중과 그 중요성, ▸ 저작물의 이용이 그 저작물의 현재 시장 또는 가치나 잠재적인 시장 또는 가치에 미치는 영향'입니다. 사실 이 말도 쉽지 않고 좀 추상적입니다. 쉬운 이해를 위해서 어떻게 만들수록 유리한지 4가지 요소별로 정리해 보면 아래 표와 같습니다. 물론 아래 표의 '이렇게 쓸수록 유리' 항목을 모두 다 갖춰야 하는 것은 아닙니다. 또한, 이 역시도 예시적인 기준이기 때문에 딱 저런 기준에 들어야만 안전한 것은 아닙니다. 하지만 '이렇게 쓸수록 유리'에 해당하거나 그와 비슷한 부분이 많을수록 자유롭게 사용해도 된다는 결론이 나올 가능성이 높아지게 되니, 잘 참고해 두면 도움이 될 것입니다.

	4가지 고려 요소	이렇게 쓸수록 유리
1	이용의 목적 및 성격	· 영리적인 목적이 아닐수록 유리함. 광고 수익 얻지 않고 내용도 광고성 콘텐츠가 아니면 가장 유리하고, 광고 수익을 얻는다면 공익적인 주제나 대중에게 정보를 전달하려는 목적이어야 유리할 수 있음. · 원래 저작물의 목적이 내 방송과 달라야 함. 예를 들어 내 방송이 뉴스 목적인데 KBS 뉴스 영상을 따서 쓰는 경우보다 내 방송이 뉴스를 분석하고 평가하는 목적인데 KBS 뉴스 영상을 따서 쓰는 경우가 더 유리함. · 원래 저작물과 내 방송이 확실히 구분되도록 원래 저작물 출처를 잘 표시해야 함.
2	저작물의 종류 및 용도	· 내가 쓰려는 저작물이 사실관계나 정보를 담고 있는 내용일수록 유리함. · 아직 외부에 공개도 안 된 저작물을 쓰면 불리함.

3	이용된 부분이 저작물 전체에서 차지하는 비중·중요성	· 내가 쓰는 부분이 그 저작물의 전체 부분에서 양적으로 적고, 중요성도 낮을수록 유리함. 예를 들어 드라마 100분 중에 10초를 쓰는 게 100분 중에 1분을 쓰는 것보다 유리함. 하지만 그 10초가 드라마의 반전이나 결과를 보여주는 중요한 부분일 경우에는 1분을 쓰는 것보다 오히려 더 불리할 수도 있음.
4	저작물의 이용이 그 저작물의 현재 시장 또는 가치나 잠재적인 시장 또는 가치에 미치는 영향	· 내가 쓰는 저작물을 이용하려는 사람들과 내 방송을 보려는 사람들하고 서로 겹치지 않을수록 유리함. 예를 들어 내가 A 먹방을 하면서 중간 코너로 다른 B, C 먹방의 재미있는 부분들을 편집해서 내보낸다면, 먹방 시청자가 겹치게 됨. 즉, B, C 먹방을 보려는 사람들은 편하게 내 A 먹방만 보려 할 수도 있기 때문에 결국 B, C 먹방 입장에서는 시청자를 뺏기는 꼴이 되는 것임. 이렇게 내 방송의 시청자와 내가 쓰는 저작물 이용자층이 겹치면 저작권자에게 피해를 주게 되므로 불리함. · 현재 겹치는지 뿐 아니라 저작권자가 앞으로 사업을 할 가능성이 있어서 이용자가 겹치는 경우까지도 고려함.

셋째, 저작권법에서 정하는 '공표된 저작물의 인용'에 해당하는 경우에도 저작권자 허락을 받지 않고도 자유롭게 이용이 가능합니다.

이 조건은 사실 앞서 본 '저작물의 공정한 이용'과 비슷합니다. 인정되는 조건도 겹치는 부분이 많지요. 차이가 있다면 '공표된 저작물의 인용'은 문자 그대로 '인용'해서 쓰는 경우에 적용이 된다는 점입니다. 쉽게 말해서 내 방송 전체 중 아주 적은 분량에서만 다른 사람 저작물(이미 공표된 것)을 쓴 것일 때는 이 법조항에 따라서 문제가 없다고 이야기해 볼 수 있는 것입니다. 내 방송 중에서 아주 적은 분량에서만 쓴다는 것은 양도 양이지만 그 가치 측면에서도 마찬가지여야 합니다. 즉, 아주 적은 분량이라곤 해도 내 방송에서 다른 사람 저작물 분량을 빼 버렸을 때 전체 방송 자체가 별 의미 없이 되어버린다면 문제가 있다는 것입니다. 내 방송이 메인 요리이고, 내가 쓴 다른 사람 저작물은 메인 요리 맛을 살려주는 애피타이저나 양념 정도가 될 때 이 조건에 따른 자유 이용을 생각해 볼 수 있습니다.

≕✛ 이건 더 알아둡시다

다른 사람 저작물을 내 방송에 자유롭게 쓸 수 있다
하더라도 꼭 출처를 밝혀야 한다.

'공공 저작물', '공정한 이용', '공표된 저작물의 인용'에 해당되어서 자유롭게 쓰긴 쓰더라도 어디서 가져온 누구 저작물인지를 자막으로 꼭 밝혀야 하고, 특별한 경우가 아니라면 그 저작물이 나오는 장면에서 밝혀줘야 한다. 법은 위와 같이 이용할 때도 출처만큼은 꼭 표시해야 한다고 정하고 있다(저작권법 제37조).

> **다른 사람 저작물을 내 방송에 자유롭게 쓸 수 있다
> 하더라도 '저작인격권'을 지켜야 한다.**

자유롭게 쓰긴 쓰더라도 저작물을 만든 사람이 아직 공중에 공개도 안 한 것을 먼저 써버리면 안 된다. 원래 저작물을 마음대로 변형해선 안 되고, 누구 작품인지도 잘 표시해 주어야 한다. '저작인격권'을 침해할 수 있기 때문이다. 여기서 원래 저작물을 마음대로 변형해선 안 된다는 것은 절대로 아무것도 건드려서는 안 된다는 의미가 아니라 저작물의 성질이나 목적, 형태에 비춰봤을 때 어쩔 수 없이 변형이 필요한 경우에는 그 필요한 범위 내에서 어느 정도 변형이 가능하다는 의미다.

> **이미 방송 플랫폼에서 저작권자의 허락을 받아놓은
> 경우에도 저작물을 자유롭게 사용할 수 있다.**

유튜브의 경우 한국 음악저작권협회와 협약을 맺고 있어, 협회가 관리하는 음악들은 방송에 사용해도 저작권과 관련된 문제가 생길 가능성이 낮다(이에 대해서는 다음 주제 '유튜브에서 음악을 쓸 때' 부분 참고).

국내 방송 플랫폼 중 아프리카TV의 경우 스포츠 방송 저작권자와 계약을 맺어 유저들이 방송하는 데 문제가 없도록 미리 허락을 받아놓기도 한다. 아프리카TV의 공지를 살펴보면, '2020 KBO리그(화면훼손 불가)', '2020 K리그 1, 2(화면훼손 불가)', '2020 MLB(화면훼손 불가)', 'ASL 팀리그(ASTL) 시즌2', 'PWS: PRE-SEASON'과 같이 다수의 스포츠, e스포츠 콘텐츠에 대해 방송이 가능하다는 점을 알림과 동시에 이용 조건도 안내하고 있는 것을 확인할 수 있다(2021. 1. 5. 기준).

책 소개, 리뷰 콘텐츠도 원칙적으로 저작권자의 허락을 받아야 한다.

책을 소개하거나 리뷰하는 콘텐츠는 원칙적으로 저작권자의 허락을 받아 방송하는 게 안전하다. 권리자의 허락 없이 책의 전부 또는 일부를 읽거나 보여주는 행위, 책을 요약해서 소개하는 행위 모두 저작재산권(복제권, 공중송신권, 또는 2차적 저작물 작성권), 저작인격권(동일성유지권) 침해에 해당할 가능성이 있다. 출처를 밝히고 책 내용을 아주 간략하게 소개하거나 비평 목적으로 극히 일부만을 발췌하는 등 '저작물의 공정한 이용', '공표된 저작물의 인용'에 해당하는 경우가 아니라면, 원칙적으로 저작권자의 허락을 받아야 한다. 출판사가 저자로부터 출판권, 전송권 등 저작재산권을 넘겨받아 행사하는 경우가 많으므로, 출판사에 먼저 연락하여 권리관계를 확인해 보는 게 좋다. 한국출판인회의 홈페이지(kopus.org) 정보마당>공지사항>에서는 ≪유튜브 영상 제작 시 저작물(도서) 이용에 관한 가이드라인≫을 확인해 볼 수 있고, 책 이용과 관련한 간단한 저작물 이용허락 양식도 다운로드할 수 있다.

↗ 실제 사례로 감을 잡아봅시다

* 교육 동영상을 만드는 A 회사는 B 회사 교재를 가지고 강의 영상을 만들어 학생들에게 유료로 제공했다. 저작권법 위반 문제가 불거지자 A 회사는 '공표된 저작물의 인용'과 '공정한 이용'에 해당하므로 문제가 없다고 주장했다.

  법원은 ▶ 교육 콘텐츠라고 해도 유료로 판매가 되므로 영리적인 목적의 강의 영상인 점, ▶ B 회사 교재 거의 전 부분을 강의 대상으로 해서 읽거나 판서하고 있고, 교재 내용이 강의 영상의 중요한 부분을 차지하는 점, ▶ 강의 영상에서 교재 부분을 빼면 강의 영상만의 어떤 가치가 있다고 볼 수 없는 점, ▶ B 회사 교재 저작권자들이 영상 강의를 할 가능성도 있어 이용자가 겹칠 위험이 있는 점을 들어 자유롭게 이용할 수 있는 경우가 아니라고 봤다. 법원은 A 회사가 B 회사의 저작권을 침해했다고 봤다.

· C 방송사 예능 프로그램에서 스타들의 숨은 이야기를 발굴하는 코너를 방송하면서, 유명 배우 이순재 씨가 〈대괴수 용가리〉 영화에 출연한 부분을 3분가량 내보냈다. 〈대괴수 용가리〉 저작권자는 저작재산권 침해를 주장했다.

법원은 ▶ 시청자에게 정보와 재미를 주기 위한 목적이 있었다고 해도 이용 성격이 상업적이고 홈페이지에서 프로그램을 유료로 방송, ▶ 영화 저작권자에게 허락받는 게 어렵지도 않았다는 점을 들어 방송사에 300만 원의 손해배상책임이 있다고 봤다.[38]

· D 영화사가 〈해피 에로 크리스마스〉라는 영화를 만들면서 일본 영화 〈러브레터〉의 명장면 일부를 삽입했다. 주인공이 〈러브레터〉 비디오를 시청하는 장면을 보여주는 방식으로 삽입한 것인데, 일본에 있는 저작권자가 이 사실을 알고 〈해피 에로 크리스마스〉 영화의 상영, 판매 등을 금지해 달라는 가처분

---

38) 1심 법원이 본 견해로, 이 사건은 조정으로 끝이 났습니다.

을 한국에 신청했다.

법원은 ▶ 〈러브레터〉가 흥행에 성공한 유명한 영화이기 때문에 〈해피 에로 크리스마스〉가 이를 인용해서 썼다는 걸 사람들이 잘 알 수 있었다는 점, ▶ 원작의 변형도 없었던 점, ▶ 110분 영화 중 30초로 극히 일부를 썼던 점, ▶ 영화의 장르나 예술적인 완성도에 차이고 있고, 〈러브레터〉가 개봉된 지 오래되었을 뿐 아니라, 인용한 장면만으로는 〈러브레터〉 내용을 알기도 어려워 시청층을 뺏지도 않는 점 등을 들어 가처분을 받아들이지 않았다.

· Z는 가족여행 중에 다섯 살 된 딸이 의자에 앉아 가수 손담비의 곡 '미쳤어' 후렴구를 부르며 춤을 추는 장면을 녹화했다. 그리고 이를 53초 분량의 UCC 동영상으로 만들어 포털 블로그에 공개해 게시하면서 포털 비디오 사이트에도 링크했다. 음악 신탁관리단체 A는 저작권 침해를 주장했다.

법원은 Z가 저작물인 '미쳤어' 음악을 허락 없이 복제, 전송한 것이라는 점은 인정했지만, '공표된 저작물의 인용'에 해당하기 때문에 저작권을 침해하지 않았다고 봤다. 이유는 ▶ 영리를 목적으로 제작된 동영상이 아닌 점, ▶ 동영상의 주된 내용이 딸의 귀여운 춤동작 흉내 모습을 담은 것으로 반주도 없이 불완전하게 부르는 방법으로 음악을 인용한 것인 점, ▶ 전체 74마디 음악 중 7~8마디 정도만 인용했고, 주변 소음으로 인해 초반부에만 '미쳤어' 음악인 걸 식별할 수 있는 점, ▶ 일반 시청자들 입장에서 볼 때 이 영상이 '미쳤어'가 주는 감흥을 그대로 전달하거나 이용자를 뺏는(수요를 대체)다고 볼 수 없는 점 등 제반 사정을 종합해 볼 때 정당한 범위 안에서 공정한 관행에 맞게 이용했다고 판단했기 때문이다.

▶ 유튜브에서 음악을 쓸 때

대부분의 유튜브 콘텐츠에서 음악이 사용됩니다. 유튜버나 출연자가 직접 노래를 부르는 방식, 영상의 배경음악이 되는 방식뿐 아니라, 별 영상화면 없이 플레이리스트에 따라 음악만 재생하는 것을 목적으로 하는 콘텐츠도 있지요. 빈번히 사용되기 때문에 음악은 따로 설명이 필요한 부분입니다. 어떻게 하면 문제없이 음악을 사용할 수 있을까요?

먼저, 음악 사용도 원칙은 똑같습니다. 권리자의 허락을 받아야 합니다. 특히나 음악에는 여러 사람의 권리가 얽혀있기 때문에 신경 써야 합니다. 대중가요 하나에는 그 음악을 만든 작곡가, 작사가, 편곡자의 저작권이 있고, 음원을 기획하고 만든 음반 제작자, 노래를 부른 가수와 연주자(실연자)의 저작인접권이 있습니다. 당신이 유튜브에서 음원을 튼다면 원칙적으로 이 모든 사람들로부터 허락을 받아야 합니다. 음원을 이용하지 않고 직접 연주하고 노래를 하는 경우라도 저작권자의 허락은 꼭 받아야 하지요. 그러나 콘텐츠를 만들면서 직접 이 모든 권리자들을 찾아다니며 허락을 받기란 쉽지 않습니다. 법적인 문제없이, 그리고 복잡하지 않게 음악을 사용할 수 있는 방법은 어떤 것이 있을까요?

유튜브 '오디오 보관함'(오디오 라이브러리)에서 제공하는 음원을 사용해야 합니다.

유튜브 스튜디오의 '오디오 보관함'에는 콘텐츠를 만들 때 자유롭게 사용할 수 있는 음악들이 나와 있습니다. 주의해야 할 점은 음악을 다운받으면 자동으로 적용되는 이용약관이 있다는 것입니다. 다음 페이지의 약관대로 이 보관함의 음악 파일만을 별도로 다른 사람에게 제공하거나 연주해서는 안 된다는 점에 꼭 유의해야 합니다. 무료 이용은 당신이 만드는 콘텐츠에서의 사용만을 전제로 합니다.

〈유튜브 스튜디오 음악 보관함 이용약관〉

이용약관

보관함의 음악 파일을 포함하여 음악 보관함 사용 시 You Tube 서비스 약관을 준수해야 합니다. 이 보관함의 음악은 귀하가 직접 제작한 동영상 등의 콘텐츠에서만 사용되어야 합니다. You Tube에서 수익을 창출하는 동영상에서 이 보관함의 음악 파일을 사용할 수 있습니다.

이 보관함의 음악을 다운로드하면 다음에 동의하는 것으로 간주됩니다.

- 보관함의 음악 파일이 포함되어 있는 동영상 및 기타 콘텐츠와 별도로 해당 음악 파일을 제공, 배포 또는 연주할 수 없습니다. 예를 들어 보관함 음악 파일의 독립적인 배포는 허용되지 않습니다.
- 보관함의 음악 파일을 불법적인 방법으로 사용하거나 불법 콘텐츠와 관련하여 사용할 수 없습니다.

이 보관함의 음악을 사용하는 것은 이러한 요구사항 준수에 동의하는 것입니다.

※ 과거 '유튜브 크리에이터 스튜디오'의 '음악 정책' 메뉴에서는 쓰고 싶은 음악을 검색해서 음원 이용이 가능한지, 광고 수익을 가져가는지 등 사용 조건을 미리 확인해 볼 수 있었습니다. 이 방법은 저작권 문제없이 음악을 사용하는 방법으로 자주 추천이 되곤 했었는데요. 그러나 구글이 크리에이터를 위한 새로운 버전의 스튜디오 서비스를 제공하면서 '음악 정책' 디렉토리 지원을 중단하겠다고 밝혔습니다. 음악의 목록과 각 저작권자가 설정한 조건들을 쉽게 확인해 볼 수 있는 서비스였지만 이제 이용이 어려울 것으로 보입니다.

가급적 한국음악저작권협회가 관리하고 있는 음악을 사용합시다.

단, 이 경우 방송은 가능하나 광고 수익을 얻지 못할 수 있다는 점에 유의해야 합니다. 작사가, 작곡가 등 음악의 저작권자들을 대신해 저작권을 관리하는 신탁관리단체 한국음악저작권협회는 2010년에 구글과 '음악 저작권 보호 협약'을 맺었습니다.

이 협약에 따라, 유튜브 사용자가 한국음악저작권협회에서 관리하는 음악을 사용해 영상을 업로드할 경우 법적인 책임을 묻지 않고 계속 사용할 수 있게 되었습니다. 다만, 콘텐츠로 인한 광고 수익은 한국음악저작권협회가 가져가도록 되었습니다. 한국음악저작권협회가 수익을 받아 음악 권리자들에게 분배하게 되는 것이지요. 유튜브는 콘텐트 아이디(Content ID) 기술로 음원이나 편집곡, 커버곡을 사용한 영상을 찾아내고, 한국음악저작권협회는 넘겨받은 데이터를 확인해서 ▶ 음원을 그대로 사용했을 때는 구글, 저작권자, 음반 제작사가, ▶ 새로 연주하거나 노래를 불러 커버했을 때에는 구글, 저작권자, 유튜버가 수익을 나눠 갖게 됩니다.[39] 한국음악저작권협회의 별도 이용 허락 절차를 거칠 필요 없이, 관리 음악이라면 저작권에서만큼은 비교적 안전하게 사용할 수 있는 것이지요.

주의할 점은 한국음악저작권협회 관리 음악이라고 해도 저작자 표시를 제대로 안 하거나 원곡을 마음대로 변형해서 저작인격권을 침해하는 방식으로 쓴다면 문제 될 수 있다는 점입니다. 협회는 저작인격권까지 관리하지는 않기 때문에, 이런 방식의 이용을 하려면 원칙으로 돌아가 개별 권리자의 허락을 받아야

---

39) 한국음악저작권협회 홈페이지(www.komca.or.kr) 내 공지사항 중 '한국음악저작권협회 유튜브 분배 안내영상'(2019. 9. 2. 게시) 참조.

합니다. 또한, 협회 관리 음악은 저작권 문제만 해결해 줄 뿐, 저작인접권 문제는 해결해 주지 않습니다. 음원을 그대로 틀 때는 음반 제작자와 실연자의 허락을 구해야 합니다. 커버곡이라 하더라도 직접 연주하지 않고 MR이나 노래방 반주를 쓴다면 음반 제작자의 허락(노래방의 경우 반주 업체)을 받아야 합니다. 이때, 이용 허락을 위해서는 음반 제작자에게 먼저 연락해 보는 것이 좋습니다. 보통 음반 제작사가 실연자의 권리를 양도받거나 대신 관리하는 경우가 많고, 유튜브 역시 실연자에 대한 분배를 별도로 하지 않고 음반 제작사 분에 포함시키는 입장인 것으로 알려져 있습니다. 때문에, 음반 제작사에 연락하면 실연자 문제까지 함께 해결할 수 있는 경우가 많습니다. 음반 제작사의 경우 한국음반산업협회 관리 음악이라면 협회에 연락해 보는 게 좋겠죠.

유튜버의 음악 사용에 대해 음반산업협회나 음악실연자협회에서 법적인 문제를 제기하는 경우는 아직까지 거의 없는 것 같습니다. 또한, 실연자 권리까지 함께 행사하는 경우가 많은 대형 음반 제작사의 경우, 유튜버 콘텐츠에 대해 수익을 가져오는 것 외에 별도로 법적인 조치를 취하지 않는 경우가 많습니다. 홍보에 도움이 되고 수익도 가져오는 이상 법적인 문제로 삼지 않는 것이지요. 하지만 저작인접권자들이 법적인 권리를 포기한 것은 결코 아니며, 이용 허락을 했다고 확실히 해석하기에도 아직 어려움이 있습니다. 언제든 법적인 문제 제기를 받을 수 있기 때문에 최대한 안전하게 사용하고 싶으면 먼저 음반 제작자에게 연락해서 실연자 권리도 함께 관리하는지 확인하고, 이에 맞춰 이용 허락을 받아보는 게 좋겠습니다.

★ 봐야 할 법을 모아봤습니다

저작권법

제24조의2(공공저작물의 자유이용) ① 국가 또는 지방자치단체가 업무상 작성하여 공표한 저작물이나 계약에 따라 저작재산권의 전부를 보유한 저작물은 허락 없이 이용할 수 있다. 다만, 저작물이 다음 각 호의 어느 하나에 해당하는 경우에는 그러하지 아니하다.

1. 국가안전보장에 관련되는 정보를 포함하는 경우
2. 개인의 사생활 또는 사업상 비밀에 해당하는 경우
3. 다른 법률에 따라 공개가 제한되는 정보를 포함하는 경우
4. 제112조에 따른 한국저작권위원회에 등록된 저작물로서「국유재산법」에 따른 국유재산 또는 「공유재산 및 물품 관리법」에 따른 공유재산으로 관리되는 경우

제28조(공표된 저작물의 인용) 공표된 저작물은 보도 · 비평 · 교육 · 연구 등을 위하여는 정당한 범위 안에서 공정한 관행에 합

치되게 이를 인용할 수 있다.

제35조의5(저작물의 공정한 이용) ① 제23조부터 제35조의4까지, 제101조의3부터 제101조의5까지의 경우 외에 저작물의 통상적인 이용 방법과 충돌하지 아니하고 저작자의 정당한 이익을 부당하게 해치지 아니하는 경우에는 저작물을 이용할 수 있다.

② 저작물 이용 행위가 제1항에 해당하는지를 판단할 때에는 다음 각 호의 사항 등을 고려하여야 한다.

1. 이용의 목적 및 성격

2. 저작물의 종류 및 용도

3. 이용된 부분이 저작물 전체에서 차지하는 비중과 그 중요성

4. 저작물의 이용이 그 저작물의 현재 시장 또는 가치나 잠재적인 시장 또는 가치에 미치는 영향

제39조(보호기간의 원칙) ① 저작재산권은 이 관에 특별한 규정이 있는 경우를 제외하고는 저작자가 생존하는 동안과 사망한 후 70년간 존속한다.

② 공동저작물의 저작재산권은 맨 마지막으로 사망한 저작자가 사망한 후 70년간 존속한다.

제40조(무명 또는 이명 저작물의 보호기간) ① 무명 또는 널리 알려지지 아니한 이명이 표시된 저작물의 저작재산권은 공표된 때부터 70년간 존속한다. 다만, 이 기간 내에 저작자가 사망한지 70년이 지났다고 인정할만한 정당한 사유가 발생한 경우에는

그 저작재산권은 저작자가 사망한 후 70년이 지났다고 인정되는 때에 소멸한 것으로 본다.

제41조(업무상저작물의 보호기간) 업무상저작물의 저작재산권은 공표한 때부터 70년간 존속한다. 다만, 창작한 때부터 50년 이내에 공표되지 아니한 경우에는 창작한 때부터 70년간 존속한다.

제42조(영상저작물의 보호기간) 영상저작물의 저작재산권은 제39조 및 제40조에도 불구하고 공표한 때부터 70년간 존속한다. 다만, 창작한 때부터 50년 이내에 공표되지 아니한 경우에는 창작한 때부터 70년간 존속한다.

제44조(보호기간의 기산) 이 관에 규정된 저작재산권의 보호기간을 계산하는 경우에는 저작자가 사망하거나 저작물을 창작 또는 공표한 다음 해부터 기산한다.

※ 저작물 이용의 법정허락에 관하여는 저작권법 제50조~제52조 및 시행령에. 저작재산권 제한에 관하여는 저작권법 제23조~제38조에 구체적으로 규정.

저작권 침해 방어와
공격법

🔔 이건 꼭 기억합시다

• 저작권 침해 소송을 당했을 때는 먼저 허락받고 쓴 것이라는 증거를 대자.
  애초에 허락이 없었다면, '저작권은 무엇일까? 어떤 경우에 저작권 침해가 되나?',
  '허락받지 않아도 되는 경우' 부분을 참고해 반박할 주장을 찾자.

• 누가 내 저작권을 침해하면 화면 캡처 등 증거를 확보하고 ▶ 게시물 사이트 자체
  신고, ▶ 한국저작권보호원(국내), 방송통신심의위원회(해외) 신고, ▶ 손해배상 또
  는 침해금지 가처분, ▶ 복제, 전송자에 관한 정보제공청구, ▶ 형사고소 등 다양
  한 수단을 고려해 대응하자.

▶ 저작권 침해로 소송을 당하면 어떻게 해야 하나?

민사소송을 당했을 때의 전반적인 진행 순서는 앞서 명예훼손 부분에서 살펴본 바와 같습니다. 소장이 오면 '답변서'나 '준

비서면'을 내서 반박하고, '변론기일'에 재판에 출석하는 식으로 재판이 진행됩니다. 가장 많이 발생하는 저작재산권 침해 민사 손해배상 소송의 대응을 살펴보겠습니다.

일단 소장을 받게 되면 가장 먼저 생각해 봐야 할 것은 '이용 허락을 받았는지'입니다. 허락을 받고 사용한 것인데, 저작권자가 잊어버리고 소송을 제기하는 경우도 있습니다. 이때는 계약서, 동의서, 이용료를 송금한 이체 확인증 등 허락을 받았다는 걸 보여줄 근거를 최대한 제출합시다.

허락을 안 받았거나(허락받은 범위 넘어서 사용한 것도 포함) 허락을 받았는데 증명할 수가 없다면, 저작권자에 맞서서 '▶ 내가 쓴 부분은 창작성이 없어서 저작물이 아니다, ▶ 법에서 허락받지 않아도 된다고 정해 놓은 경우다'라는 주장을 할 수 있는지 따져봅시다. 저작권이 이미 사라졌거나, CCL과 같이 이미 저작권자가 허락을 해 놓은 것이라면 문제가 발생하는 경우는 거의 없습니다. 애초에 저작권자가 이미 그런 사실을 잘 알고 있기 때문이지요. 대부분 다툼이 생기는 부분은 내가 쓴 게 저작물인지, 법에서 허락 없이 사용해도 된다고 한 경우에 해당하는지 입니다. 앞서 살펴본 '저작권은 무엇일까? 어떤 경우에 저작권 침해가 되나?', '허락받지 않아도 되는 경우' 부분을 참고하여 내가 반박을 할 수 있는지 냉정하게 판단해 봅시다. 유튜브 방송에서의 사용이라면 '저작물의 공정한 이용'이나 '공표된 저작물의 인용'에 해당하는 반박이 가능한지 잘 살펴보아야 할 것입니다.

만약 자신이 없는 사건이라면 끝까지 재판을 갈 것이 아니라 합의로 사건을 끝내는 것이 좋고, 자신이 있다면 자기가 판단했던 위 이유를 법원에 강하게 주장해서 합법적인 사용이라는 점을 밝힙시다. 반박을 효과적으로 설명하고 도움이 되는 증거를 잘 찾아내기 위해 변호사와 같은 법률 전문가의 도움을 받는 것이 좋습니다.

상대방이 '비슷한 영상'이라는 이유로 저작권 침해를 주장할 때는 어떻게 방어해야 할까요? 저작권 관련해서 맞닥뜨리게 되는 문제는 대부분 누군가의 저작물을 가져다 썼을 때이겠지만, 내가 만든 영상과 비슷하다, 즉 '베꼈다'는 이유로 문제 제기를 받을 때도 있습니다. 이럴 때는 '애초부터 비슷해도 문제 될 게 없다', '상대방 것을 보고 한 게 아니다(의거성 관련)' 또는 '비슷하지 않다(실질적 유사성 관련)'는 주장으로 방어가 가능한데, 간략히 정리해 보면 아래와 같습니다.

주장	내용
애초부터 비슷해도 문제 될 게 없다	· 상대방이 베꼈다고 하는 부분이 구체적인 어떤 표현이 아니라 '아이디어'에 불과하다면 저작권 침해가 되지 않음. · 아주 단순하거나 누구나 그렇게 쓰는 전형적인 표현이라면 문제 되지 않음.

상대방 것을 보고 한 게 아니다 (의거성)	· 베꼈다고 주장하는 사람의 것을 보고 한 게 아니라 우연히 그런 결과가 나왔을 뿐이라면 문제 되지 않음. · 내가 상대방 작품을 접할 가능성이 있었고 비슷한 부분이 많으면 보고 한 게 아니라는 것을 주장하기가 어려워짐. 오류 부분까지 똑같다는 등 현저하게 비슷한 경우에도 마찬가지.
비슷하지 않다 (실질적 유사성)	· 베꼈다고 하는 부분을 놓고 전체적으로 비교해 봤을 때 같다는 느낌이 안 든다고 주장해야 함. 전체적인 느낌과 함께, 세세하게 떼놓고 분석해도 다르다는 점(예를 들어 입은 의상이 다르고, 게임 룰의 어떤 점이 다르고, 구도가 다르고 등등)까지 최대한 주장해야 유리함.

상대방이 '방송 포맷'이 같다는 이유로 저작권 침해를 주장하는 경우도 있습니다. 방송 포맷을 똑같이 베껴 쓰면 저작권 침해가 될 수 있습니다.

우리 법원은 "리얼리티 방송 프로그램은 무대, 배경, 소품, 음악, 진행 방법, 게임규칙 등 다양한 요소들로 구성되고, 이러한 요소들이 일정한 제작 의도나 방침에 따라 선택되고 배열됨으로써 다른 프로그램과 확연히 구별되는 특징이나 개성이 나타날 수 있다 … 이러한 개별 요소들이 일정한 제작 의도나 방침에 따라 선택되고 배열됨에 따라 구체적으로 어우러져 그 프로그램 자체가 다른 프로그램과 구별되는 창작적 개성을 가지고 있어 저작물로서 보호를 받을 정도에 이르렀는지도 고려"[40]한다고

---

40) 대법원 2017. 11. 9. 선고 2014다49180 판결.

보고 있습니다. 다만, 법원이 이 판결에서 저작권 침해 가능성이 있다고 본 사례는 원래 프로그램(SBS '짝')에서 설정만 조금 다르고 자막, 룰, 호칭 등을 거의 그대로 따라서 쓴 영상(게임 홍보 목적으로 만든 '짝꿍 게이머 특집' 영상)에 대해서입니다. 큰 흐름이나 진행 방식 등 몇 가지 요소들을 차용한 정도로는 저작권 침해가 된다고 보긴 어려울 것입니다.

형사고소를 당했을 때의 전반적인 진행 순서 역시 앞서 명예훼손 부분에서 살펴본 바를 참고합시다. 경찰서로부터 연락을 받게 되면 고소장을 확보한 후 출석해서 합법적인 사용임을 주장해야 합니다. 이미 민사소송에서 살펴본 것처럼, 허락을 받지 않고 사용한 것이라면 '▶ 내가 쓴 부분은 창작성이 없어서 저작물이 아니다, ▶ 법에서 허락받지 않아도 된다고 정해 놓은 경우다'라는 점을 최대한 주장해야 합니다.

고소장을 보고 냉철히 판단해 볼 때, 자신이 없는 사건이라면 합의를 하는 것이 좋습니다. 저작재산권 침해는 '친고죄'이기 때문에 합의를 하면 형사에서 아무 문제없이 사건이 끝날 수 있습니다. 상습적이거나 돈을 벌려는 목적이라면 '친고죄'가 아니지만, 이 경우에도 합의는 유리한 처분을 받기 위해 매우 중요한 요소입니다. 자신이 없는 사건이라면 방송을 삭제하거나 적정한 배상 합의금을 주는 등의 조건으로 사건을 끝내는 것이 좋습니다. 고소인이 민사소송을 걸지 않았다고 해도, 사건을 한 번에 해결하기 위해서는 민사와 형사를 함께 조건으로 묶어서 합의를 보는 것이 좋습니다. 애초에 합의할 게 아니라 끝까지 다퉈볼 사건이라면 사건 초기부터 변호인을 선임하여 도움을 받아볼 필요성이 있습니다.

➤ 실제 사례로 감을 잡아봅시다

• 일본의 게임 회사 Q는 '파이널판타지7'이라는 히트 게임을 제작했고, 이 게임의 스토리가 종료된 후, 2년 뒤에 발생한 사건을 내용으로 하는 애니메이션 영상물을 따로 만들었다. 이 영상물에는 여주인공이 폐허가 된 교회에서 여자아이를 보호하며 적과 싸우는 6분 길이의 영상이 포함되어 있다. Z는 뮤직비디오 제작자로 가수 '아이비'의 '유혹의 소나타' 뮤직비디오 제작을 한 적이 있었는데, 위의 6분 길이 영상에서 여주인공을 '아이비'로 대체해 전투 장면을 실사화한 영상을 제작했다. 법원은 뮤직비디오 대부분을 차지하는 장면이 Q의 영상물과 사건구성, 전개과정, 배경, 등장인물의 용모와 복장, 싸우는 동작이 거의 동일하고, 차이점은 실사화 영상물이라는 사소한 것뿐이어서 실질적으로 동일한 영상물이기 때문에 저작권을

침해했다고 봤다. 또한, Q의 원작의 동일성에 손상을 가하였기 때문에 저작인격권(동일성유지권)도 침해했다고 봤다.[41]

- C는 아파트 광고 영상을 제작하면서 영국 요구르트 회사 K의 광고를 참고했다. 영상물은 경쾌한 배경음악 아래 여러 등장인물들이 다양한 장소에서 춤을 추는 장면이 연속적으로 나오는 형식이었다. 이 광고 영상은 영국 K사와 같은 배경음악을 사용했고, 전체 14개 장면 중 여성 1인이 아기 앞에서 춤추는 장면, 볼링장을 배경으로 3인이 춤추는 장면 등 다수의 장면이 등장인물 구성, 율동 내용, 배경장소가 영국 K사의 광고와 굉장히 비슷했다. 율동만 다르고 음악과 장소가 비슷한 장면 역시 다수 있었다.

  법원은 일반적인 시청자 입장에서 봤을 때 전체적인 느낌이나 관념이 상당히 비슷하기 때문에, 단순히 참고한 것에서 더해 표절을 한 게 맞다고 판단했다.

---

41) 1심 법원이 본 견해로, 이 사건은 조정으로 끝이 났습니다.

▣ 누가 내 저작물을 함부로 갖다 쓴다면?

함부로 내 작품을 갖다 쓴다고 문제를 제기하려면, 일단 내가 그 작품의 권리자여야 하겠지요. 내가 혼자 기획해서 유튜브 콘텐츠를 다 만든 거라면 내가 그 콘텐츠의 저작자이고 저작권자라는 건 어렵지 않게 알 수 있습니다. 하지만 동료와 함께 협업해서 만든 거라면 저작권은 공동으로 갖고, 둘이 합의해서 행사해야 합니다. 내가 기획하고 돈을 들여 주도적으로 영상을 만들고, 촬영이나 편집 등 일을 다른 이에게 맡긴다면 어떨까요? 이때는 법적으로는 당신이 '영상 제작자'로서 영상 이용에 필요한 권리들을 갖고 있는 걸로 봅니다. 단, 제작 전체를 외주를 줘서 맡긴 것이라면 외주 제작사가 저작권의 전부 또는 일부를 갖게 될 수도 있기 때문에 내가 완전한 저작권자가 되고 싶다면 따로 저작권 양도계약을 맺고 저작권을 가져와야 합니다. 또한, 회사에 근로자로 일하면서 업무상으로 만든 저작물이라면, '업무상 저작물'로서 저작권을 회사가 갖게 됩니다.

저작권 양도계약서는 한국저작권위원회의 표준계약서인 '저작재산권 전부에 대한 양도 계약서'를 활용해 볼 수 있습니다. 외주제작 계약을 체결할 때 계약서에 저작재산권을 양도한다는 조항을 넣는 방식도 가능할 것입니다. 단, 이 경우 저작재산권을 가져오는 데 대한 적정한 대가가 반영되어 있어야 바람직합니다.

유튜법

저작권을 침해한 콘텐츠가 인터넷 사이트에 있다면, 피해 확산을 방지하기 위해 우선 사이트 운영자나 관리자에게 삭제 요청을 해야 합니다. 저작권법에 따라 저작권자는 사이트 운영자 등 온라인서비스 제공자에게 침해 사실을 소명하면서 침해 게시물의 복제, 전송을 요구할 수 있고, 서비스 제공자는 즉시 조치를 취해야 합니다(저작권법 제103조). 유튜브의 저작권 침해 신고, 아프리카TV의 신고하기(신고사항: 저작권 침해), 네이버 저작권보호센터의 저작권침해신고 등 사이트 내에서 운영자가 마련한 신고 절차를 쉽게 찾을 수 있습니다. 피해 확산을 막은 것과는 별개로 손해배상 청구 등 법적인 조치 진행을 하게 될 수 있기 때문에 저작권 침해 화면 캡처본은 잘 보관해 두어야 합니다.

저작권 침해물이 게시된 사이트가 국내 사이트라면, 한국저작권보호원에 침해 사실을 신고합시다. 보호원의 신고사이트 (www.copy112.or.kr)를 통해 온라인으로 심의 신청 또는 신고를 접수하는 게 가능합니다. 보호원은 침해 여부를 확인한 후 사이트 운영자에게 게시물 삭제 · 전송 중단, 게시자에 대한 경고, 계정 정지를 하도록 시정권고할 수 있습니다. 만약, 사이트 운영자가 보호원의 권고를 듣지 않으면 보호원의 요청에 따라 문화체육관광부가 직접 사이트 운영자에게 조치하도록 시정명령까지 하게 됩니다.

침해 사이트가 해외에 서버를 둔 사이트라면, 방송통신심의위원회에 신고해야 합니다. 방송통신심의위원회 홈페이지(www.kocsc.or.kr)의 전자민원＞통신민원＞'지식재산권침해정보 안내'에서 절차와 유의사항을 확인할 수 있고, '불법·유해 정보 신고'를 통해 침해 신고가 가능합니다. 해외 사이트의 경우, 보통은 방송통신심의위원회가 KT와 같은 통신망 사업자에게 시정요구를 해서 사이트 자체를 차단하는 조치를 취합니다. 다만, 사이트 자체를 차단하기 어려운 유튜브와 같은 곳에 올라온 침해 게시물의 경우에는 이 절차에 의한 해결이 어려울 수도 있습니다. 통신망 사업자가 유튜브에서 특정 콘텐츠나 채널만 차단하는 게 기술적으로 어렵기 때문에 결국 사이트 운영자에게 직접 삭제 등 조치를 요구해야만 하는데, 유튜브 같은 해외 사이트에 대해서는 삭제 등 조치를 취하라고 강제할 수가 없기 때문입니다.

누가 내 저작물을 함부로 썼을 때 취할 수 있는 법적 조치 역시 내가 당할 수 있는 조치를 그대로 뒤집어 생각해 보면 이해하기 쉽습니다. 내가 '원고'가 되어 민사소송을 제기하거나 경찰에 형사고소를 해야 합니다. 물론 저작물을 함부로 쓴 사람의 전화, 메일 등 연락 정보를 알고 있다면, 본격적인 법적 조치를 취하기에 앞서 문제를 제기해 보는 게 좋습니다. 법적인 조치는 하는 사람에게도 부담이 될 수 있죠. 상대방이 콘텐츠 삭제, 사용료 지급, 출처 표시 등 내가 원하는 대로 한다면 굳이 법적인 조치까지 가지 않아도 될 것입니다.

연락을 했는데도 별 대응이 없다면 민사소송을 진행합시다. 저작권 침해 시 불이익을 살펴본 내용에서 본 바와 같이, 저작권 침해자에게는 손해배상이나 침해정지를 청구하는 소송, 침해를 신속히 금지하게 하는 가처분을 제기할 수 있습니다. 앞서 명예훼손 부분에서 본 것처럼 권리를 침해한 사람의 이름, 주소, 전화번호라도 알고 있을 때 원활하게 '소장'을 보내 소송을 할 수 있습니다. 상대방이 회사 같은 법인인 경우, 대법원 인터넷 등기소(www.iros.go.kr)에서 회사 이름으로 검색한 후 법인 등기부를 뽑아 회사 본점 주소, 대표이사 이름 등을 확인해서 소송을 걸 수 있을 것입니다. 앞서 이야기한 것처럼 민사소송의 진행은 법률 전문가와 함께 하거나 혼자 진행하더라도 대법원 나홀로 소송(pro-se.scourt.go.kr) 사이트를 참고해 유용한 정보를 얻는 것이 좋습니다.

침해자에 대해 별반 아는 정보가 없고, 콘텐츠가 온라인 사이트(국내)에 게시된 것이라면 법에 따라 이용자에 대한 정보제공 청구를 해 볼 수도 있습니다(저작권법 제103조의3). '복제·전송자에 관한 정보 제공의 청구'라는 이 제도를 이용하기 위해서는 먼저 사이트 운영자에게 소송 목적임을 밝히고 콘텐츠 게시자의 성명과 주소 등 필요한 정보를 요청해야 합니다. 사이트 운영자가 거절하게 되면 문화체육관광부에 '정보제공청구서'(저작권법 시행규칙 별지 제44호의2 서식/담당 부서 저작권국 저작권보호과)를 접수할 수 있고, 문화체육관광부는 심의를 거쳐 사이트 운영자에게 정보 제공을 하라는 명령을 내릴 수 있습니다.

신원 정보를 잘 모른다면 형사고소부터 시작하는 것이 현실적으로 더 유리할 수 있습니다. 이 부분에 대해서는 명예훼손 대응 부분을 참고하되, 민사소송이든 형사고소든 캡처 화면 등 증거를 반드시 확보해 두어야 한다는 점을 다시 한번 기억합시다.

⇛ 이건 더 알아둡시다

> **민 · 형사의 법적 절차가 부담스럽다면**
> **한국저작권위원회의 조정 제도를 이용하자.**

한국저작권위원회 홈페이지에서 온라인을 통해 편리하게 신청이 가능하고 위원회에 전화하여 절차 자체에 대해서도 상담받을 수 있다. 저작권을 침해당한 사실과 원하는 배상 내용 등을 적어 조정을 신청하게 되면, 한국저작권위원회에서 구성한 전문위원들 앞에서 상대방과 적절한 합의선을 논의할 기회를 갖게 된다. 신청 비용 역시 최대 10만 원으로 저렴하고 절차가 빠르게 진행되며, 조정 결과는 법원의 판결과 같은 효력을 갖게 되므로 여러모로 장점이 많은 제도다. 단, 상대방이 조정에 참여하거나 조정 합의를 하는 것 자체는 강제할 수 없기 때문에 별다른 소득 없이 '조정불성립'으로 끝날 수도 있다는 점은 유의해야 한다.

➜ 실제 사례로 감을 잡아봅시다

• 앞서 '1. 허락받고 쓰라는 법-저작권법'의 '저작인격권? 저작 인접권?'에서 살펴본 자동차 수리 · 디자인 회사 O, 직원 T와 친구 U의 사례를 다시 살펴보자. O 회사에서 근무하는 직원 T가 친구 U와 함께 차량 홍보 유튜브 콘텐츠를 만들어 O 회 사 대표에게 제공한 사례인데, 여기서 콘텐츠의 저작권자가 누구인지도 문제가 되었다.

법원은 이 영상의 저작권자는 T와 U라고 봤다. 회사가 일로 만든 것이라면 '업무상 저작물'이기 때문에 회사가 저작권자 가 되지만, 이 경우에는 근로계약에서 정한 직원 T의 업무가 아니고 제작도 근무시간 외에 이루어졌으며 U가 직원이 아닌 점 등을 고려해 '업무상 저작물'로 보지 않은 것이다.

- A는 두만강 일대 조선족들의 역사, 문화유산, 생활풍속 등을 주된 내용으로 하는 영상물을 제작하기로 하고 중국 내 조선족 관련 협회 대표 B와 협의서를 체결했다. B는 A의 영상 제작 인원들의 중국 입국, 체류, 식사 제공, 현지 안내 등을 지원했고, 촬영 접근이 어려운 상황에서는 B 측의 안내인이 10분 정도 촬영을 해 주기도 했다. B는 이 영상물에 대해 공동저작자로서 1/2의 저작권이 있다고 주장했다.

  법원은 공동저작물이 되려면 영상물 제작에 참여해 창작적으로 기여를 해야 하는데, B가 참여한 내용만으로는 그렇게 했다고 볼 수 없기 때문에 B의 저작권(지분)은 없다고 판단했다.

- 영화제작사 K와 투자사 N은 영화를 공동 제작하기로 했는데 K가 투자 유치, 판권 거래를 담당하고 N은 영상물 제작을 담당했다. K와 N 중 저작권법상 영상 이용에 필요한 권리를 갖고 있는 '영상 제작자'가 누구인지 문제 되었다.

  법원은 K와 N 모두 공동으로 '영상 제작자'가 된다고 봤다. K와 같이 영화 영상을 제작한 사람뿐만 아니라, 제작을 위해 직접 투자하거나 투자자를 유치하고 제작과 관련된 사무적인 업무를 전체적으로 기획하고 책임을 진 N과 같은 경우에도 영상 제작 과정에서 기여한 정도에 따라 영상 제작자가 될 수 있다고 본 것이다.

★ 봐야 할 법을 모아봤습니다

저작권법

제2조(정의) 이 법에서 사용하는 용어의 뜻은 다음과 같다.

14. "영상제작자"는 영상저작물의 제작에 있어 그 전체를 기획하고 책임을 지는 자를 말한다.

21. "공동저작물"은 2인 이상이 공동으로 창작한 저작물로서 각자의 이바지한 부분을 분리하여 이용할 수 없는 것을 말한다.

31. "업무상저작물"은 법인·단체 그 밖의 사용자(이하 "법인등"이라 한다)의 기획하에 법인등의 업무에 종사하는 자가 업무상 작성하는 저작물을 말한다.

제9조(업무상저작물의 저작자) 법인 등의 명의로 공표되는 업무상저작물의 저작자는 계약 또는 근무규칙 등에 다른 정함이 없는 때에는 그 법인 등이 된다. 다만, 컴퓨터프로그램저작물(이하 '프로그램'이라 한다)의 경우 공표될 것을 요하지 아니한다.

제48조(공동저작물의 저작재산권의 행사) ① 공동저작물의 저작재산권은 그 저작재산권자 전원의 합의에 의하지 아니하고는 이를 행사할 수 없으며, 다른 저작재산권자의 동의가 없으면 그 지분을 양도하거나 질권의 목적으로 할 수 없다. 이 경우 각 저작재산권자는 신의에 반하여 합의의 성립을 방해하거나 동의를 거부할 수 없다.

② 공동저작물의 이용에 따른 이익은 공동저작자 간에 특약이 없는 때에는 그 저작물의 창작에 이바지한 정도에 따라 각자에게 배분된다. 이 경우 각자의 이바지한 정도가 명확하지 아니한 때에는 균등한 것으로 추정한다.

제100조(영상저작물에 대한 권리) ① 영상제작자와 영상저작물의 제작에 협력할 것을 약정한 자가 그 영상저작물에 대하여 저작권을 취득한 경우 특약이 없는 한 그 영상저작물의 이용을 위하여 필요한 권리는 영상제작자가 이를 양도 받은 것으로 추정한다.

② 영상저작물의 제작에 사용되는 소설 · 각본 · 미술저작물 또는 음악저작물 등의 저작재산권은 제1항의 규정으로 인하여 영향을 받지 아니한다.

③ 영상제작자와 영상저작물의 제작에 협력할 것을 약정한 실연자의 그 영상저작물의 이용에 관한 제69조의 규정에 따른 복제권, 제70조의 규정에 따른 배포권, 제73조의 규정에 따른 방송권 및 제74조의 규정에 따른 전송권은 특약이 없는 한 영상제작자가 이를 양도 받은 것으로 추정한다.

제101조(영상제작자의 권리) ① 영상제작물의 제작에 협력할 것을 약정한 자로부터 영상제작자가 양도 받는 영상저작물의 이용을 위하여 필요한 권리는 영상저작물을 복제 · 배포 · 공개상영 · 방송 · 전송 그 밖의 방법으로 이용할 권리로 하며, 이를 양

도하거나 질권의 목적으로 할 수 있다.

② 실연자로부터 영상제작자가 양도 받는 권리는 그 영상저작물
을 복제·배포·방송 또는 전송할 권리로 하며, 이를 양도하거
나 질권의 목적으로 할 수 있다.

유용한 정리

방송 유형별 저작물 이용 방법, 알아두면 좋은 저작물 공개 사이트

▶ 허락받지 않고 쓸 수 있는 저작물 사이트 모음

따로 허락받지 않고 쓸 수 있는 저작물 사이트를 모아 소개합니다. 단, 아래 사이트에 게시되어 있더라도 구체적인 사용 조건이 있거나 추후에 조건이 변경될 수 있습니다. 쓰려는 해당 저작물에 표시된 내용을 반드시 미리 확인하고 출처 표기 등 사용 조건을 준수해 사용해야 안전합니다.

사이트	인터넷 주소	내용
공유마당	gongu.copyright.or.kr	공공저작물, 기증 저작물, 만료 저작물 모음. 이미지, 영상, 음원, 글, 글꼴까지 다양한 저작물 검색 및 이용 가능.
공공누리	www.kogl.or.kr	공공저작물 모음. 이미지, 영상, 음원, 글, 글꼴까지 다양한 저작물 검색 및 이용 가능.
렛츠CC	www.letscc.net	플리커(flickr), 자멘도뮤직(Jamendo Music) 등 CCL 표시로 공유된 이미지, 음원, 영상을 검색 가능.

픽사베이	pixabay.com	
스플릿 샤이어	www.splitshire.com	무료 이미지나 영상 검색 및 다운로드 가능.
펙셀스	www.pexels.com	
언스플래쉬	unsplash.com	무료 음악 검색 및 다운로드 가능.
벤사운드	www.bensound.com	무료 음악 검색 및 다운로드 가능.
모션 엘리먼츠	www.motionelements.com	무료계정 대상 음악, 이미지, 영상 소스, 영 상 편집 프로그램 소스 검색 및 다운로드 가능(정액제 등 유료 콘텐츠 제외).
프리사운드	freesound.org	무료 효과음 검색 및 다운로드 가능.
뮤팟	www.mewpot.com	유료 라이선스가 기본이기는 하나, 한글 사 이트로 다수의 무료 효과음 다운로드 가능.

▶ 방송 유형, 장면별 저작물 이용 정리

방송의 유형이나 장면별로 저작물을 이용하는 데 있어 신경
써야 할 점을 정리했습니다. 이미 위에서 설명된 부분이 있어도
재차 적었습니다.

콘텐츠 유형/장면	정리
게임 방송, 스포츠 중계방송	· 게임(대회 영상, 내가 직접 플레이하는 영상)이나 스포츠 영상을 내 방송에서 사용하려면 녹화분이든 라이브든 저작권자의 허락을 받고 사용해야 합니다. 앞서 설명된 것처럼 방송 플랫폼 회사에서 저작권 문제를 해결해 놓았다면 괜찮겠지만, 유튜브의 경우 아직 게임, 스포츠 관련해서는 유저를 위한 별도 협약이 맺어져 있진 않은 걸로 보입니다. · 게임 플레이라면 게임회사, 대회라면 대회 주최사나 중계방송사에 이용 허락 문의를 먼저 해 보는 게 좋습니다.
음악 커버	· 음악 커버 영상을 만들려면 원칙적으로 저작권자(작곡가, 작사가, 편곡가)의 허락을 받아야 합니다. · 한국음악저작권협회가 관리하는 음악이라면 유튜브와의 협약 관계에 따라, 유튜버가 저작권자 허락 없이 커버 영상을 만들어 업로드하더라도 따로 법적인 책임은 묻지 않고 권리자 측에서 광고 수익을 가져갑니다. 관리 음악이 아니라면 원칙으로 돌아가서 저작권자의 별도 허락을 받는 것이 좋습니다. 관리 음악이라고 해도 부득이하게 변경하는 수준을 넘어 원곡을 변형할 때에는 저작자의 허락을 따로 받아야 안전합니다. · 커버 시 직접 연주하지 않고 MR이나 노래방 반주를 쓴다면 음반 제작자 허락까지 받아야 합니다.
댄스(안무) 커버	· 댄스 안무도 저작물이고, 안무를 만든 사람에게 저작권이 있습니다. 허락 없이 댄스 안무 커버 영상을 올리게 되면 저작권 침해가 될 수 있습니다. 법원은 걸그룹 '시크릿'의 '샤이보이' 안무를 추는 수강생들의 영상을 홈페이지에 올린 댄스학원이 '샤이보이' 안무 제작자의 저작권을 침해했다고 인정한 바도 있습니다. · 다만, 홍보나 상업용이 아닌 순수한 취미 목적으로 유튜브에 올린 것이고 따로 수익도 얻지 않은 경우라면 '공정 이용'에 해당한다고 주장해 볼 여지는 있습니다.

유튜법

패러디	· 예능이나 드라마 장면을 패러디해서 방송할 경우, 전달하려는 메시지의 목적에 맞게 적은 분량의 일부 장면들만 사용한 경우라면 저작권자의 허락을 받지 않아도 문제 되지 않을 수 있습니다. · 단, 패러디라 해도 상업적인 목적으로 많은 부분을 사용하거나 원래 작품과 별 차이 없이 사용할수록 저작권 침해에 해당할 가능성이 높습니다. 즉, 앞서 살펴본 '공정 이용'이나 '공표된 저작물의 인용'에 해당하지 않는 사유가 많을수록 저작권 침해가 될 수 있습니다. 저작인격권 침해도 문제 될 수 있습니다. 과거 서태지와 아이들의 컴백홈 뮤직비디오를 우스꽝스럽게 패러디한 '컴배콤' 뮤직비디오에 대해 법원은 단순히 웃음을 위한 목적으로 만들어진 것일 뿐, 비평적인 내용을 더해 새로운 가치를 창출한 것도 아니고, 상업적인 목적이 있는 점 등을 이유로 패러디로서 보호될 수 없다고 봤습니다.
리액션	· 다른 저작권자의 영상(뮤직비디오, 예능, 드라마 장면 등)을 보는 시청자 리액션 방송 역시 허락을 받고 쓰는 게 안전합니다. · 다만, '공정 이용'이나 '공표된 저작물의 인용'에 해당한다고 주장해 볼 여지는 있겠지만, 이것이 인정되려면 시청 대상 영상을 조금 쓰고 시청자들의 비평이나 의견이 주된 내용을 이루어야 하는 등 앞서 살펴본 조건에 최대한 맞추도록 노력해야 합니다.
책, 영화 소개	· 기본적으로 위 리액션 영상의 경우와 같습니다. 원칙적으로 허락을 받고 쓰는 게 안전합니다. 책, 영화를 비평하거나 알기 쉽게 설명하는 목적으로 아주 적은 부분(공개된 줄거리나 비평의 대상인 극히 일부의 문구, 장면만)을 보여주는 정도라면 '공정 이용'이나 '공표된 저작물의 인용'에 해당할 가능성이 있습니다. · 내용을 요약해서 소개하는 방송이라 하더라도 문제 될 수 있습니다. 책이나 영화를 보는 것과 다름없이 소개하거나 중요한 내용(반전, 결말 등)을 알리는 콘텐츠는 권리침해 가능성이 높습니다.

언론 기사 비평	· 원래의 기사 자체가 육하원칙으로 아주 간단하게 사실만 전달하는 내용이거나, 기사를 그대로 갖다 쓰지 않고 내용이 무엇인지 정도를 말하는 것이라면 문제가 없습니다. 그러나 그런 경우가 아니라면 언론 기사도 저작물일 수 있기 때문에 언론사의 허락을 받고 써야합니다. · 역시 '공정 이용'이나 '공표된 저작물의 이용'에 해당하는 사용이라면 문제 되지 않을 수 있습니다.
음식 레시피	· 레시피는 저작권법으로 보호받지 않습니다. 즉, 방송에서 한 레시피를 재현해서 방송해도 저작권으로 문제되지 않습니다. · 단, 레시피가 특허 등록되어 있다거나, 공개가 안 된 비밀스러운 레시피를 유출해서 방송하는 것이라면 다른 법에 따라 문제가 될 수 있습니다.
캐릭터, 코스프레	· 캐릭터도 창작적 개성이 있으면 저작물로 인정되기 때문에 영상에 마음대로 사용하면 문제가 될 수 있습니다. 우리 법원은 헬로키티, 르슈크레, 만화 '피구왕 통키' 등장인물 등 캐릭터를 저작물로 보아 저작권법 보호 대상으로 보기도 했습니다. · 역시 '공정 이용'이나 '공표된 저작물의 이용'에 해당하는 사용이라면 문제 되지 않을 수 있습니다. 예를 들어 캐릭터를 설명하기 위해 잠시 보여준다거나 잠시 코스프레 의상을 입는 것까지 저작권 침해로 보기는 어렵습니다.

유튜브 콘텐츠는 '내 세상'입니다. '내 세상'에 멋진 간판을 달고, 내 머리로 생각해서 자유롭게 콘텐츠를 만들어 돈을 벌 수 있습니다. 잘 되면 내 탓이고, 인기가 없는 것도 내 책임이죠.

콘텐츠를 더 멋있게, 더 많이 만들기 위해 외부에 촬영과 편집 일을 맡길 때 계약서는 어떻게 작성해야 할까요? 더 좋은 서포트를 받기 위해 MCN(Multi Channel Network) 등 기획사에 들어갔는데, 이들이 생각지도 못한 요구를 해 온다면 어떨까요? 누군가 내 간판을 훔쳐가서 '내 세상'이 자기 것인 양 알리고 다닌다면 어떨까요? 그나마 알토란 같은 수익을 큰 위안으로 삼았는데, 불성실한 납세자라는 딱지가 붙는다면 어떨까요?

힘든 문제는 대체로 '다른 세상'과 함께 할 때 생깁니다. '내 세상'이 잘 굴러가기 위해서는 '다른 세상'과 원만하게 함께 할 지혜가 필요합니다. 법은 그 최소한의 지혜를 읽는 설명서일 수 있지요. 이 장에서는 '내 세상'과 '다른 세상'을 이어주는 다리인 계약에 대해 살펴보겠습니다. 그리고 '내 세상'의 간판인 상표, 정당한 벌이를 위해 꼭 필요한 세금 납부에 대해서도 알아봅시다.

유튜법

채널을 운영할 때 알아야 할 법

계약, 소속사, 상표, 세금

외부에 일을 의뢰할 때
계약서 작성은 필수

🔔 이건 꼭 기억합시다

- 일을 맡길 때는 간단하게라도 계약서를 꼭 작성하자.
- 계약할 때 ① 돈에 연관된 조건이 들어간 조항, ② 나 또는 상대방이 '해야 한다', '할 수 있다', '갖는다'는 뜻을 가진 조항, ③ 내게 불리한 조건이 숨겨진 조항을 주의 깊게 살펴보자.

▶ 계약이란 무엇일까? 계약서는 왜 필요할까?

간단히 말해 계약은 '약속'입니다. 계약서 없이도 약속을 할 수는 있지만, 뭘 약속했는지 확인하려면 그 약속을 써놓은 종이가 필요하겠지요. 계약서는 그래서 꼭 필요합니다.

꼭 계약서를 쓰지 않아도 계약을 할 수 있습니다. 당신과 상대방이 무언가를 하겠다는 뜻을 밖으로 표시하고, 그게 맞아떨어지면 곧 계약이 됩니다.

법적인 효력도 계약서를 꼭 써야 생기는 건 아닙니다. 밖으로 표시한 뜻이 서로 맞으면 법적인 효력은 바로 생깁니다. 그러나 계약서가 없다면 계약이 있었다는 사실을 증명하기가 굉장히 어려워지겠지요. 친구 A가 내일 갚을 테니 100만 원을 꿔달라고 합니다. 당신이 "알았어" 하면 돈을 빌리고 갚는 계약을 체결하게 되는 것이고, 법적인 효력도 생기는 것이지요. 그런데 내일이 되자 A가 "내가 언제 너한테 돈을 꿨냐", "내가 빌린 돈 80만 원 아니었어?", 또는 "돈 천천히 갚으라면서"라고 말을 하면 어떨까요? 소송을 해서라도 돈을 받아야 하지만 두 사람만의 계약을 법원이 알 리 없습니다. 계약서는 약속을 증명하는 가장 확실한 방법입니다. 그래서 다른 사람에게 일을 맡길 때 계약서가 필요한 것입니다.

계약은 누구나 자유롭게 쓰고 체결할 수 있습니다. 보통은 전문적으로 일을 맡는 사람 쪽에서 자기들 양식으로 만들어 놓은 계약서를 보내곤 하는데, 이런 사적인 계약에 대해 무슨 내용이 꼭 들어가야 한다고 법에서 미리 정해 놓는 경우는 드뭅니다. 그렇지만 보통 계약서에 들어가는 내용이 있습니다. 일반적으로 들어간다는 이야기는, 곧 그런 내용이 계약서에 있어야 당사자들이 편리하다는 뜻입니다. 이런 내용에 대해 다음 페이지의 샘플 계약서를 통해 알아보겠습니다.

①번 부분은 계약서의 제목입니다. 제목만으로 계약의 성격이 바로 정해지는 것은 아닙니다. 다음 페이지의 샘플 계약 제목을 '고용계약'으로 쓴다고 하더라도 내용이 그렇지 않으면 고용계약이 되지는 않지요. 하지만 책의 제목과 같이 계약서의 성격이나 내용을 1차적으로 알려주는 표시 같은 역할을 하고, 계약서를 지칭할 때 제목으로서 언급을 하게 되므로, 거의 모든 계약서에는 제목이 있습니다.

②번 부분은 계약 조항에 앞서 쓰여있는 부분으로, 전문(前文)이라고 합니다. 샘플 계약서와 같이 보통은 "누구와 누구가 뭐 때문에 이 계약을 체결한다"라는 정도의 내용을 담고 있는 경우가 많고, 특별히 민감한 내용을 담지는 않습니다.

샘플에서와 같이, 이 전문 부분에서 계약 당사자들을 '갑', '을'과 같이 줄임말로 표시를 해 주고, 아래 계약 내용에서 동일하게 줄임말로 표시해 주는 경우가 많습니다. 줄임말로 표시하지 않더라도 법적으로 문제 될 건 없지만, 계약서에 직접 이름이나 회사명을 써 주는 것보다 훨씬 편리하기 때문에 이 같은 방식을 많

① # 방 송 촬 영 용 역 계 약 서

② 홍길동(이하 '갑')과 김촬영(이하 '을')은 방송영상 촬영에 관해 다음과 같이 업무 용역계약을 체결한다.

③ **제1조(목적)** 본 계약은 '갑'이 개인 방송 콘텐츠를 제작하는 데 필요한 촬영 업무 를 '을'이 수행하는 데 있어 필요한 사항을 정하는 데 목적이 있다.

④ **제2조(용역대금)** '갑'은 용역업무의 대가로 '을'에게 OOO,OOO 원을 지급한다.

⑤ **제3조(용역내용)** '을'은 '갑'의 유튜브 방송 콘텐츠 "XXX" 1회분 영상을 촬영하여 녹화 동영상 파일을 '갑'에게 제공한다.

⑥ **제4조('갑'과 '을'의 의무)**
1. '갑'은 콘텐츠 촬영 장소를 확보하고, 촬영 전에 콘텐츠에 대한 상세한 정보를 '을'에게 제공해야 한다.
2. '을'은 촬영에 대해 '갑'이 요구하는 사항을 충실히 반영하여야 한다.

⑦ **제5조(저작재산권)** 용역업무의 결과물인 영상에 대한 저작재산권(2차적 저작물 작성권 포함)은 '갑'에게 양도된다.

⑧ **제6조(손해배상)** 계약을 위반하여 상대방에게 손해가 발생한 경우, 책임 있는 당 사자는 상대방에게 손해를 배상해야 한다.

⑨ **제7조(계약의 해지 또는 해제)** 당사자 일방이 계약을 위반하고 상대방으로부터 시 정해 달라는 요구를 받았음에도 7일 이내에 시정하지 않은 경우 상대방은 본 계 약을 해지 또는 해제할 수 있다.

⑩ **제8조(기타사항)**
1. 본 계약서에서 명시되지 않은 사항에 대하여는 관련 법규와 상관례에 따른다.
2. 계약에 관한 분쟁이 발생할 경우 '갑'의 주소지 관할 법원을 전속적 합의관할로 한다.

⑪ 본 계약의 체결을 증명하기 위하여 계약서 2통을 작성하여 '갑'과 '을'이 기명날인 한 후 각 1통씩 보관한다.

⑫ **'갑'** 홍 길 동(1900. 0. 0. 생) ㉮   **'을'** 김 촬 영(1900. 0. 0. 생) ㉮
서울시 OO구 OOO-O   서울시 OO구 OOO-O

※ 샘플 계약서는 계약서 설명만을 위해 아주 간단히 작성된 것이므로, 실제 사용하기 위해서는 이번 장의 내용들을 참고한 후 각자의 목적에 맞게 내용을 붙여 활용하는 게 좋겠습니다.

이 씁니다. 계약서에서 주로 우위에 있는 사람이 '갑'으로 표시되는 경우가 많다 보니 '갑을관계', '갑질'이란 말까지 생기게 되었지만, 지칭하는 말이 '갑'이든 '을'이든 아무 차이가 없습니다. 단어에 거부감이 있다면 'A, B', '유튜버, 촬영자'와 같이 얼마든지 다른 단어를 사용해도 괜찮습니다.

③번 부분은 '계약의 목적'에 대한 조항으로, 주로 첫 번째 조항으로 두는 경우가 많습니다. "무슨 일을 하는 데 해야 할 일을 정하려는 게 이 계약서의 목적이다"라는 식으로 이 계약을 무슨 목적 때문에 쓰는지 간단히 표시합니다. 이 부분 역시 보통은 민감한 내용을 담고 있지는 않습니다.

④번 부분은 일의 대가에 대한 조항입니다. 물건이나 용역의 대가가 얼마라는 내용은 계약서에서 가장 중요한 부분이지요. 이 부분이 정확히 쓰여있지 않으면 다툼이 생기게 됩니다. 샘플 계약서는 간단히 써 놓았지만, ▶ 금액, ▶ 그 금액이 무엇에 대한 대가인지, ▶ 금액을 언제까지 줘야 하는지, ▶ 금액을 어떻게 줘야 하는지(현금으로 계좌 어디로) 구체적으로 써놓아야 나중에 다툼이 생기지 않습니다.

⑤번 부분은 돈의 대가로 가게 되는 물건이나 용역이 무엇인

지에 대한 조항입니다. 돈을 주고받는 이유에 해당하는 중요한 부분이기 때문에, 이 부분 역시 정확히 쓰여있지 않으면 다툼이 생기게 됩니다. '을'이 해야 하는 의무 부분에 합쳐서 쓰이기도 하는데, 위치나 형식이 어떻든 정확히 채워줄수록 다툼이 생길 가능성이 낮아집니다. 양 당사자가 모두 동의한 용역 내용이 무엇인지 여기에 증거를 남긴다는 느낌으로 구성될수록 좋습니다. 예를 들어 촬영 영상이 몇 분 분량이고, 화질은 어떻고, 어떤 파일 형식으로 제공이 되어야 하고, 촬영 수정은 가능한 건지, 수정 시 추가 비용이 드는지 등의 내용을 담아놓으면 나중에 이 부분에 대해서는 서로 생각이 달라 다툴 일이 없습니다.

⑥번은 계약의 메인에 해당하는 돈과 용역 외에, 다른 권리와 의무가 나와 있는 부분입니다. 물론 돈과 용역에 관련된 부분을 추가로 써 줄 수도 있고, 권리와 의무마다 조항으로 나누어 써 줄 수도 있습니다. 계약이 아주 간단하거나 돈과 용역 내용에서 자세히 다 썼다면 필요가 없는 부분이 되겠지요.

중요한 점은 무슨 내용이든 계약서에 당신이 '해야 한다', '한다'와 같이 해야만 하는 의무로 써진 부분, 그리고 상대방이 '할 수 있다'와 같이 권리가 있는 것으로 써진 부분은 반드시 주의해서 살펴야 한다는 점입니다. 의무로 써진 부분은 당신이 하지 않으면 계약 위반이 되고, 상대방의 권리로 써진 부분은 상대방이

해도 당신이 문제 삼을 수 없기 때문에, 대충 계약서를 보고 사인했다가 예측하지 못한 피해를 입게 되는 일을 방지하려면 미리 꼼꼼히 살펴야 합니다. 반대로 계약서를 쓸 때, 상대방이 꼭 해 줬으면 하는 부분은 상대방의 의무나 나의 권리로 꼭 남겨놓아야 하겠지요. 촬영 스태프 '을'을 쓰고 싶은데, 독단적으로 촬영을 진행하고 내가 요구하는 걸 잘 반영해 주지 않을까 걱정이 됩니다. 이럴 때는 샘플 계약서와 같이 "'을'은 촬영에 대해 '갑'이 요구하는 사항을 충실히 반영하여야 한다"라는 조항을 넣어두면, '을'이 내 요구를 무시해 버릴 경우 계약 위반이라고 말할 수 있는 것입니다.

⑦번 부분은 계약에 따라 나온 결과물에 대한 권리가 누구에게 돌아가는지에 대한 조항입니다. 물건을 파는 계약이라면 상식적으로 '갑'이 그 물건의 소유권을 갖게 되기 때문에 굳이 써줄 필요가 없겠지요. 촬영이나 편집을 맡기는 것과 같이 일을 맡기는 경우이거나, 물건이라 하더라도 권리관계가 복잡한 것일 경우에는 이렇게 계약서에 소유나 권리관계를 명확히 써주는 경우가 많습니다. 특히 방송 영상은 한 사람의 노력으로만 만들어지는 게 아니라 촬영, 편집, 기타 스태프 등 여러 저작자들의 창작적인 노력이 보태져서 만들어진 것이기 때문에 권리관계가 매우 복잡할 수 있습니다. 이 책의 저작권법 관련 내용에서 본 것

유튜법

처럼, 영상저작물의 경우 특별한 경우가 아니라면 저작물 이용에 필요한 권리는 영상 제작자가 갖는다고 봅니다(저작권법 제100조). 하지만 법 조항에도 불구하고 실제로 '제작자'가 누구인지 다툼이 있을 수도 있고 권리 범위 등 예상하지 못한 분쟁이 생길 수도 있기 때문에, 일을 맡긴 결과물에 대한 권리를 분명히 갖고 오려면 이렇게 계약서에 잘 써 주는 게 좋습니다.

⑧번 부분은 계약을 위반했을 때 손해배상에 대한 조항입니다. 사실 상대방 책임으로 계약을 위반했을 때 내가 입은 손해를 배상받을 수 있는 권리는 계약서에 굳이 쓰여 있지 않아도 법적으로 인정될 수 있습니다. 그렇기 때문에 어떤 계약서에는 따로 손해배상에 관한 조항이 없기도 합니다. 하지만 어떤 경우가 계약 위반인지, 위반하면 얼마만큼의 손해를 배상해야 하는지에 대해서 서로 생각이 다를 수 있기 때문에 계약서에서 이것까지 미리 구체적으로 써주면 나중에 여기에 대해 다툴 일이 없겠지요. 예를 들어보죠. 촬영자가 촬영을 해 놓고 한 달이나 지나 동영상 파일을 보내줬습니다. 촬영자는 "계약서에 '제공한다'로 되어 있기 때문에, 늦더라도 제공을 했다면 계약을 위반한 게 아니다"라고 합니다. 어떤 촬영자는 "늦게 준 게 계약 위반은 맞는데 그쪽이 손해 본 것도 없어 보이니 그냥 넘어가자"라고 합니다. 힘겨운 다툼이 시작될 것입니다. 하지만 계약서에

'촬영 후 2일 이내에 동영상 파일을 제공하지 않은 경우'를 콕 집어서 손해를 배상해야 한다고 미리 써놓으면 이야기가 달라지겠지요. 하루당 10만 원이나 용역 대금의 2% 등 배상액도 미리 정해 놓는다면, 동영상 제공이 늦어지는 일은 잘 생기지 않을 것입니다.

⑨번 부분은 계약을 어떤 경우에 끝낼 수 있는지 쓰여 있는 조항입니다. 계약은 약속이기 때문에 별 이유 없이 어느 한 쪽 마음대로 계약을 끝내버리지 못하는 게 원칙이죠. 하지만 ▶ 상대방이 계약을 위반해서 적절한 기간을 두고 제대로 하라고 했는데도 개선이 없을 때, ▶ 상대방 책임 때문에 용역 제공 자체가 아예 불가능해졌을 때는 계약서에 쓰여 있지 않더라도 법에 따라 계약을 끝내버릴 수 있습니다. 손해배상에서 본 것과 같은 취지로, 계약을 끝낼 수 있는 경우를 더 구체적으로 정해 놓고 싶을 때 계약서에 반영해 놓는 경우가 많습니다.

참고로 '해제'와 '해지'는 용어는 비슷하지만 뜻에 조금 차이가 있습니다. 쉽게 말해 '해제'는 계약을 아예 완전히 엎어서, 계약 자체가 없었던 때로 돌아가자는 것입니다. '해지'는 계약을 엎긴 엎되, 지금까지 계약에 따라 이뤄진 부분은 서로 인정하고 가자는 것입니다.

유튜법

⑩번 부분은 기타 사항들을 적은 부분입니다. '기타' 사항에는 샘플 계약서와 같이 분쟁이 났을 때 어느 법원에서 해결하자, 어떻게 해결해 보자 이런 부수적인 내용을 담습니다.

⑪번 부분도 중요한 내용은 아니지만, 계약서를 몇 부를 만들었는지, 도장이나 사인을 어떻게 찍을 것인지 표시하는 역할로 많이 사용됩니다. 계약을 두 사람 간에 하면 보통 똑같은 계약서를 2부 만들고 도장을 찍은 다음에 서로 한 부씩 갖죠. 대부분 샘플 계약서와 같이 "'갑'과 '을'이 기명날인해서 한 부씩 갖는다"라고 많이 쓰는데, 여기서 '기명날인'의 '기명'이란, 이름을 직접 쓰거나 타이프, 인쇄 등 이름을 표시한다는 의미이고, '날인'이란 도장을 찍는다는 의미입니다. 손으로 이름을 직접 쓰고 도장을 찍을 때는 '서명날인'이라고 씁니다.

⑫번 부분은 계약을 체결하는 당사자가 누구인지를 표시하고, 그 당사자가 직접 계약을 체결한 것이라는 표시로 각자의 도장을 찍는(날인) 부분입니다. 자칫 중요하지 않은 부분으로 생각될 수 있는데, 이 부분도 신경 쓸 필요가 있습니다. 계약 내용을 꼼꼼히 잘 적어놓고 당사자의 표시를 잘못하면, 그 사람과의 계약이라는 걸 나중에 증명하기가 곤란해지기 때문에 낭패를 볼 수 있습니다. 계약 당사자가 누구인지 잘 특정해서 표시해 주기 위

해서는 이름은 본명으로 표시하고, 동명이인 혼란을 피하기 위해 생년월일과 주소 정도는 표시해 두는 것이 좋습니다. 휴대폰 번호도 추가로 써놓으면 좋습니다. 개인 정보를 너무 많이 쓰는 것 아니냐 생각하실 수도 있는데, 당사자를 잘 특정해서 표시해 놓으면 나중에 다툼이 생겨 소송할 때 유용합니다. 앞서 당신이 민사소송을 거는 내용에서 살펴본 것처럼, 상대방이 누구인지 정확히 모르면 소송을 할 수가 없습니다. 이름, 생년월일, 그리고 소장을 보낼 주소 정도는 알아야 소송을 어렵지 않게 시작할 수 있고, 계약서에 그걸 써 놓아야 '내가 소송을 거는 사람이 계약서의 이 사람이다'라는 걸 법원에 확인시켜줄 수 있습니다. 주민등록번호를 적는 것이 가장 확실한 방법이지만 아무래도 나도 그렇고 상대방도 그렇고 거부감이 들기 마련이지요. 이름, 생년월일, 주소 정도는 받고, 이 중 주소까지도 어렵다면 본인 명의 핸드폰 번호라도 계약서에 꼭 적어놓읍시다.

당사자를 표시할 때 상대방이 회사인 경우도 있습니다. 회사가 '법인'이라면 법인명과 본점 주소, 대표이사 이름을 기재하고 회사 인감을 찍으면 됩니다. 회사 정보는 대법원 인터넷 등기소(www.iros.go.kr)에서 누구나 법인 등기부를 발급받아 확인해 볼 수 있습니다.

▶ 외부에 촬영, 편집 등 일을 맡기는 계약을 할 때 무얼 꼭 보아야 하나?

앞에서 계약에 대해 알아보았습니다. 간략한 설명이긴 했지만, 이 내용들은 일반적인 촬영, 편집 등 계약의 경우에도 크게 다르지 않게 적용될 수 있을 것입니다. 제일 중요한 부분만 콕 집어보자면 촬영, 편집 등 외부에 일을 맡기는 계약을 할 때 계약서에서 특히 주의해서 살펴봐야 할 대표적인 부분은 ① 돈에 연관된 조건이 들어간 문장, ② 나 또는 상대방이 '해야 한다', '할 수 있다', '갖는다'는 뜻이 담긴 문장, ③ 불리한 조건을 담아 숨겨놓은 문장입니다.

첫째, '돈'에 연관된 조건이 있는 조항은 꼭 신경 써서 살펴봅시다.

조금 과장해서 말하자면 돈이 곧 계약입니다. 일을 맡기는 데 필요한 것이 돈이고, 이 돈을 어떤 조건에 주겠다는 걸 써 놓은 게 계약이라고 할 수 있죠. 촬영이나 편집 등의 대가로 얼마가 지급되는지, 언제까지 지급되어야 하는지, 어떤 조건에서 지급이 안 되는지, 어디로 지급이 되어야 하는지 적혀있는 부분은 반드시 꼼꼼히 살펴보고 분명하게 내용을 확정할 필요가 있습니다. "100만 원을 지급한다"와 "2020. 12. 3.까지 부자은행 123-

12345-123 계좌로 100만 원을 지급한다" 중에 어떤 문장이 더 명확하고 분쟁이 덜 일어날 것인지 생각해 보면 답은 간단합니다.

'돈'에 연관되는 조건 중 가장 중요한 것은 그 '돈'의 대가인 물건이나 용역입니다. 이 돈에 어떤 대가가 포함되어 있는 것인지, 즉 물건이나 용역의 내용을 명확히 해 주어야 합니다. 물건 같은 경우에는 한 번에 눈에 보이기 때문에 다툼이 생길 일이 적겠지만, 촬영, 편집과 같은 용역은 실체가 있는 물건이 아니기 때문에 구체적으로 적어두어야 다툼을 줄일 수 있습니다. 예를 들어 몇 시간 분량 영상물을 편집하는 건지, 영상 수정도 가능한지, 야외 촬영도 있는지, 자료 구입비도 포함된 건지 등에 대해 미리 합의한 대로 써 놓는 것이지요. 물론 모든 내용을 미리 계약서에 적어놓을 수는 없을 것입니다. 편집 방향이나 스타일같이 영상을 만들어 가는 과정에서 협의해 가며 일을 진행할 수 있는 영역도 있습니다. 하지만 내가 무얼 원하는지, 내가 돈을 주고 맡기고자 하는 일이 무엇인지 구체적으로 잘 적어서 먼저 계약에 반영해 두고, 그 후에 협의를 위해 느슨하게 비워둘 부분을 생각해 보는 것이 일을 맡기면서 다툼을 줄이기 위한 가장 효과적인 방법일 수 있습니다.

둘째, 나 또는 상대방이 '해야 한다', '할 수 있다', '갖는다'는 뜻이 담긴 문장은 주의해서 살펴봐야 합니다.

유튜법

쉽게 말을 풀어본 것이어서 혼동될 수 있지만, 이런 문장들이 곧 계약에서 중요한 '의무', '권리', '소유'에 관련된 것들이기 때문에 조심해서 살펴봐야 한다는 이야기입니다. 쉽게 이해하기 위해 샘플 계약서를 살펴보죠. 여기서 '갑'인 당신이 '해야 한다'는 뜻을 담고 있는 대표적인 내용은 무엇인가요? ▶ 000,000원을 지급한다(제2조), ▶ 콘텐츠 촬영 장소를 확보하고, 촬영 전에 콘텐츠에 대한 상세한 정보를 '을'에게 제공해야 한다(제4조 제1항)를 들 수 있겠군요. 이처럼 돈을 주고, 촬영 장소를 확보하고, 찍으려는 콘텐츠 정보를 제공하는 건 계약서에 쓰인 당신의 '의무'입니다. 하지 않으면 약속을 어기는 것, 즉 계약 위반이 되는 것입니다. 계약서에 이런 부분은 반드시 꼼꼼히 살펴볼 필요가 있겠죠. 반대로 '을'의 의무로 나와 있는 내용을 어기면 '을'의 계약 위반이 되기 때문에 함께 잘 살펴봐야 합니다. 일을 맡기는 데 있어 꼭 원하는 게 있다면 '을'의 의무로 계약서에 써놓는 것이 유리합니다.

다음으로 '할 수 있다'는 뜻이 담긴 내용은 무엇인가요? 샘플 계약서에서 보면 "당사자 일방이 계약을 위반하고 상대방으로부터 시정해 달라는 요구를 받았음에도 7일 이내에 시정하지 않은 경우 상대방은 본 계약을 해지 또는 해제할 수 있다(제7조)"라고 나온 부분이 있습니다. 계약서에 '할 수 있다'고 나온 부분은 곧 계약에 따라 당신이 그렇게 할 권리가 있게 된다는 뜻입니다.

제7조를 보면 '갑', '을' 모두 상대방이 계약을 잘 안 지키고 고쳐 주지도 않으면 계약을 끝낼 수 있는 권리가 있는 것이지요. 이런 부분은 내가 무언가를 할 수 있다고 나온 곳을 보는 것도 중요하지만, 상대방이 어떤 권리가 있다고 쓰여 있는지를 잘 살펴보는 게 더 중요합니다.

'갖는다'는 뜻이 담긴 내용도 잘 살펴봐야 합니다. 샘플 계약서 제5조를 보면 "용역업무의 결과물인 영상에 대한 저작재산권(2차적 저작물 작성권 포함)은 '갑'에게 양도된다."라고 정해 놓고 있습니다. 이렇게 어떤 권리나 물건 자체를 누가 가질지 정해 놓는 부분은, 맡긴 일을 마친 후까지도 영향을 미치게 되므로 신중히 확인해야 합니다. 예를 들어 샘플 계약서 제5조에서 영상에 대한 저작재산권은 '을'이 갖는다고 정해버리면 어떨까요? 당신의 채널에 올라간 영상이지만 사용하려면 촬영자 '을'의 허락을 일일이 받아야 하는 곤란한 상황이 생기게 됩니다.

셋째, 마지막으로 계약서를 주욱 읽어보며 숨겨진 칼, 즉 당신에게 '비수'가 될 말이 있는지 꼭 체크해야 합니다.

계약서는 익숙하지 않은 문서이기 때문에 집중해서 읽기 어렵고 또 귀찮기도 합니다. 하지만 계약서를 대충 살펴보기만 한다면, 나에게 피해를 줄 수 있는 계약 조항을 놓쳐버리고 사인을 해 버리게 될 위험이 있습니다. 특히, 그냥 스윽 보기에는 별 뜻

유튜법

이 없어 보이는데 자세히 읽어보면 내 권리를 막아버리는 불리한 내용이 숨겨져 있을 수 있습니다. 이런 조항을 '독소(poison pill) 조항'이라고 하지요. 샘플 계약서를 예로 들어보죠. 샘플 계약서 제4조 제2항은 "'을'은 촬영에 대해 '갑'이 요구하는 사항을 충실히 반영하여야 한다."라고 되어 있습니다. 일을 맡기는 내가 촬영자에게 원하는 내용을 요구할 수 있는 근거가 되는 조항이지요. 하지만 원래의 제2항 뒤에 이런 문장을 덧붙이면 어떨까요? "단, '을'이 동의하지 않는 경우에는 그렇지 않다". 이 문장은 계약으로 '갑'에게 생긴 권리를 도로 없애버리는 것이나 다름없죠. 당신이 특별한 촬영 기법을 요구한다고 해도, '을'은 거부하기만 하면 되기 때문입니다. 이번에는 제4조에 제3항을 새로 만들어서 이렇게 넣으면 어떨까요? "제2항 반영 시 '갑'은 추가 비용을 지급한다". 이렇게 당신의 요구를 반영할 때마다 무조건 추가 비용을 지급해야 한다면, 촬영자에게 원하는 사항을 제대로 요구하기 어렵게 되겠지요. 간단한 예로 설명했지만, 계약서에는 당신이 잘 눈치채지 못하게 불리한 내용이 심어져 있는 경우가 있습니다. 법률 전문가로부터 계약서 검토를 받아보는 게 가장 좋은 방법이겠지만, 여의치 않다면 귀찮더라도 계약서를 신경 써서 읽어보고, 무슨 의도로 쓴 것인지 이해가 안 가는 조항은 상대방에게 꼭 물어봐야 합니다. 지나치게 나에게 불리하다고 생각되는 조항은 반드시 수정해야 합니다. 계약서를 신경 써서 한 번 읽어보는 것만으로도 치명적인 피해를 막는 데 많은 도움이 된다는 점을 꼭 기억합시다.

소속사에 들어갈 때
계약서 꼼꼼하게 챙기는 법

🔔 이건 꼭 기억합시다

- 첫째도, 둘째도, 셋째도 계약. 계약서를 쓰고, 꼼꼼히 확인하고, 아니다 싶으면 거부하거나 반드시 수정을 요구해야 한다.
- 소속사와의 계약에서는 특히 수익분배에 관한 조항, '해야 한다'(의무), '할 수 있다'(권리), '갖는다'(소유)는 뜻이 담긴 조항에 대해 신경 써서 체크해야 한다.

▶ 소속사에 들어갈 때, 어떤 걸 신경 써야 하나?

최근 스포츠 트레이너이자 유명 유튜버가 크리에이터 매니지먼트 회사를 상대로 소송을 제기해 1심에서 승소한 사건이 언론에 보도되었습니다. 이 유튜버는 모든 소셜네트워크 채널을 에이전트 측에 옮기고 에이전트 측은 채널과 콘텐츠 등 관리, 운영을 하면서 수익을 나누기로 하고 계약서를 썼습니다. 그러나 유튜버는 수익분배 조항이 너무 불공정하게 작성되었다며 계약이 무효라는 주장을 했습니다. 1심 법원은 유튜버의 주장을 받아들였는데, 그 이유는 계약에서 특정 매출의 수익분배율을 에이전트 측이 정해서 지급한다고 정해 놓고 구체적인 기준을 두고 있지 않았기 때문입니다. 분배 범위가 있기는 하지만, 수익분배를 계약자 한쪽인 회사에서 일방적으로 정할 수 있도록 하는 것은 너무 불공정하다고 본 것이지요.

소속사와의 계약은 앞으로 당신의 돈, 사업상의 신분을 정하는 약속입니다. 그렇기 때문에 계약서를 작성하고, 꼼꼼히 확인해야 합니다.

위의 사례처럼 법원에서 무효로 손을 들어주는 경우라면 그나마 낫지만, 불공정한 계약이라는 걸 보여줄 문서가 아예 없다면 어떨까요? 아니면 내가 동의하지도 않았는데 계약 조건이었다며 소속사가 수익을 다 빼앗아 가버리면 어떨까요? 꼭 계약서에 남아 있어야 내 억울함을 호소할 수 있는 건 아니지만, 계약서에 없다면 내 억울함을 남들이, 특히 법원이 믿도록 하기가 상당히 어렵습니다.

소속사와 계약을 맺기 전에는 계약서를 꼼꼼히 확인하고, 아니다 싶으면 거부하거나 반드시 수정을 요구해야 합니다.

액수가 크면 그렇지 않겠지만, 촬영이나 편집 등을 맡기는 계약을 잘못 맺어 내가 입을 수 있는 피해는 그 용역 비용 정도일 것입니다. 그렇지만 소속사와의 계약은 자칫 계약을 잘못 맺으면 내 몇 년 동안의 수익을 빼앗기거나, 계약 기간 동안 아무 활동도 못 하거나, 공들여 구축한 내 채널을 넘겨야 하는 심각한 일까지 발생하게 될 수 있습니다. 그만큼 중요한 계약이기 때문에 계약을 맺을 때는 반드시 신중해야 합니다. 통상적으로 그렇게 많이 부르기 때문에 '소속사'라고 표현을 했지만 유튜버를 관리하고 서포트해 주는 상대와의 계약은 다양한 이름, 다양한 형태로 체결이 됩니다. 매니지먼트 계약, 파트너 계약, 전속 계약 등 이름은 달라도 꼭 들어가 있는 내용은 수익을 어떻게 나눌지, 회사가 뭘 도와줄지, 갖고 있는 것을(계정 소유권, 영상물 저작권 등) 어떻게 처리할지입니다. 특히나 이 부분에 지나치게 불리한 게 있다면 꼭 짚어서 "이 조항 때문에 계약 체결이 어렵다", "이 조항을 수정해 달라"라고 요구해야 합니다. 유명 MCN이라면 계약에서 내가 '을'인 경우가 대부분이겠지요. 아무리 좋은 지원을 받을 수 있다 하더라도 어떤 계약은 안 하느니만 못한 내용일 수 있습니다.

계약을 맺기 전 확인하고 수정하는 게 중요한 이유는 이미 계약을 맺어버리면 되돌리기가 상당히 어렵기 때문입니다. 예시 사례처럼 소송을 시작해서 계약 조항이 무효라는 판단을 받기란 사실 쉽지가 않습니다. 언론에 보도되는 사례들을 보고 '문제가 생기면 나중에 소송해서 바로잡으면 되겠지'라는 막연한 생각을 가지면 안 됩니다. 계약은 약속이기 때문에 지켜져야 하는 게 원 칙입니다. 일단 계약을 맺었으면 원한다고 마음대로 깰 수도 없 습니다. 상대방이 계약을 위반하거나, 계약서에 계약을 끝낼 수 있다고(해제, 해지) 약속해 놓은 일이 발생해야만 합니다. 그런 게 아니라면 애초부터 계약이 너무나 불공정해서 무효라고 법원에 주장해 판결을 받아야 하는데, 그런 판결을 받아내기가 쉽지 않 고 판결을 받기까지의 과정 자체가 정신적, 육체적으로 상당히 힘이 듭니다. 한 예로, 동방신기 일부 멤버들이 SM 엔터테인먼트 를 상대로 전속 계약이 무효라는 소송을 제기한 적이 있었지요. 이들은 2009년 임시로 계약 효력을 정지해 달라는 신청(가처분) 부터 시작해 소송을 이어갔는데, 결국 양측이 합의해서 끝이 난 이 분쟁은 신청부터 합의까지 거의 3년 반이 걸렸습니다. 게다 가 조정 합의가 이뤄져서 소송이 끝난 것도 1심(본안) 진행 중이 었죠. 규모가 큰 이 소송과는 차이가 있을 수 있지만, 당신의 계 약이 무효라는 법원 판단을 받기 위해 몇 년 동안 소송에 매달려 야 합니다. 1심에서 이겨도 상대방이 상소하면 대법원까지 가야 하고, 또 변호사 선임료 등 비용도 상당히 들게 되지요. 즉, 소송

유튜법

으로 다퉈야 할 것은 분명히 다퉈야 하는 게 맞지만 계약을 맺을 때부터 꼼꼼히 확인하고, 부당한 내용이 있으면 바로 요구해서 수정하는 것이 당신의 권리를 지키고 수고를 더는 데 훨씬 효과적인 방법이라는 것입니다.

▶ 소속사와 맺는 계약에서 무얼 꼭 보아야 하나?

기본적으로는 앞에서 촬영, 편집 등 일을 맡길 때 살펴봤던 내용과 똑같습니다. ① 돈에 연관된 조건이 들어간 문장, ② 나 또는 상대방이 '해야 한다', '할 수 있다', '갖는다'는 뜻이 담긴 문장, ③ 불리한 조건을 담아 숨겨놓은 문장을 꼭 살펴봐야 합니다. 아래 3단계 체크를 따라가보며 확인합시다.

① 돈에 연관된 조건이 들어간 문장 관련 체크

소속사와의 계약에서 돈에 연관된 가장 중요한 조건은 바로 수익분배입니다. '수익분배', '수익정산' 등 어떠한 이름으로든 번 돈을 나누는 조항이 있다면, 최소한 아래 내용을 체크해 봅시다.

Check 1

무슨 수익을 나누는 건지?

☑ 소속사와 나눌 대상이 되는 수익이 어떤 것인지 확인한다.

☑ 구글 애드센스 광고 조회 수익, 외부 활동 수익, 소속사 내 다른 채널에 출연해서 발생한 수익, 부가적인 사업을 해서 얻는 수익 등 구체적으로 어떤 대상을 나누는지 명확히 나와 있어야 좋다. '모든 수익', '수익 전부'와 같이 나눌 대상이 불분명하게 되어 있으면 나중에 다툼이 생길 수 있다.

☑ 미리 전부 정하기 어렵다면, 꼭 나눠야 하는 수익을 먼저 계약서에 정해 놓고, 다른 수익에 대해서는 추가 합의로 정한다는 내용을 써놓는 것이 좋다.

Check 2

나누는 비율, 나눌 때 빼는 돈이 분명히 정해져 있는지?

☑ 1번에서 나누기로 정한 수익을 몇 대 몇으로 나눌지 미리 계약서에 정해 놓아야 한다. 소속사가 알아서(임의로) 나눈다거나, 협의

해서 정한다거나, 몇 퍼센트 내라고 범위를 정하는 식으로 계약을 맺는 것은 위험하다. 몇 퍼센트, 몇 대 몇과 같이 정해진 숫자로 명확히 표기되어 있어야 좋다.

✅ 수익을 나눌 때 '빼는 돈'이 무엇인지 미리 정해 놓아야 한다. 계약을 맺을 때는 '그래서 내 손에 실제로 들어오는 돈은 얼마가 되나?'를 생각하며 맺어야 좋다. 예를 들어 세금을 제하고 수익을 나눈다는 것이라면 크게 문제 될 게 없겠지만 그 외 운영비, 매니지먼트 비용 등 어떤 이름으로든 빼고 수익을 나눈다고 하면 그걸 왜 빼는지, 빼는 내용이 분명한지(예를 들어 '제반 비용'이라는 불명확한 이름으로 수익에서 공제한다고 계약에 써놓으면 무슨 돈을 뺀다는 건지 알 수 없음), 당연히 소속사가 부담할 비용을 내 수익에서 빼는 등 부당한 건 아닌지, 그 빼는 돈이 수익보다 많을 때는 어떻게 되는지까지 잘 확인해 두어야 한다.

Check 3
수익 정산에 대해 내가 확인해 볼 수 있는지?

✅ 소속사와 함께 하더라도 구글 애드센스 수익이 내 계좌로 직접 지급되는 형태라면 큰 문제가 없겠지만, 소속사에 먼저 지급되고 소

속사가 나에게 배분하는 형태라면 적어도 내 채널과 관련해서 원래 받은 수익이 어떻게 되는지 확인할 수 있다는 내용을 계약에 넣어두는 것이 좋다.

☑ 구글에서 산정하는 수익 외에 다른 수익들에 대해서도 수익 정산 내역을 내가 확인해 볼 수 있다는 내용을 계약에 넣어두는 것이 좋다. 예를 들어 소속사가 B 치킨 회사와 맺은 홍보 계약에 따라서 내가 홍보 콘텐츠를 방송했을 때, 내가 분배받는 수익이 어떻게 산정이 됐는지 확인하려면 홍보 계약이 얼마짜리인지 확인할 수 있어야 한다. 정산 근거를 제대로 확인할 수 있어야 소속사도 정직하게 수익을 나누고, 나도 놓치는 수익이 없는지 관리할 수 있다.

Check 4
나눈 수익을 언제, 어떻게 주는 건지?

☑ 지나쳐버리기 쉬우나 나눈 수익을 언제, 어떻게 주는지는 수익을 몇 대 몇으로 나누는지만큼 중요하다.

☑ 수익을 나누는 때가 정확하게 정해져 있어야 좋다. 1달 치 수익을 모아서 익월(다음 달) 15일에 주는 등 앞으로 몇월 며칠에 받게 되

는지 예상할 수 있어야 하고, 너무 늦지 않게 배분되는 것이 좋다. 정해진 날짜에 내가 지정한 은행 계좌로 수익을 송금한다는 등 어떻게 지급받는지도 정해져 있어야 한다. 입금이 늦을 때는 지연이자가 붙도록 정하는 것도 좋은 방법이다. 지연이자율은 보통 상거래에서의 법정이율이 연 6%, 소송을 걸게 되면 붙게 되는 이율이 연 12%, 하도급 대금의 지연이율이 연 15.5% 수준인 점을 참고해 소속사와 합의해서 정하도록 한다.

✅ 수익을 주는 데 어떤 '조건'이 붙어있는 건 아닌지 꼭 확인해 봐야 한다. 수익은 일단 발생하면 아무 조건 없이 나누어 지급한다고 되어 있어야 유리하다. 소속사가 투자한 금액이 회수되는 후부터 수익을 나눈다거나, 성실한 채널 운영이 인정되면 나눈다거나, 일정 조회 수가 넘어야 배분한다는 등 불명확한 조건이나 달성하기 어려운 조건을 걸어놓았다면 꼭 수정한 뒤 계약을 해야 한다.

② 나 또는 상대방이 '해야 한다', '할 수 있다', '갖는다'는 뜻이 담긴 문장 체크

나 또는 소속사가 '해야 한다', '할 수 있다', '갖는다'는 뜻이 담긴 문장, 즉 의무, 권리, 소유에 관련된 조항은 신경 써서 살펴봐야 합니다. 계약에 앞서 최소한 아래 내용을 잘 체크해 봅시다.

Check 1

내가 하기 어려운 일을 "해야 한다"라고 정해 놓거나,
내가 해야 하는 일을 "하지 않는다"라고 정해 놓은 건 아닌지?

☑ 계약서에 내가 할 수 없는 일을 "해야 한다"라고 적었거나, 내가 해야만 하는 일인데 "하지 않는다"라고 적혀있다는 건, 곧 내가 계약 위반을 하게 될 거라는 말이나 다름없다.

☑ 계약서를 훑어보면서 "의무"라고 되어 있거나, "해야 한다", "한다", "하지 않는다", "하지 말아야 한다"라는 식으로 되어 있는 내용을 주의해서 살펴봐야 한다. 예를 들어 내가 감당하기 어려운 개수나 분량의 콘텐츠를 짧은 기간에 업로드한다고 정해 놓았다든지, 대학교 학업을 꼭 병행해야 하는데 하면 안 된다고 쓰여 있다든지, 가급적이면 뒷광고를 줄이고 싶은데 소속사가 원하면 매번 해야 한다고 정해 놓았다든지, 정치적인 모임이나 집회에 참석하고 싶은데 안 된다고 정해 놓았다든지, 계약서에 의무로 정해진 내용을 꼼꼼히 살펴보고, 가능한 것인지 아닌지를 미리 생각해 봐야 한다. 감수할 수 있으면 계약을 체결한 후에 위반하지 않도록 조심해야 할 것이고, 도저히 안 되는 내용이라면 빼거나 조정해 달라고 해서 수정한 후에 계약을 체결해야 한다.

Check 2

소속사가 꼭 해야 할 일들에 대해 "해야 한다"라고
계약서에 잘 쓰여 있는지?

☑ 내가 수익을 나눠가면서까지 소속사와 계약을 체결하는 이유는, 소속사가 나를 대신해서 해 주거나 나에게 지원해 주기로 한 일이 있기 때문이다. 이런 내용에 대해 계약서에 명확하게 잘 적혀있는지 꼭 확인해 두어야 한다.

☑ 가급적이면 단순히 "제반 지원"과 같이 뭉뚱그려 쓰지 말고, 예를 들어 촬영 장비 · 장소 · 인력 지원, 콘텐츠 홍보 지원, 콘텐츠 활용 사업 개발과 같이 소속사가 해야 할 일을 구체적으로 적어놓는 것이 좋다. 보통은 콘텐츠 제작과 유통, 홍보, 마케팅 관련 비용 부담을 포함한 지원은 소속사에서 하게 되므로 이러한 내용이 의무사항으로 잘 쓰여 있는지, 이 부담을 내가 지는 식으로 쓰여있는 건 아닌지 확인해야 한다.

Check 3
소속사가 "할 수 있다"라고 한 내용에 내 권리를 지나치게 침해하는 것들이 있는 건 아닌지?

☑ 소속사가 내 동의 없이 마음대로 할 수 있다고 계약서에 정해 놓으면, 나중에 마음에 들지 않더라도 되돌리기 어렵다. 이런 사항들을 포괄적으로 써놓을수록 나중에 다투게 될 가능성이 높아진다. 예를 들어 "모든 계약 체결", "모든 업무 권한 대행", "모든 사업 활동"을 소속사가 마음대로 할 수 있다고 정해 놓으면, 정말 내 의사와는 아무 관계 없이 소속사가 무슨 일이든 할 수 있는 권리를 주게 되어 위험하다. 극단적인 예를 들면 내 채널을 아예 다른 사람에게 넘겨버리거나, 불법 성인 사이트와 홍보 계약을 체결하거나, 콘텐츠 저작재산권을 헐값에 팔아버리거나 할 수도 있다.

☑ 소속사가 "할 수 있다"라고 되어 있는 내용은 예상이 가능할 정도로 구체적으로 써주거나, 나의 사전 동의를 얻고 진행하도록 계약서에 반영해 두는 것이 좋다. "모두 다 소속사 맘대로 할 수 있다"라는 식으로 계약서를 쓰는 것은, 내 권리를 포기하는 것이나 마찬가지라는 점을 잊지 말아야 한다.

Check 4

내가 꼭 가져가야 할 것을
소속사가 가져가게 되어 있는 건 아닌지?

☑ 계약으로 나누게 되는 것은 '돈' 뿐만이 아니다. 일과 관련해서 나오게 되는 결과물, 권리들을 누가 가질 것인지를 정하는 부분도 신경 써서 살펴봐야 한다.

☑ 가장 많이 문제 될 수 있는 것이 ▶ 채널 소유권, ▶ 콘텐츠 저작권, ▶ 초상권이다.

▶ 채널 소유권을 넘긴다는 것은, 쉽게 말해 앞으로 이 채널은 내 것이 아니라 소속사 것이고, 계약이 끝나도 내가 못 쓴다는 뜻이다. 소유권을 정말 넘길 것인지, 넘긴다면 계약서에 그 대가를 반영(일정 금액을 받거나, 수익 비율을 높이거나)해야 하는 건 아닌지 신중히 생각해야 한다. 완전히 넘기기 어렵다면, 계약 기간 동안만 채널 관리, 운영할 권리를 소속사에 주는 것으로 정하는 것도 방법이다.

▶ 콘텐츠 저작권(저작인격권은 다른 자에게 넘길 수 있는 것이 아니기 때문에, 엄밀히 말한다면 저작재산권)을 넘기는 것은, 계약 기간 동안 만든 콘텐츠를 계약이 끝나도 내 마음대로 판매를 하거나 사용할 수 없고, 권리자인 소속사 마음대로 할 수 있다는 뜻이다. 이것 역시 저작권을 정말 넘길 것인지, 넘긴다면 계약서에 그 대가를 반영해야 하는 건 아닌지 신중히 생각해야 한다. 저작권은

내가 갖되 소속사가 계약 기간 동안 이용하는 걸 허락하는 식으로 정하는 방식이 유리하다. 채널과 관련된 상표권이 있다면, 상표권도 마찬가지다.

▶ 초상권은 인격권이기 때문에 애초부터 누군가에게 넘길 수 있는 권리가 아니다. 보통 내 초상에 대해 소속사가 상업적인 목적을 포함해서 자유롭게 이용하도록 허락한다는 의미로서 계약서에 초상권을 넘긴다거나 귀속시킨다고 쓰는 경우가 많다. 원래 의미대로 초상권은 나에게 있되, 소속사가 계약 기간 동안 이용하는 걸 허락하는 식으로 정리하는 게 좋다.

③ 불리한 조건을 담아 숨겨놓은 문장 체크

불리한 조건을 담아 숨겨놓은 문장은 법률 전문가로부터 계약서 검토를 받아 보는 게 가장 좋은 방법이겠지만, 여의치 않다면 귀찮더라도 계약서를 신경 써서 읽어보고, 무슨 의도로 쓴 것인지 이해가 안 가는 조항은 상대방에게 꼭 물어봐야 합니다. 이와 관련해서, 간략한 팁을 아래 조금 더 적어봅니다.

Tip 1
계약서를 읽어보면서 계약 후에
실제 일어나는 상황을 머릿속에 상상해 보자.

☑ 예를 들어 수익분배라면, '방송을 해서 수익이 났다. 그다음은? 먼저 소속사에서 정산 내역을 보내 주고, 내가 오케이하면 그중에 무슨 비용을 공제하고, 세금을 떼고, 몇월 며칠에 들어온다' 이런 식으로 생각해 보자.

☑ 실제 내 상황에 대입해서 상상해 보면 불리한 조건을 찾기가 조금 더 쉽다. 앞에서 든 수익분배의 예로 보면, '........세금을 떼고, 몇월 며칠에 들어와야 한다. 어, 근데 이걸 소속사 마음대로 연기할 수 있다고 되어 있네?'라는 식으로 불합리한 계약 조건을 발견할 수도 있고, '........내가 오케이하면 그중에 무슨 비용을 공제한다'고 생각을 하다가, '그런데 공제되는 이 비용은 도대체 무슨 내역인 거지? 이걸 실제 쓴 게 맞는지 내가 확인할 수가 있나?'라는 의문이 생겨 소속사에 물어보는 과정에서 또 불합리한 조건을 발견할 수 있다.

Tip 2

불리한 조건은 '정의' 조항에 숨어있을 때도 있다.

☑ 계약서 중에는 주로 두 번째, 세 번째 조항에서 '정의', '용어의 정의' 등의 제목을 두고, 계약서에서 쓰이는 단어들의 뜻을 풀어서 써놓은 부분이 있다. 이 부분에 불리한 조건이 숨어있는 경우가 더러 있기 때문에 놓치지 말고 확인하면 좋다.

☑ 예를 들어 계약서 수익분배에서 "소속사는 유튜버에게 매월 말일에 수익을 정산해서 지급한다"라고 되어 있는 걸 보고 문제없겠다 싶어 계약을 체결했는데, 알고 보니 앞의 '정의' 조항에서 "'수익'이란, 구글이 지급하는 광고 수익에서 소속사가 임의로 정한 투자비용을 뺀 나머지를 말한다"라고 써놓았으면 문제가 될 수 있다.

Tip 3

다른 사람이 한 번 읽어보게 하는 것도 도움이 된다.

☑ 법률 전문가가 아니어도 괜찮다. 다른 사람에게 계약서를 읽도록 하고, 이상하거나 이해가 가지 않는 부분이 있으면 알려달라고 부

탁해 보는 게 도움이 된다. 내가 발견하지 못한 숨겨진 독소조항
을 발견할 수 있고, 내가 이해하고 있는 게 다른 사람이 보기에도
마찬가지인지 확인해 볼 수 있다.

▶ 이미 계약을 맺었다면?
어떻게 해야 계약에서 벗어날 수 있을까?

앞서 살펴보았던 명예훼손이나 저작권 문제와 마찬가지로 소
속사와의 계약으로 분쟁이 생겼을 때는 특히 법률 전문가와 함
께 하는 것이 좋습니다. 소속사와의 분쟁은 규모도 크고, 소송으
로 다투는 데 난이도가 있을 뿐 아니라, 무엇보다 소속사에서 법
률 전문가와 함께 맞설 가능성이 높기 때문입니다. 소속사와의
계약은 소속사마다 유튜버마다 다르고 각자 처한 배경도 다르기
때문에 어떻게 소송을 진행하고 무엇을 주장해야 하는지 하나로
설명하기는 어렵습니다. 이 장에서는 대표적인 다툼 이유인, 불
공정한 계약을 맺었을 때 어떻게 대처해야 하는지에 대해 개략
적인 정보를 전달하는 차원에서 설명을 이어가도록 하겠습니다.

불공정한 계약을 되돌리기 위해서는 법원으로부터 이 계약이 무효라는 확인 판결을 받아내야 합니다.

소속사를 상대로 해서 계약무효(계약 효력 부존재) 확인소송을 걸어 법원이 "이 계약은 무효다"라고 결론을 내려줘야 하는 것이지요. 우리 민법은 "선량한 풍속 기타 사회질서에 위반한 사항을 내용으로 하는 법률행위는 무효"(제103조)라고 하고 있고, "당사자의 궁박, 경솔, 무경험으로 인하여 현저하게 공정을 잃은 법률행위는 무효"(제104조)라고도 하고 있습니다. 이렇게 법 조항만 놓고 보면 '이 계약이 불공평한 게 분명하니까 법원도 무효라고 해 주겠다'고 쉽게 생각할 수 있지만, 꼭 그렇지만은 않습니다. 소속사와 수익분배를 7 대 3으로 해서 불공평합니다. 그렇지만 그게 약속을 무효로 만들어버릴 정도라고 볼 수 있을까요? 5 대 5가 아니면 무효라고 하면 그게 옳은 것일까요? 계약은 나도 그 조건에 동의했기 때문에 맺어지는 것입니다. 내 입장에서도 소속사의 유명세든, 편리한 지원이든 낮은 수익을 감수하면서 계약을 맺은 이유가 있을 것입니다. 한쪽이 불리하다고 해서 계약을 쉽게 없는 것으로 만들어 버릴 수 있다면, 아무도 계약서를 믿지 못하게 되겠죠. 그래서 법원은 정말 너무나 불공평해서 건전한 우리 사회에 해가 될 정도까지 되어야 무효라는 판결을 내립니다. 어느 정도가 되어야 무효가 될 수 있는지 꼭 정해 놓은 기준이 없기 때문에 참고할 수 있는 사례를 봐두는 것이 도움이 될 것입니다. 참고할 만한 사례는 뒷장의 '실제 사례로 감을 잡아봅시다'에서 소개하도록 하겠습니다.

소속사와의 계약이 '약관'이라면 무효를 주장하기가 조금은 더 수월합니다.

휴대폰 대리점에서 핸드폰을 개통하거나 보험사와 보험계약을 할 때 약정서(계약서)에 사인을 하죠. 대리점이나 보험 설계사가 약정 조건 등 구체적인 내용이 미리 프린트된 약정서를 주고, 여러분은 내용을 크게 변경하지 않고 거기에 그대로 사인을 하면서 약정을 마치게 됩니다. 이렇게 계약을 맺는 한쪽에서 여러 사람과 계약을 맺기 위해 미리 일정한 형식으로 준비해 둔 계약을 '약관'이라고 합니다. 쉽게 말해 사업을 하는 기업체에서 고객 등 상대방과 계약을 맺는 일이 많기 때문에 편의를 위해 미리 내용을 다 작성해 놓고, 상대방이 사인만 하면 되도록 만들어 놓은 것이지요. 소속사도 많은 크리에이터들과 계약을 체결하기 때문에, 이렇게 미리 만들어 놓은 계약서를 제시하고 사인을 하는 방식으로 계약을 맺을 때가 많습니다. 꼭 보험 약정서처럼 알록달록한 색과 두꺼운 종이로 프린트되어 있어야 약관이 되는 건 아닙니다. 일정한 틀로 사람만 바꿔서 체결하도록 미리 만들어 놓았다면 약관이 되는 것입니다.

이렇게 '약관'이라면, '약관의 규제에 관한 법률'을 적용할 수 있게 되는데, 이 법에는 어떤 약관 조항이 불공정한지 비교적 구체적으로 나와 있습니다. 소속사와의 계약 조항이 '선량한 풍속 기타 사회질서에 위반한 사항'이기 때문에 무효라고 주장하기에는 좀 막연할 수 있지만, 위 법률에 나온 이유들을 꼭 집어서 주장하면 법원을 쉽게 이해시키는 데 도움이 될 수 있습니다. 이 법률에서 무효로 본 주요 내용들을 꼽아 간략히 정리해 보면 아래와 같습니다. 이해하기 쉽게 간단히 푼 것이니, 자세한 법 조항은 '봐야 할 법을 모아봤습니다'에서 꼭 확인하고, 실제 이 조항에 해당하는지에 대해서는 구체적인 사건에 따라 법률 전문가의 도움을 받아 판단해야 합니다.

어떤 계약 조항이 무효일까?	
책임 회피	· 소속사와 그 직원의 고의나 중대한 과실 때문에 일어난 법적 책임을 무조건 피하겠다는 조항 · 타당한 이유 없이 소속사의 손해배상 책임을 줄이거나 자기가 부담할 위험을 내게 떠넘기는 조항
계약 종료 시 불이익	· 타당한 이유 없이 법에 따라 내가 계약을 끝낼 수 있는 권리가 있는데 못 하게 하거나, 법에도 없는 계약을 끝낼 수 있는 권리를 소속사가 갖게 해서 내게 부당한 불이익을 주는 조항 · 계약을 끝낸 후에 서로가 원상회복을 해야 하는데, 타당한 이유 없이 내게 과한 부담을 지우거나 소속사가 원상회복을 안 해도 되게 만든 조항
일방적인 일 처리	· 타당한 이유 없이 내가 해야 할 일을 소속사가 일방적으로 결정하고 변경할 수 있도록 권한을 주는 조항 · 타당한 이유 없이 소속사가 해야 할 일을 일방적으로 그만두거나 다른 이에게 맡길 수 있게 하는 조항

권익 제한	· 법에 따른 내 권리를 타당한 이유 없이 막는 조항 · 다른 이와 계약을 맺는 것을 부당하게 막는 조항 · 소속사가 업무상 알게 된 내 비밀을 타당한 이유 없이 누설해도 되게끔 하는 조항
소송 금지	· 소속사에 불리한 소송을 내가 못 걸도록 막거나, 내게 불리한 곳에서만 재판을 해야 한다고 부당하게 정한 조항 · 타당한 이유 없이, 소송에서 내가 어떤 걸 증명할 책임을 져야 한다고 정해 놓은 조항

계약의 무효를 확인하는 소송은 시간이 오래 걸리기 때문에 그에 앞서서 계약의 효력을 일단 정지시켜두는 절차인 가처분 신청을 진행하는 게 좋습니다.

계약무효 확인소송 1심에서 이겨도 소속사가 계속 다투면 2심, 3심까지 갈 수 있습니다. 소송은 3심까지 가서 이기거나, 1심 또는 2심에서 이긴 후에 상대방이 상소로 다투지 않아 판결이 확정되어야 비로소 계약이 무효라는 게 확인됩니다. 그전까지는 몇 년이 걸리든 일단 계약에 묶여있는 상태일 수밖에 없습니다. 전속 계약이라면 그사이에 다른 소속사와 계약을 맺지 못할 것이고, 수익배분이 불공정하더라도 일단은 그대로 따라야 하는 것이지요. 가처분 신청은 쉽게 말해서 "내가 계약무효 소송을 하긴 할 건데(또는 하고 있는데), 판결 기다리는 동안까지 계약에 묶여 있으면 피해가 너무 크니까, 일단 임시로 판결 나기 전까지만 계약이 무효라고 결정해 주세요"라고 법원에 요청하는 것입니다.

앞서 언급한 동방신기 일부 멤버의 경우에도 완전히 소송을 이긴 것으로 기억하는 분들도 있는데, 무효를 확인하는 소송에서 이긴 것은 아니고, 그에 앞서 계약 효력을 정지시키는 가처분 신청을 해서 받아들여진 것입니다. 하지만 임시로 무효를 확인하는 절차라고는 해도, 법원이 어느 정도 계약무효가 맞겠다고 판단해야 받아들이는 결정을 내리기 때문에, 위 사례에서 굉장히 화제가 되었던 것이죠.

↗ 실제 사례로 감을 잡아봅시다

- 유튜버 B는 방송 플랫폼 업체 A와 전속 출연 계약을 체결했다. 이 계약에는 B가 한 달에 16회 이상 방송을 하고 이를 어기면 회당 20만 원을 배상하도록 하는 조항, B가 계약을 어겨 계약이 해지가 되면 계약금(1,000만 원)의 3배를 물어내도록 하는 조항이 있었다.

  법원은 방송 횟수를 못 채우면 배상한다고 정한 조항은 무효가 아니라고 봤지만, 계약금 3배를 무는 조항은 무효라고 봤다. 이 계약은 일단 '약관'에 해당하는데, B의 계약 위반 정도나 해지를 언제 하는지를 전혀 고려하지 않고 계약금 3배라는 큰돈을 배상액으로 정하고 있는 점 등을 들어 약관법 제8조(고

객에게 부당하게 과중한 지연 손해금 등의 손해배상 의무를 부담시키는 약관

조항은 무효)에 따라 무효라고 본 것.

- 귀농을 소재로 인기를 끈 인터넷 방송 진행자 A는 MCN과 전속 계약을 맺었는데, 회사가 요청한 행사에 무상으로 참여하고 콘텐츠 저작권 및 채널도 넘겨야 한다는 등 불리한 조항들이 있었다. 편집자 등 스태프 지원 조건이 있기는 했지만, A가 자신이 작업하던 편집자를 쓰기로 하자 이러한 지원도 제대로 이루어지지 않았다.

  법원은 A가 제기한 가처분 사건에서 이러한 계약 조항이 A에게 과도한 의무를 지우고 현저하게 균형을 잃은 것이어서 무효라고 봤다.

- 유명 아이돌그룹 C는 엔터테인먼트 소속사와 전속 계약을 체결했다. 계약서에는 계약 기간이 데뷔 음반 출시일로부터 10년(이후 13년으로 연장), C가 전속 계약을 해지하려면 총 투자액의 3배 및 잔여 계약 기간 예상 이익의 2배를 물도록 하는 조항이 있었다.

  법원은 C가 제기한 가처분 사건에서 이런 조항은 선량한 풍속기타 사회질서에 위반한 사항을 내용으로 하고 있어 무효라고 볼 여지가 크다고 판단했다.

- 아이돌 연습생 M은 엔터테인먼트 소속사와 전속 계약을 체결하면서 흡연, 음주, 이성 교제 금지 등 사생활과 관련된 금지 조항에 합의했다.

  법원은 이 조항에 대해 인격권 등 헌법상 권리를 침해할 위험이 있기는 하지만, ▶ 그룹 내 다른 멤버들이 미성년자임을 고려해 흡연과 음주를 금지하고 있어 미성년 멤버들이 성년이 될 때까지 연습이나 합숙 과정에서 이를 제한적으로 금지한 것이고, ▶ 이성 교제 역시 만 23세 이후에는 소속사와 협의해서 할 수 있도록 열어놓고 있으며, ▶ 미성년자가 포함된 그룹임을 고려해서 이미지 제고를 위해 사생활을 어느 정도 관리하는 것이 전속 계약 특성상 불가피한 점을 비춰봤을 때, 선량한 풍속 기타 사회질서에 반해 무효라고까지 보기는 어렵다고 판단했다.

- 가수 X는 연예 매니지먼트사와 전속 계약을 체결했다. 계약을 체결하면서 X는 이 계약서가 공정거래위원회에서 배포하는 '대중문화예술인 표준전속계약서'와 내용이 같다는 소속사 말을 믿었는데, 알고 보니 몇 개 조항이 수정된 게 있었다.

  X는 이를 두고 계약이 무효라고 주장했지만, 법원은 공정거래위원회의 표준 계약서 중 일부 조항을 소속사가 수정해서 체결했다고 해서 계약을 무효로 볼 수는 없다고 판단했다. 단,

법원은 소속사가 정산 자료를 제대로 제공하지 않았다는 이유를 들어 전속 계약이 해지되었다는 점을 인정했다.

★ 봐야 할 법을 모아봤습니다

민법

제103조(반사회질서의 법률행위) 선량한 풍속 기타 사회질서에 위반한 사항을 내용으로 하는 법률행위는 무효로 한다.

제104조(불공정한 법률행위) 당사자의 궁박, 경솔 또는 무경험으로 인하여 현저하게 공정을 잃은 법률행위는 무효로 한다.

약관의 규제에 관한 법률

제6조(일반원칙) ① 신의성실의 원칙을 위반하여 공정성을 잃은 약관 조항은 무효이다.

② 약관의 내용 중 다음 각 호의 어느 하나에 해당하는 내용을 정하고 있는 조항은 공정성을 잃은 것으로 추정된다.

1. 고객에게 부당하게 불리한 조항

2. 고객이 계약의 거래형태 등 관련된 모든 사정에 비추어 예상하기 어려운 조항

3. 계약의 목적을 달성할 수 없을 정도로 계약에 따르는 본질적

권리를 제한하는 조항

제7조(면책조항의 금지) 계약 당사자의 책임에 관하여 정하고 있는 약관의 내용 중 다음 각 호의 어느 하나에 해당하는 내용을 정하고 있는 조항은 무효로 한다.

1. 사업자, 이행 보조자 또는 피고용자의 고의 또는 중대한 과실로 인한 법률상의 책임을 배제하는 조항

2. 상당한 이유 없이 사업자의 손해배상 범위를 제한하거나 사업자가 부담하여야 할 위험을 고객에게 떠넘기는 조항

제8조(손해배상액의 예정) 고객에게 부당하게 과중한 지연 손해금 등의 손해배상 의무를 부담시키는 약관 조항은 무효로 한다.

제9조(계약의 해제 · 해지) 계약의 해제 · 해지에 관하여 정하고 있는 약관의 내용 중 다음 각 호의 어느 하나에 해당되는 내용을 정하고 있는 조항은 무효로 한다.

1. 법률에 따른 고객의 해제권 또는 해지권을 배제하거나 그 행사를 제한하는 조항

2. 사업자에게 법률에서 규정하고 있지 아니하는 해제권 또는 해지권을 부여하여 고객에게 부당하게 불이익을 줄 우려가 있는 조항

3. 법률에 따른 사업자의 해제권 또는 해지권의 행사 요건을 완화하여 고객에게 부당하게 불이익을 줄 우려가 있는 조항

4. 계약의 해제 또는 해지로 인한 원상회복의무를 상당한 이유

없이 고객에게 과중하게 부담시키거나 고객의 원상회복 청구권을 부당하게 포기하도록 하는 조항

5. 계약의 해제 또는 해지로 인한 사업자의 원상회복의무나 손해배상의무를 부당하게 경감하는 조항

6. 계속적인 채권관계의 발생을 목적으로 하는 계약에서 그 존속기간을 부당하게 단기 또는 장기로 하거나 묵시적인 기간의 연장 또는 갱신이 가능하도록 정하여 고객에게 부당하게 불이익을 줄 우려가 있는 조항

제10조(채무의 이행) 채무의 이행에 관하여 정하고 있는 약관의 내용 중 다음 각 호의 어느 하나에 해당하는 내용을 정하고 있는 조항은 무효로 한다.

1. 상당한 이유 없이 급부(給付)의 내용을 사업자가 일방적으로 결정하거나 변경할 수 있도록 권한을 부여하는 조항

2. 상당한 이유 없이 사업자가 이행하여야 할 급부를 일방적으로 중지할 수 있게 하거나 제3자에게 대행할 수 있게 하는 조항

제11조(고객의 권익 보호) 고객의 권익에 관하여 정하고 있는 약관의 내용 중 다음 각 호의 어느 하나에 해당하는 내용을 정하고 있는 조항은 무효로 한다.

1. 법률에 따른 고객의 항변권(抗辯權), 상계권(相計權) 등의 권리를 상당한 이유 없이 배제하거나 제한하는 조항

2. 고객에게 주어진 기한의 이익을 상당한 이유 없이 박탈하는

조항

3. 고객이 제3자와 계약을 체결하는 것을 부당하게 제한하는 조항

4. 사업자가 업무상 알게 된 고객의 비밀을 정당한 이유 없이 누설하는 것을 허용하는 조항

제12조(의사표시의 의제) 의사표시에 관하여 정하고 있는 약관의 내용 중 다음 각 호의 어느 하나에 해당하는 내용을 정하고 있는 조항은 무효로 한다.

1. 일정한 작위(作爲) 또는 부작위(不作爲)가 있을 경우 고객의 의사표시가 표명되거나 표명되지 아니한 것으로 보는 조항. 다만, 고객에게 상당한 기한 내에 의사표시를 하지 아니하면 의사표시가 표명되거나 표명되지 아니한 것으로 본다는 뜻을 명확하게 따로 고지한 경우이거나 부득이한 사유로 그러한 고지를 할 수 없는 경우에는 그러하지 아니하다.

2. 고객의 의사표시의 형식이나 요건에 대하여 부당하게 엄격한 제한을 두는 조항

3. 고객의 이익에 중대한 영향을 미치는 사업자의 의사표시가 상당한 이유 없이 고객에게 도달된 것으로 보는 조항

4. 고객의 이익에 중대한 영향을 미치는 사업자의 의사표시 기한을 부당하게 길게 정하거나 불확정하게 정하는 조항

제14조(소송 제기의 금지 등) 소송 제기 등과 관련된 약관의 내용 중 다음 각 호의 어느 하나에 해당하는 조항은 무효로 한다.

1. 고객에게 부당하게 불리한 소송 제기 금지 조항 또는 재판관
할의 합의 조항

2. 상당한 이유 없이 고객에게 입증책임을 부담시키는 약관 조항

※ 약관의 규제에 관한 법률에서 '사업자'는 소속사로, '고객'은 유튜버로 바꾸어 이해.

상표 등록으로
소중한 나의 채널 지키기

🔔 **이건 꼭 기억합시다**

• 채널 이름, 채널 로고를 상표로 등록하면 가장 효과적으로 법적인 보호를 받을 수 있다.

• 상표 등록 절차는 크게 ① 사전조사, ② 출원, ③ 심사, ④ 등록순으로 진행된다. 내가 상표를 쓰려는 상품이나 서비스(또는 그 비슷한 상품이나 서비스)에 내 상표와 같거나 비슷한 상표를 누가 먼저 쓰고 있으면 상표 등록이 안 되기 때문에, 출원 전 꼼꼼한 사전조사는 필수다.

▶️ **상표는 무엇일까? 어떤 유형이 있나?**

　최근 인기 유튜브 채널 '보겸TV'가 상표권을 뺏길 뻔했던 일이 언론에 보도된 적이 있습니다. '보겸TV'와 전혀 관련 없는 사람이 특허청에 '보겸TV' 상표를 등록하겠다고 먼저 신청을 해

버렸던 것이지요. 특허청은 등록 심사를 앞두고, 자체 유튜브 채널을 통해 제3자가 부정한 목적으로 상표를 출원한 이런 경우는 상표권 등록이 안 된다는 입장을 밝혔습니다. 다행히 '보겸TV' 상표는 문제가 없을 것 같지만, 여러분이 힘들게 만들어 인지도를 쌓은 채널 이름, 로고를 누군가 먼저 등록해서 선점해 버리는 일은 얼마든지 발생할 수 있습니다.

상표는 내 상품이나 서비스를 남들 것과 구별하기 위해 쓰는 표시이고, 상표권은 이 표시를 내가 독점적으로 쓸 수 있도록 해주는 사용 권리입니다. 상표 등록은 나의 채널 이름, 채널 로고를 법적으로 보호받기 위한 가장 효과적인 방법입니다.

상표권을 한번 등록하면 10년간 권리가 보장되고 이후 10년씩 계속 연장할 수 있습니다. 사실 '보겸TV'의 예를 든 것처럼 우리 상표법은 부정한 목적으로 내 채널 이름, 로고 등을 먼저 상표로 등록하는 경우를 막기 위한 장치를 마련해 놓고 있습니다. 하지만 내 채널이 아직 인지도가 높지 않은 상태에서라면 어떨까요? 상표를 등록하는 특허청 입장에서는 내 채널을 잘 모르기 때문에 먼저 들어온 상표 출원이 부정한 목적을 갖고 한 것인지 잘 알기 어렵습니다. 일단 다른 이의 상표가 등록되어버리면, 이를 취소하기가 쉽지 않습니다. 또한, 먼저 선점하려는 부정한 목적이 없는 경우이더라도, 누군가 비슷한 채널 이름을 먼저 상표로 등록하면 내가 상표 등록을 못 하게 되는 일이 벌어질 수 있습니다. 하지만 누군가 등록하기 전에 특허청에 먼저 상표를 등록하면 당신은 그 상표의 권리자로서 확실한 법의 보호를 받을 수 있습니다. 확실한 법의 보호 아래 당신의 채널 이름 등을 부당하게 이용하려는 자를 막을 수 있고, 혼동이 일어날 수 있는 비슷한 상표가 등록되는 일도 사전에 막을 수 있습니다.

상표는 여러 유형이 있는데, 채널 이름이나 로고 등록을 할 때는 일반상표로서 ① 문자로 구성된 '문자상표'나 '복합문자' (예:**KB 국민은행**) ② 도형으로만 구성된 '도형상표'(예:), ③ 문자와 모양이 어우러진 '도형복합'(예:) 형태를 취해 등록하는 경우가 많습니다.[42]

문자로만 된 상표는 단어나 문구를 등록하는 식이기 때문에 다른 사람들이 비슷한 단어나 문구를 써서 상표를 등록하는 것까지 차단하는 효과가 있습니다. 상표를 독점해서 사용할 가능성을 높일 수 있는 것이지요. 하지만 다른 상표들과 구분 짓는 특징이 적기 때문에 상표 등록이 되기가 쉽지 않습니다. '도형복합' 유형으로 출원하는 것에 비해 실제로 등록이 될 가능성이 낮습니다. 예를 들어보죠. 'SK'라는 두 글자의 알파벳으로만 구성

---

42) 그 외 소리상표, 냄새상표, 색채상표, 입체상표, 홀로그램, 동작상표 등이 있습니다.

된 단어를 문자상표로 등록하기는 아무래도 쉽지 않습니다. 너무 간단한 단어로 다른 상표와 구분되는 특성이 없기 때문에, 이걸 문자상표로 등록하게 되면 많은 사람이 이 간단한 표현을 상표로 못 쓰게 되어버려 곤란할 수 있기 때문이지요. 그렇지만 문자에 모양을 입히고 다른 모양을 더 어우러지게 추가해서 " ₃ᴋ " 로 상표를 등록하면 어떨까요? 두 글자이긴 하지만 독특한 글자체와 나비 모양까지 합쳐서 보면 다른 상표들과 잘 구분 지을 수 있기 때문에 문자상표 유형보다 훨씬 등록하기 용이할 것입니다. 만에 하나 'SK'가 문자 상표로 등록된다면 어떨까요? 이 단어를 포함한 상표, 'SK' 글자에서 조금만 도형을 더 추가한 정도의 상표들까지 등록을 막을 수 있는 효과가 있겠지요.

▶ 어떻게 상표를 등록하나?

내 채널 이름과 로고를 상표로 등록하고 싶습니다. 상표를 등록하는 절차를 순서대로 보면 ①사전조사, ②출원, ③심사, ④등록으로 정리할 수 있습니다.

한 가지 유의해야 할 점은 '이런 상표를 등록하겠다'는 신청 절차인 ②출원부터 상표권이 생기는 ④등록까지 보통 10개월 내외의 시간이 필요하다는 것입니다. 채널 이름과 로고의 법적인 보호에 대해 생각한다면, 이처럼 상표 등록에 상당한 시간이 필요하다는 점을 염두에 두어야 하겠습니다. 또한, 온라인을 통해 상표 등록이 가능할 정도로 편리해지긴 했지만, 상표 등록이 아주 간단하고 쉬운 절차는 아닙니다. 시간이 상당히 걸리는 만큼 잘 모르는 상태에서 출원했다가 등록되지 않으면 소중한 시간을 낭비하게 될 위험이 있고, 보정이나 의견제출 등 신경 쓸 일이 발생하는 경우도 많습니다. 요즘은 등록 가능성 조사를 포함해 몇십만 원 정도의 비용으로 출원과 등록을 대행하는 특허사무소가 많기 때문에, 전문가에게 일을 맡겨 시간과 노력을 절약하는 방안도 충분히 고려할 만합니다.

여기서는 상표 등록의 중요한 절차 전반을 소개하여 이해도를 높이는 데 초점을 두어 풀어나가고자 합니다.

① 사전조사

먼저, 상표 출원을 하려면 내 채널 이름이나 로고를 상표로 등록할 수 있는 건지 미리 조사를 해 봐야 합니다. 모든 단어나 모양을 다 상표로 등록할 수 있는 건 아닙니다. 쉬운 예로, 사람들이 많이 쓰는 단어인 '아빠'나 도시 이름인 '서울'이 상표로 등록이 되어버린다면, 남들이 이 단어를 허락받고 써야 하는 불합리한 문제가 생기게 되겠지요. 그리고 누가 먼저 나와 비슷한 상표를 등록해서 쓰고 있다면, 내 상표를 등록할 수 없습니다. 사전조사를 할 때는 첫째, 내 것과 같거나 비슷한 상표가 먼저 등록되어 있는지. 둘째, 애초에 등록이 안 되는 상표는 아닌지 이 2가지를 먼저 점검해 봅시다. 비용을 쓰고, 오랜 시간을 기다렸음에도 상표 등록을 못 하는 안타까운 상황이 발생하지 않도록 번거롭더라도 미리 조사를 잘해본 후 출원하는 것이 좋습니다.

첫째, 내 것과 같거나 비슷한 상표가 먼저 등록되어 있는지?

내가 등록하려는 채널 이름, 로고와 같거나 비슷한 상표를 다른 사람이 먼저 출원해서 등록했다면 상표 등록이 안 됩니다. 여기서 상표 등록이 안 된다는 뜻은, 다른 사람이 상표를 쓰는 사업 분야나 그와 비슷한 사업 분야에서 상표를 쓸 수 없다는 의미입니다.

상표를 등록할 때는 어떤 상품이나 서비스에 붙여서 쓸지를 정해서 등록을 하게 되는데, 누군가 이미 내 채널 이름이나 로고와 비슷한 것을 그 상품들(또는 그와 유사한 상품들)에 쓰겠다고 먼저 등록했으면, 내가 상표 등록을 할 수 없습니다. 하지만 내 채널 이름이나 로고와 비슷하더라도 먼저 등록한 사람이 전혀 다른 사업 분야 상품에 붙여 쓰는 것이라면 등록이 될 수 있겠지요. 이를 조사하기 위해서는 특허청의 키프리스 사이트(www.kipris.or.kr)를 방문해서 등록된 상표들을 검색해 보아야 합니다. 쉬운 예로, 고민 상담 유튜브 방송 콘텐츠를 하면서 사람들의 소원을 들어준다는 의미로 '지니'라는 명칭을 채널명으로 쓰고 싶습니

다. 편하게 나를 불러 달라는 뜻으로 앞에 '헤이'를 붙여 '헤이 지니'
라는 채널명을 상표로 등록하려 합니다. 키프리스 사이트에서 '헤이
지니'를 검색해 보면 아래 화면과 같은 검색 결과가 나옵니다.

벌써 등록이 되어 있는 것이지요. 앞서 언급한 것처럼, 상표
등록은 내가 상표를 이용해서 사업하려고 하는 상품(서비스)을 지
정해서 해야 합니다. 검색 결과 리스트를 주욱 살펴보면 '제38
류(통신업)'에 대해 다음 페이지 그림과 같이 이미 2018년 9월 10
일에 '헤이 지니' 상표 등록이 완료된 것을 알 수 있고, 클릭해서

유튜법

이 상표의 등록사항을 조회해 보면 지정상품(서비스업)으로 '인터넷을 이용한 멀티미디어 컨텐츠 방송업' 등 유튜브 방송을 위한 상표가 등록된 것임을 확인할 수 있습니다.

상표 검색에 조금 더 팁을 드리자면, 내가 등록하려는 상표가 '헤이 지니'라고 해서 딱 '헤이 지니'만 검색하기보다는 유사한 이름이나 발음도 검색해 보는 것이 좋습니다. 칭호나 발음이 비슷한 상표가 이미 있다면 내 상표와 구별이 잘 안 되어 사람들이 혼동을 일으킬 수 있기 때문에, 상표 등록이 안 될 수 있습니다. '헤이 지니'를 등록하려면 '하이 지니', '헤이 진이', 영어로 'HEY JINI', 'HEY GENIE'까지 검색해 보아야 조금 더 안전합니다. '헤이 지니' 채널을 예로 들긴 했지만, 애초에 이렇게 유명한 채

널 이름을 똑같이 등록하려는 경우는 많지 않겠지요. 키프리스 사이트에는 모든 등록 상표를 검색할 수 있기 때문에, 나 또는 사람들이 잘 모르더라도 먼저 등록이 되어 있는 상표가 있는지 아닌지를 확인해 볼 수 있습니다.

상표가 비슷하다는 건 어떻게 판단해야 할까요? 똑같은 상표라면 어렵지 않겠지만 상표가 비슷한지 아닌지를 판단하는 건 쉽지 않습니다. 법원의 판단도 엇갈리는 경우가 있지요. 참고를 위해 소개해 드리는 대략적인 원칙은 아래와 같고, '실제 사례로 감을 잡아 봅시다'에서 예시를 조금 더 살펴봅시다.

상표가 비슷한지 볼 때는 상표의 겉모습(외관), 칭호, 의미(관념) 3가지 측면에서 아래 방법으로 관찰하되, 그 중 1가지 측면에서라도 소비자들에게 혼동을 일으킬 염려가 있으면 유사하다고 볼 수 있습니다.

① 다른 배경 정보는 다 잊고 상표 자체만 보면서 객관적으로 생각해 볼 것.
② 상표를 전체적으로 봤을 때 느낌을 생각해 볼 것. 만약 상표 중의 일부분이 좀 특징적이거나 중요한 부분이면 그 부분만 떼놓고 느낌을 더 볼 것.
③ 나란히 눈앞에 놓고 보는 것보다는 시간과 장소를 떨어뜨려 놓고 생각해 볼 것. 즉, 다른 사람 상표를 집에서 보고, 며칠 후에 시장에서 내 상표를 봤을 때 다른 사람 상표를 떠올릴 수 있는지 생각해 볼 것.

앞서 같은 상표는 다른 사람이 상표를 쓰는 사업 분야나 그와 비슷한 사업 분야에서 쓸 수 없는 것이라고 했습니다. 상표권은 모든 상품에 대해 힘이 있는 게 아니라 내가 등록할 때 쓴다고 정한 상품과 그와 비슷한 상품에까지만 힘이 있기 때문입니다. 내가 먹방 채널을 하려고 '고고 파이터'라는 채널명을 상표로 쓴다고 해서 살충제 '고고 파이터' 상표를 못 쓰게 할 순 없습니다. 그렇다면 비슷한 상품이라는 건 어떻게 판단할까요? 이때는 '유사군 코드'를 살펴보면 도움이 됩니다. 유사군 코드는 쉽게 말해 비슷한 상품끼리 묶어놓은 번호인데, 보통은 상품끼리 '유사군 코드'가 같으면 비슷한 상품이라고 보게 됩니다. '헤이 지니'의 예를 다시 살펴봅시다. 키프리스에서 이 등록상표의 상세정보에서 지정상품을 확인해 보면, 아래와 같이 유사군 코드가 함께 나옵니다.

▶ 지정상품

번호	상품분류	유사군 코드	
1	38류	S 0701	글로벌 컴퓨터 네트워크를 통한 프로그램 방송업
2	38류	S 0601	디지털 미디어 스트리밍 서비스업
3	38류	S 0701	라디오 / 텔레비전 / 케이블 방송업
4	38류	S 0601	멀티미디어컨텐츠 온라인 접속 제공업
5	38류	S 0601	모바일 인터넷을 이용한 동영상 전송업
6	38류	S 0601	모바일 기기용 어플리케이션을 이용한 동영상 및 문자전송업
7	38류	S 0601	스마트폰 어플리케이션을 통한 문자 / 사진 / 영상전송업
8	38류	S 0601, S 0701	실시간 오디오 / 비디오 / 정지 및 동영상 이미지 / 텍스트 / 데이터 전송 / 방송 / 수신업
9	38류	S 0601	쌍방향 멀티미디어 네트워크를 통한 음향 및 이미지 전송업
10	38류	S 0701	양방향 대화형 방송업
11	38류	S 0601	오디오 및 영상 콘텐츠의 전자 전송 / 전달업
12	38류	S 0601, S 0701	오디오 / 비디오 / 정지 및 동영상 이미지 / 텍스트 / 데이터 전송 / 방송 / 수신업
13	38류	S 0601	오락매체컨텐츠의 전자전송형태의 이동매체 서비스업
14	38류	S 0701	인터넷 및 기타 통신네트워크를 이용한 멀티미디어 방송업
15	38류	S 0701	인터넷 및 기타 통신네트워크를 이용한 오디오 / 비디오 / 멀티미디어 방송업
16	38류	S 0701	인터넷교육 방송업
17	38류	S 0601	인터넷을 이용한 멀티미디어 컨텐츠 전송업

첫 줄을 보니 지정상품(서비스)인 '글로벌 컴퓨터 네트워크를 통한 프로그램 방송업'이 유사군 코드가 'S0701'로 나와 있군요. 위 'S0701'을 클릭하면 해당 유사군 코드에 포함되는 상품(서비스)이 무엇인지 조회할 수 있는데, 이 유사군 코드에 포함된 상품(서비스)들, 예를 들어 라디오 · 텔레비전 · 케이블 방송업, 인터넷 교육 방송업, 양방향 대화형 방송업, 인터넷 및 기타 통신네트워크를 이용한 멀티미디어 방송업 등에는 같거나 비슷한 상표를 등록할 수 없는 것입니다.

둘째, 애초에 등록이 안 되는 상표는 아닌지?

상표는 이게 내 상품이나 서비스인 걸 사람들에게 알릴 수 있는 표시여야 합니다. 즉, '식별력'이 있어야 등록이 된다는 것이죠. 사람들이 보통 많이 사용하는 명칭이나 지명과 같은 단어가 포함되어 있는 명칭이나 로고를 쓴다면, 이게 누구 상품인지 알 수가 없습니다. 김밥을 팔면서 '참맛표 김밥' 하면 누군가 특정한 사람이 파는 상품인지 알 테지만, 그냥 '김밥'으로 하면 누가 파는 김밥인지 구분이 되지 않기 때문에 이런 것은 상표로 등록할 수 없습니다. 또한, 상표가 다른 상품과 자기 상품을 구별할 만한 기능을 한다고 해도, 공익에 해가 되거나 다른 사람 이익을 침해하면 상표 등록을 받을 수 없습니다.

어떤 것들을 상표로 등록할 수 없는지 표로 간단히 정리해서

유튜법

소개합니다. 모두 상표법 제33조, 제34조에 규정된 내용 중 추린 것입니다.

상표로 등록할 수 없는 것 (상표법 제33조, 제34조)	
그룹	종류[43]
A. 소비자들에게 누구 상품인지 알려주는 기능이 없는 상표	**a. 보통 그 상품을 부르는 명칭으로만 만든 것** 예) 'CAR'(자동차), 'YOGURT'(유산균 발효유), 'GRILL'(요식업), '청바지'(의류), '호두과자'(호두로 만든 과자), '생명보험'(보험업), '레스토랑'(요식업), '카페라떼'(커피음료), '사과'(과일).
	b. 거래 업계에서 늘상 상품 부를 때 사용되는 명칭으로만 만든 것 예) '정종'(청주), '인단'(구중청량제), '깡'(과자), 'cyber'(통신업), '가든'(요식업), 'VASELLINE'(콜드크림), '오복채'(장아찌).
	c. 상품의 특성, 성질을 나타내기만 하는 것 예) 'sparkle'(음료), 'wool'(양복), 'Quick Copy'(복사기), '유기농'(농산물), '수제'(구두), '주간'(신문), 'UGLY DOLL'(인형), 'WEBTV'(통신업).
	d. 널리 알려진 지리적인 명칭 / 흔히 있는 성이나 명칭으로만 만든 것 예) '금강산', '서울', '뉴욕', '종로', '천진함흥냉면', 'NIPPON' / '김 씨', '사장', '회장', '윤씨농방', 'PRESIDENT'
	e. 간단하고 흔히 있는 것으로만 만든 것 예) '123', 'AB', 'TWO', 네모 · 세모 등 간단한 도형 · 기호로만 만든 상표, 한 글자 한글로만 만든 상표
	f. 그 외 많은 사람이 사용하는 말이어서 특정인에게만 독점하게 하면 공익적으로 적절하지 않은 것 예) '이게 웬 떡이냐', 'it's magic', 'GOODMORNING'

---

43) 특허청 국제지식재산연수원, 상표법 이론과 실제, 2017, 58~87쪽 예시 일부 발췌.

	a. 상표 자체의 모양이나 성질을 고려해 등록이 안 되는 것
	▶ 국가나 국제기관 등을 나타내는 표시와 같거나 비슷한 상표
	▶ 특정 국가 · 단체 · 종교 · 인종 등과 관계가 있는 것처럼 속이거나 이들을 모욕하는 상표
	▶ 공공단체 등이 업무상 쓰는 유명한 표시와 같거나 비슷한 상표
	▶ 비도덕적이거나 사회풍속에 어긋나서 공공질서를 해칠 수 있는 상표
B. 소비자들에게 누구 상품인지 알려주는 기능은 있지만, 독점권을 주면 공익이나 다른 사람 이익을 해치는 상표	▶ 유명한 사람의 이름, 명칭을 포함하는 상표
	▶ 상품 품질을 잘못 알게 하거나 소비자들을 속일 수 있는(기만) 상표
	b. 거래 관계나 먼저 사용한 상표와의 관계를 고려해 등록이 안 되는 것
	▶ 소비자들에게 널리 알려진 다른 사람의 상표(주지상표)와 같거나 비슷한 상표를, 같거나 비슷한 상품에 사용하는 상표
	▶ 소비자에게 유명한 다른 사람의 상품이나 영업과 혼동을 일으키게 하거나 명성을 손상시킬 염려가 있는 상표(저명상표)
	▶ 국내나 외국 소비자에게 특정인의 상품을 표시하는 것이라고 알려진 상표와 같거나 비슷한 상표로서 부당한 이익을 얻으려 하거나 특정인에게 손해를 입히려는 등 부정한 목적으로 사용하는 상표
	▶ 계약 관계나 업무상 거래 관계 등을 통해 다른 사람이 사용하거나 사용을 준비 중인 상표인 것을 알면서 그와 같거나 비슷한 상표를 같거나 비슷한 상품에 등록 출원한 상표
	▶ 국제조약(파리협약, WTO 등)을 맺은 외국에 등록된 상표와 같거나 비슷한 상표로서, 외국의 상표권자와 계약 관계나 업무상 거래 관계에 있던 사람이 외국 상표권자의 동의를 받지 않고 같거나 비슷한 상품에 등록 출원한 상표

※ 다만, A 그룹의 c~f까지의 상표들이라고 하더라도, 내 상표가 출원하기 전부터 이미 사용하고 있었던 것이어서 소비자들에게 내 상품을 표시하는 걸로 잘 알려진 경우에는 그 상품을 표시하는 상표로 등록을 할 수 있음.

※ '첫째, 내 것과 같거나 비슷한 상표가 먼저 등록되어 있는지?' 부분에서 살펴본 내용은 B그룹에 해당하는 상표지만 편의를 위해 위의 설명 부분에서 설명함.

※ 먼저 사용한 상표와의 관계에서 혼동을 일으킬 경우에도 B그룹 a의 '소비자들을 속일 수 있는(기만) 상표'로 봄.

② 출원

꼼꼼히 사전조사를 마쳐보니 내가 하려는 사업 분야에 비슷한 상표도 없고, 등록이 안 되는 상표에 해당하지도 않을 것 같습니다. 그럼 이제 특허청에 상표 출원을 합니다. 상표 출원은 직접 출원서 등 서류를 작성해서 특허청에 직접 방문하거나 우편으로 보내 진행할 수도 있지만, 특허로(www.patent.go.kr) 사이트를 통해 온라인으로 전자출원 절차를 진행하는 것이 가장 간편합니다. 아래 온라인 출원 절차를 간단히 살펴봅시다.

① **특허고객번호 발급받기:** 출원에 앞서 특허로 홈페이지에서 '특허고객번호' 부여 신청을 합니다. 특허고객번호는 특허청에서 출원인을 구별하기 위해 부여하는 개인 고유번호로, 절차 진행을 위해서는 반드시 발급받아야 합니다. 보통 하루 이틀 후면 번호가 발급되고, 이후 공인인증서를 등록합니다.

② **전자출원 소프트웨어(SW) 설치:** 출원 서류를 온라인에서 작성하기 위한 전용 프로그램을 설치합니다. 초보자용 통합 설치만 해도 서식 작성과 특허청에 온 통지서 등 서류들의 열람에 필요한 필수 프로그램들이 모두 PC에 설치됩니다.

③ **출원 서류 작성 및 제출:** 다운로드 받은 소프트웨어 중 '통합서식 작성기(PKEAPS)'를 실행해서 상표 등록 출원서를 작성합니다(서식작성기인 'NKEAPS'로도 가능). 전자양식에 맞게 출원인 정보 등 내용을 채우고 상표 견본 이미지를 첨부해 전자로 제출하면 되는데, '등

록대상'을 입력할 때 조금 까다로울 수 있습니다. 앞서 상표 등록은 내가 상표를 이용해서 사업하려고 하는 상품(서비스)을 지정해 등록한다고 설명했습니다. 보통 1~45류까지의 국제분류(NICE, 11판)를 지정해서 살펴보고 자기가 상표를 쓰려는 상품(서비스)분류를 정한 후, 유사군 코드, 구체적인 지정상품(서비스)들을 지정해 등록합니다. 출원료는 1개 상품(서비스)류당 지정상품(서비스) 20개까지는 기본료 56,000원이 부과(특허청 고시 상품명칭 사용 시)되고, 지정상품 1개 추가마다 2,000원이 더 붙습니다. 접수 즉시 출원 번호가 나옵니다.

③ 심사 / ④ 등록

출원을 마치면 이제 특허청 심사관이 당신이 출원한 상표를 살펴보고 먼저 등록한 상표가 있는지 등 등록을 거절할 이유를 심사하게 됩니다. 만약 심사관이 등록을 거절할 이유가 있다고 판단하면, 그 근거가 되는 법 조항과 의견을 적어서 '의견제출 통지'를 하게 됩니다. 통지서에 대해서는 내용을 잘 살펴보고 심사관이 정한 기한까지 출원 내용을 보완하는 보정서를 내거나, 대응할 수 있을 만한 답변과 소명자료를 더해서 의견서를 내야 합니다. 심사관이 '의견제출 통지'를 한 이유가 단순한 내용의 보정이면 별문제가 없겠지만 상표에 대한 해석이나 법률에 관련

유튜법

한 내용이라면 전문가의 도움을 받는 것이 좋겠습니다.

특허청 심사 결과 상표 등록을 거절할 이유가 없다면, 심사관은 이제 '출원공고'를 합니다. 출원공고란 쉽게 말해 "이런 상표가 출원되었고, 이제 등록을 할 텐데 혹시 이의가 있는 사람은 알려주세요"라고 사람들에게 하는 공지입니다. 2개월 동안 공지를 하는 중에 이의가 있는 사람은 특허청에 이의를 신청하고, 이 이의신청에 대해서는 당신도 반박할 기회가 주어집니다. 이의신청이 없거나 들어온 이의신청에 대해 잘 반박하게 되면, 비로소 심사관이 최종 상표 등록 결정을 하게 됩니다. 만약 이의신청이 받아들여지게 되면 상표 등록은 거절되고, 이에 대해 당신이 불복하게 되면 특허심판원, 특허법원, 대법원을 거친 소송 절차가 이어지게 됩니다. 출원 공고에서 이의신청이 들어오는 경우가 백에 셋 정도로 많지는 않지만, 만약 이의신청이 들어온다면 소송까지 이어질 수 있다는 점을 생각하고 전문가의 도움을 얻는 등 현명히 대응할 필요가 있습니다.

상표 등록 결정에 따라 등록결정서를 받게 되고, 결정서를 받은 날로부터 2개월 내에 등록료를 납부하게 되면, 이제 상표권 '설정' 등록이 완료되어 법적인 권리를 확보하게 됩니다. 상표권은 설정 등록된 때로부터 10년 동안 효력이 있고, 이후 만료 시기가 다가오면 갱신해서 유지해 주어야 합니다. 참고로 등록료는 1개 상품 분류마다 21만 1,000원, 10년 후에 갱신할 때 31만 원 및 기타 세금이 들게 됩니다.

➤ 실제 사례로 감을 잡아봅시다

• 법원이 서로 비슷한 상표라고 본 사례.

먼저 출원하거나 등록한 상표	비교한 상표
이브닝	Evening Flower
yepp′	YAP
STARTECH	StarTAC
雪花	韓雪花
CAL	Cal.
다이소	다사소 DASASO

• 법원이 서로 비슷하지 않은 상표라고 본 사례.

먼저 출원하거나 등록한 상표	비교한 상표
숫 도 리 SHOOTDORI	FC 숫돌이
자연의빗	Nature's Friend
PARK AVENUE, AVENUE	POPSAVENUE 팝스애비뉴

유튜법

▶ 누가 내 상표권을 침해했다면? 아직 등록 전이라면?

상표 등록은 사전조사를 꼼꼼히 잘해서 진행한다면, 판단하기 어려운 비슷한 상표가 있지 않는 한 셀프 등록도 충분히 가능할 정도로 크게 어려운 절차는 아닙니다. 요즘은 사전조사를 포함해서 출원과 등록까지 저렴하게 대행하는 특허사무소도 쉽게 찾을 수 있습니다. 그러나 누군가 내 상표권을 침해했을 때의 대응은 상표 등록에 비해 결코 쉽지 않은 절차입니다. 상표권 침해를 그만하라는 경고장을 내용증명으로 보내는 것 외에, 특허심판원이나 법원을 통한 법적인 구제 절차는 가급적 법률 전문가의 도움을 받는 것이 좋습니다. 아래 어떠한 구제수단이 있는지 개략적으로 알아보겠습니다.

누군가 내가 등록한 상표와 같거나 비슷한 상표를, 내가 쓴다고 지정한 상품이나 유사한 상품에 쓰면 상표권 침해가 됩니다. 이때는 침해한 상대방에게 상표를 더 이상 쓰지 말라는 침해금지청구와 손해배상청구 소송을 법원에 걸 수 있습니다. 침해금지청구에 더해서 상표권을 침해해서 만든 물건 폐기 등 조치도 청구할 수 있지요. 침해 상표 때문에 내 업무를 하는 데 있어 신용이 떨어졌다면 신용 회복에 필요한 조치를 취해달라는 청구도 가능합니다. 위의 소송에 앞서서, 신속하게 상표 사용을 막아두는 상표권 침해(사용)금지 가처분 신청이 가능합니다. 또한, 상표권 침해자에 대해 형사고소도 가능한데, 상표권 침해 시에는 7년 이하의 징역 또는 1억 원 이하의 벌금에 처해질 수 있습니다.

만약 본격적인 금지청구나 손해배상청구에 앞서 상표권 침해가 맞는지 아닌지 확인해 보고 싶다면 특허심판원에 권리범위확인심판(적극적)을 청구해 볼 수도 있습니다. 이 절차에서는 내 상표권의 권리 범위에 상대방의 저 상표가 들어와 있는지를 심판하게 되는데, 다른 청구 소송보다는 상대적으로 비용이 덜 들고 국가기관의 공식적인 판단을 받을 수 있는 장점이 있습니다. 다만, 이 확인 심판 결과만으로는 바로 손해배상을 받거나 침해를 정지시키는 효력이 생기지는 않습니다.

침해 상표가 등록까지 되어버렸다면 특허심판원에 상표 등록을 무효로 해 달라는 심판을 청구해 볼 수도 있습니다. 누군가 자기 상표를 등록해 놓은 후에, 일부러 내 상표와 비슷하게 보이도록 조금 변형해서 사용하는 식으로 혼동을 일으키는 경우에는 특허심판원에 그 상표를 취소해 달라는 심판을 청구하는 것도 가능합니다.

아직 내 상표가 등록 전이라면, 등록 상표와 같은 구제수단으로 법적인 보호를 받기 어렵습니다. 만약 출원공고까지는 진행된 상태라면 우선 상대방에게 서면으로 경고장을 보내고, 경고한 후부터 상표권 설정등록을 할 때까지 기간의 업무상 손실을 보상금으로 청구할 수 있습니다. 출원은 했는데 공고까지 간 상태가 아니라면, 상표등록 출원을 한 사본과 함께 서면으로 경고를 하고 보상금을 청구할 수 있습니다. 이 손실 보상금 청구는 최종적으로 상표권 설정등록이 된 후에야 가능합니다. 경고장을 보낼 때는 ▶ 내가 상표를 출원했다는 사실, ▶ 상대방이 쓰는 상표가 내 상표와 같거나 비슷하다는 사실, ▶ 상표를 등록하게 되면 경고장 받은 시점부터 보상금을, 등록 후에는 손해배상과 형사처벌을 받게 될 것이라는 점을 포함해서 내용증명으로 보내야 하겠습니다. 단, 경고장을 보내기에 앞서 상대방이 상표를 사용하고 있는 증거를 미리 충분히 확보해 두어야 나중에 법적 조치를 취하기도 좋고 상대방의 반박에 대응하기 쉽다는 점을 기억해 둡시다.

▶ 내가 상표권 침해 경고장을 받았다면?

내가 상표 출원을 따로 하지 않고 채널 이름과 로고를 쓰던 중에 다른 사람이 자신의 상표와 비슷하다며 상표권 침해 경고장을 나에게 보내 문제를 제기할 수도 있습니다. 이때는 먼저 상대방이 상표 등록을 한 게 맞는지, 권리자가 맞는지 키프리스에서 조회해 봅시다. 맞다면 우선 아래 항목들을 하나씩 체크해 봅시다.

Check 1
내가 그 상표를 '상표'로 사용하고 있는 것이 맞는지?

☑ 상표는 상품(서비스)에 대한 출처를 표시하는 데 써야 함. 즉, 내가 '상표'로서 사용하고 있어야 상대방이 문제제기 할 수 있음.

☑ 내가 내 방송 서비스의 출처 표시가 아닌, 단순한 디자인 요소나 설명 등 목적으로 상표를 사용하고 있는 것이라면 이를 근거로 반박하는 답변을 회신.

Check 2
내가 상대방 상표를 전혀 모르고,
상대방이 상표 출원하기 전부터 오랫동안 써오던 것인지?
(상표법 제99조 제1항 관련)

☑ 부정한 목적 없이 이미 내 상표를 오랫동안 사용해 왔던 것이라면 방어가 가능함.

☑ 단, 이 이유를 대려면 시장에서 소비자들 상당수가 내 상표를 보면 특정인의 상품(서비스)을 나타내는 표시라고 알 수 있는 정도가 되어야만 함.

Check 3
상표가 정말 비슷한 건지?
상대방이 상표 등록할 때 지정한 상품(서비스)에서
내가 상표를 쓰고 있는 게 맞는지?

☑ 상표권 침해가 되려면 우선 상표가 같거나 비슷해야 함. 그리고 상표를 쓴다고 지정한 상품이나 유사 상품에 써야 함.

☑ 상표가 비슷하지도 않은데 상대방이 침해주장을 하는 것이라면 반박하는 답변을 회신. 상대방이 지정한 상품(서비스)과 전혀 다른 분야에서 상표를 쓰고 있는데 문제 삼는 것이라면 이를 근거로 반박 답변을 회신.

Check 4
애초에 결격사유가 있는 상표권이 아닌지?

☑ 상대방의 상표가 상표 등록이 애초에 안 되는 문제 있는 상표, 즉 무효사유가 있는 상표인 건 아닌지 따져봐야 함.

☑ 상표법 제33조, 제34조(이 장에서 애초에 등록이 안 되는 상표로 소개한 것들)에 해당한다면, 이를 근거로 반박 답변을 회신.

※ 그 밖에 ▶ 상대방이 상표권이 있다고 하더라도, 그 권리의 효력이 제한되는 경우(상표법 제90조, 예를 들어 내 이름, 예명 등을 상거래 관행에 따라 상표로 사용한 경우 등), ▶ 상대방이 상표 등록 후 3년 이상 국내에서 상표를 사용하지 않았던 경우(상표법 제119조 제1항 제3호, 다음 페이지 '이건 더 알아둡시다' 참고) ▶ 상표권자가 오직 다른 사람 영업을 방해하기 위해 미등록된 유명 상표를 형식적으로 등록하는 등 상표권을 남용하는 경우일 때에도 침해 경고에 대응 가능.

반박 답변을 넘어 확실한 법적 판단을 받아 내 상표를 계속 쓰고 싶다면, 내가 문제 제기할 때와 유사하게 특허심판원에 권리범위 확인심판(소극적)을 청구해서 내 상표 사용이 상대방 상표권 범위에 들어가지 않는다는 확인을 받아둘 수 있습니다. 법원에 상표권 불침해 확인 소송을 제기할 수도 있고, 만약 상대방 상표에 무효나 취소 사유가 있다면 특허심판원에 상표 등록 무효심판이나 상표 등록 취소심판을 제기해 볼 수 있습니다.

유튜법

≒+ 이건 더 알아둡시다

먼저 등록된 상표를 조사해 보니 오랫동안 사용을 안 하고 있는 것이라면 특허심판원에 상표 불사용 취소심판을 고려해 볼 수 있음.

상표 출원을 준비하는 데 먼저 등록된 비슷한 상표를 발견하거나 상표를 출원했는데 심사관이 비슷한 상표가 있다며 의견 제출을 통지하는 경우가 있다. 우리 상표법은 정당한 이유 없이 3년 이상(불사용 취소심판 청구일 기준) 등록한 상표를 지정상품에 사용하고 있지 않은 경우에는 상표 등록 취소가 가능하도록 정하고 있다(상표법 제119조 제1항 제3호). 이때 '정당한 이유'는 사업이 잘 안 되어서 등의 상표권자의 개인적인 사정 정도로는 안 되고 법 규정이나 천재지변과 같이 정말 상표를 사용하기 불가능한 정도의 이유가 있어야 한다. 3년 이내에 사용했었다는 증명을 상표권자가 해야 하므로 내가 무언가 증명해야 하는 부담도 크지 않다. 상표권을 침해 했다며 경고장을 보낸 상대방의 상표가 오랫동안 사용을 안 하고 있었던 것일 때에도 불사용 취소심판은 좋은 방어수단이 된다.

조정신청 비용이 들지 않는 비공개 절차이고 전문가들로 구성된 조정 위원들이 직접 조정 절차를 진행하기 때문에 상대방과 다투지 않고 합리적으로 문제를 해결할 수 있다. 조정이 성립하게 되면 확정판결과 동일한 효력이 발생하기 때문에 나중에 번복할 위험도 없다. 조정 신청은 산업재산권분쟁조정위원회 홈페이지(www.koipa.re.kr/adr)에서 온라인으로 가능하고, 보통 3개월 내에 조정 절차가 마무리된다. 단, 강제적인 절차는 아니기 때문에 상대방이 아예 조정에 응하지 않는다면 진행이 어려운 점을 유의해야 한다.

★ 봐야 할 법을 모아봤습니다

상표법

제33조(상표 등록의 요건) ① 다음 각 호의 어느 하나에 해당하는 상표를 제외하고는 상표 등록을 받을 수 있다.

1. 그 상품의 보통명칭을 보통으로 사용하는 방법으로 표시한

표장만으로 된 상표

2. 그 상품에 대하여 관용(慣用)하는 상표

3. 그 상품의 산지(産地)·품질·원재료·효능·용도·수량·형상·가격·생산방법·가공방법·사용방법 또는 시기를 보통으로 사용하는 방법으로 표시한 표장만으로 된 상표

4. 현저한 지리적 명칭이나 그 약어(略語) 또는 지도만으로 된 상표

5. 흔히 있는 성(姓) 또는 명칭을 보통으로 사용하는 방법으로 표시한 표장만으로 된 상표

6. 간단하고 흔히 있는 표장만으로 된 상표

7. 제1호부터 제6호까지에 해당하는 상표 외에 수요자가 누구의 업무에 관련된 상품을 표시하는 것인가를 식별할 수 없는 상표

② 제1항제3호부터 제6호까지에 해당하는 상표라도 상표 등록 출원 전부터 그 상표를 사용한 결과 수요자 간에 특정인의 상품에 관한 출처를 표시하는 것으로 식별할 수 있게 된 경우에는 그 상표를 사용한 상품에 한정하여 상표 등록을 받을 수 있다.

제34조(상표 등록을 받을 수 없는 상표) ① 제33조에도 불구하고 다음 각 호의 어느 하나에 해당하는 상표에 대해서는 상표 등록을 받을 수 없다.

7. 선출원(先出願)에 의한 타인의 등록상표(등록된 지리적 표시 단체표장은 제외한다)와 동일·유사한 상표로서 그 지정상품과 동일·유사한 상품에 사용하는 상표

제58조(손실보상청구권) ① 출원인은 제57조제2항(제88조제2항 및 제123조제1항에 따라 준용되는 경우를 포함한다)에 따른 출원공고가 있은 후 해당 상표 등록출원에 관한 지정상품과 동일 · 유사한 상품에 대하여 해당 상표 등록출원에 관한 상표와 동일 · 유사한 상표를 사용하는 자에게 서면으로 경고할 수 있다. 다만, 출원인이 해당 상표 등록출원의 사본을 제시하는 경우에는 출원공고 전이라도 서면으로 경고할 수 있다.

② 제1항에 따라 경고를 한 출원인은 경고 후 상표권을 설정등록할 때까지의 기간에 발생한 해당 상표의 사용에 관한 업무상 손실에 상당하는 보상금의 지급을 청구할 수 있다.

③ 제2항에 따른 청구권은 해당 상표 등록출원에 대한 상표권의 설정등록 전까지는 행사할 수 없다.

제82조(상표권의 설정등록) ① 상표권은 설정등록에 의하여 발생한다.

제83조(상표권의 존속기간) ① 상표권의 존속기간은 제82조제1항에 따라 설정등록이 있는 날부터 10년으로 한다.

② 상표권의 존속기간은 존속기간갱신등록신청에 의하여 10년씩 갱신할 수 있다.

제89조(상표권의 효력) 상표권자는 지정상품에 관하여 그 등록상표를 사용할 권리를 독점한다. 다만, 그 상표권에 관하여 전용사용권을 설정한 때에는 제95조제3항에 따라 전용사용권자가

등록상표를 사용할 권리를 독점하는 범위에서는 그러하지 아니하다.

제107조(권리침해에 대한 금지청구권 등) ① 상표권자 또는 전용사용권자는 자기의 권리를 침해한 자 또는 침해할 우려가 있는 자에 대하여 그 침해의 금지 또는 예방을 청구할 수 있다.

② 상표권자 또는 전용사용권자가 제1항에 따른 청구를 할 경우에는 침해행위를 조성한 물건의 폐기, 침해행위에 제공된 설비의 제거나 그 밖에 필요한 조치를 청구할 수 있다.

③ 제1항에 따른 침해의 금지 또는 예방을 청구하는 소가 제기된 경우 법원은 원고 또는 고소인(이 법에 따른 공소가 제기된 경우만 해당한다)의 신청에 의하여 임시로 침해행위의 금지, 침해행위에 사용된 물건 등의 압류나 그 밖에 필요한 조치를 명할 수 있다. 이 경우 법원은 원고 또는 고소인에게 담보를 제공하게 할 수 있다.

제108조(침해로 보는 행위) ① 다음 각 호의 어느 하나에 해당하는 행위는 상표권(지리적 표시 단체표장권은 제외한다) 또는 전용사용권을 침해한 것으로 본다.

1. 타인의 등록상표와 동일한 상표를 그 지정상품과 유사한 상품에 사용하거나 타인의 등록상표와 유사한 상표를 그 지정상품과 동일·유사한 상품에 사용하는 행위

2. 타인의 등록상표와 동일·유사한 상표를 그 지정상품과 동일·유사한 상품에 사용하거나 사용하게 할 목적으로 교부·판

매 · 위조 · 모조 또는 소지하는 행위

3. 타인의 등록상표를 위조 또는 모조하거나 위조 또는 모조하게
할 목적으로 그 용구를 제작 · 교부 · 판매 또는 소지하는 행위

4. 타인의 등록상표 또는 이와 유사한 상표가 표시된 지정상품과
동일 · 유사한 상품을 양도 또는 인도하기 위하여 소지하는 행위

제109조(손해배상의 청구) 상표권자 또는 전용사용권자는 자기
의 상표권 또는 전용사용권을 고의 또는 과실로 침해한 자에 대하
여 그 침해에 의하여 자기가 받은 손해의 배상을 청구할 수 있다.

제113조(상표권자 등의 신용회복) 법원은 고의나 과실로 상표권
또는 전용사용권을 침해함으로써 상표권자 또는 전용사용권자
의 업무상 신용을 떨어뜨린 자에 대해서는 상표권자 또는 전용
사용권자의 청구에 의하여 손해배상을 갈음하거나 손해배상과
함께 상표권자 또는 전용사용권자의 업무상 신용회복을 위하여
필요한 조치를 명할 수 있다.

제230조(침해죄) 상표권 또는 전용사용권의 침해행위를 한 자는
7년 이하의 징역 또는 1억 원 이하의 벌금에 처한다.

※ 제34조 제1항 제1호~제20호 중 제7호 외 상표 등록을 받을 수 없는 상표 사유는 분량이 많은 관계
로 본문 '상표로 등록할 수 없는 것(상표법 제33조, 제34조)' 표 및 상표법 해당 조문 참조.

※ 손해배상에 관하여는 제110조 · 제111조, 상표 등록 무효심판에 관하여는 제117조 · 제118조, 상표
등록 취소심판에 관하여는 제119조, 권리범위 확인심판에 관하여는 제121조 등 참조.

수익이 있다면
세금 납부는 필수

▶ 유튜버는 어떤 세금을 내야 하나? 사업자 등록은 해야 하나?

소득이 있으면 세금을 내야 합니다. 세금 신고도 꼭 해야 합니다. 유튜버도 예외는 아니지요. 일부 유튜버들의 탈세가 문제 되면서 세무당국이 고소득 유튜버에 대한 세무조사를 집중적으로 실시한 일도 있었습니다. 인기 아동 유튜버가 자녀 명의로 계좌를 등록해 수억 원의 소득을 숨겼다가 적발되거나, 국세청에 잡히지 않도록 1만 달러 이하로 소위 '쪼개기 송금'을 해 오다 수억 원의 추징금을 부과받은 사례도 있습니다.

세금은 복잡한 부분이 많고, 어떤 사업자 형태를 취해야 본인에게 유리한지, 절세를 하려면 어떻게 해야 하는지 등 개별적인 상황에 맞춰 조언이 필요한 부분이 많기 때문에 세무 분야 전문가의 도움을 받는 것이 좋습니다. 여기서는 세금의 종류와 신고에 대한 이해를 높이는 수준에서 간략히 소개하도록 하겠습니다.

유튜버인 당신이 내야 할 대표적인 세금은 종합소득세입니다. 만약 사업자등록을 했다면 여기에 부가세를 더 내야하고, 이때 직원을 고용했다면 직원의 급여에서 일부를 미리 빼 원천세로 납부해야(이때, 4대 보험료도 빼서 각 공단에 납부) 합니다. MCN에 소속되어 있어도 내게 되는 세금은 위와 동일합니다. 아무래도 MCN에 소속된다면 따로 직원을 고용하지 않는 경우가 많아 대부분 원천세 부담이 없겠지요. 당신이 개인이 아니라 법인으로서 사업을 할 경우에는 소득세가 아닌 법인세를 부담하게 됩니다.

구체적으로 먼저 종합소득세는 MCN에 속해있든 아니든, 개인 사업자 등록을 하든 안 하든 모두 신고해야 하고, 납부해야 합니다. MCN에 소속될 경우 개인 사업자 등록을 하지 않고 구글 애드센스 외화 수익을 직접 받지 않는 경우가 많습니다. 이때는 MCN에서 3.3%를 소득세로 미리 빼서(원천징수) 국가에 납부해 놓고, 나중에 당신이 종합소득세 신고를 한 후에 차액을 정산하는 식입니다. 이렇게 원천징수되는 경우가 아니라면 종합소득세를 신고한 후 전부 납부하는 것입니다.

개인 사업자 등록을 했다면 소득세에 더해 부가세를 내야 한다고 했는데, 이때 해외에서 외화를 직접 받는 구글 애드센스 광고 수입의 경우 법에 따라 세금을 내야 하긴 하지만, 세율이 0%가 적용(영세율)되기 때문에 결과적으로 부가세를 납부하진 않습니다. 단, 여전히 종합소득세 신고 납부 의무는 그대로이고, 면세 사업자가 아닌 이상 부가세 신고 의무도 있습니다. 이에 대해서는 아래 사업자 등록 설명과 함께 이해해 볼 필요가 있습니다.

직접 받는 구글 애드센스 외화 수입이 아닌, 별도로 얻은 광고 수익이나 협찬 수익 등은 영세율 적용 대상이 아닙니다.

언뜻 보기에 부가세만 더 낼 뿐인데 사업자 등록을 해야 하는지, 꼭 해야 하는지 의아할 수 있습니다. 사업자에는 과세사업자와 면세사업자가 있습니다. 과세사업자는 부가세를 내야 하는

사업자이고, 면세사업자는 부가세를 면제해 주는 사업자입니다.

① 당신이 영상 편집자 등 사람을 고용해서 쓰거나(인적 시설), 방송 스튜디오를 갖추고 방송을 한다면(물적 시설, 임대해서 쓰는 것도 포함) 과세사업자로서 사업자 등록을 해야 합니다(업종코드 921505). 과세사업자는 부가세 신고를 해서 내야 하는데, 앞서 언급한 것처럼 구글 애드센스로 당신이 해외에서 직접 받는 수입은 영세율이 적용되기 때문에, 결과적으로 부가세를 내지 않습니다. 사업자 등록을 하지 않으면 부가세 환급도 받지 못하고 많은 가산세까지 내야할 수 있습니다.

② 당신이 누굴 고용해서 쓰지도 않고, 따로 스튜디오도 갖추지 않고 개인적으로 방송 활동을 한다면, 면세사업자로 등록할 수 있습니다(업종코드 940306). 면세사업자는 부가세 신고를 할 필요가 없고, 간단히 사업장 현황만 신고하면 됩니다. 인적용역 사업자로서 면세인 경우엔 사업자 미등록에 따른 가산세 불이익도 없습니다.

당신이 버는 수입이 크지 않고 개인적인 취미로 아주 소규모로 하는 정도라면 사업자 등록을 하지 않고 종합소득세 신고 납부만 해도 큰 문제는 없습니다. 그러나 그렇지 않은 경우라면 사업자 등록을 하는 것이 좋습니다. 특히 과세사업자는 사업자 등록을 해야 가산세 불이익이 없고, 방송을 위해 구매한 장비나 여러 지출에 포함되어 있는 부가세에 대한 환급, 사무실 임차료 및 인건비 등에 대한 편리한 경비처리, 각종 종합소득세 감면과 지원금 혜택(중소기업특별세액감면, 청년창업중소기업감면, 일자리안정자금 지원 등) 등 장점이 있기 때문에, 보통은 실익이 더 크다고 볼 수 있습니다.

▶ 어떻게 세금을 내야 하나?

세금을 내기 위해서는 우선 세금 신고를 해야 합니다. 어떤 경우든 개인 유튜버는 종합소득세를 신고하고 납부해야 한다고 했습니다. 1만 달러 이상의 수입에 대해서만 외국환은행이 국세청에 통보해야 하므로 애드센스 수익이 그에 미치지 않으면 신고를 할 필요가 없다고 생각할 수 있겠습니다만, 그렇지 않습니다. 단지 국세청에 통보하지 않는다는 의미일 뿐 국세청에서 외환계좌를 확인하면 언제든 발견할 수 있습니다. 그리고 발견되면 나중에 소급해서 내야 할 뿐 아니라 가산금까지 물게 될 수 있습니다. 다음 페이지에서 세금의 신고와 납부에 대해 간략히 소개하도록 하겠습니다.

종합소득세는 매년 5월 신고 및 납부하게 됩니다. 종합소득은 자기가 얻은 모든 소득(이자소득, 배당소득, 근로소득, 사업소득, 연금소득, 기타소득)을 더한 총합입니다. 세금이 붙지 않는 소득인 '비과세 소득'은 애초부터 빠지는데, 방송을 해서 번 사업소득의 경우에는 보통 비과세 소득이 없다고 보면 됩니다. 사업소득은 사업 매출에서 지출 경비를 뺀 소득 금액이 되겠지요. 이제 소득 총합에서 몇몇 소득공제 금액을 빼주고, 그 나머지 금액인 '종합소득 과세표준'에 대해 미리 과세관청이 정한 종합소득세율을 곱하면 '산출세액'이 나옵니다. 여기서 몇몇 세액공제/감면 금액을 뺀 '결정세액'에 대상이 되는 가산세를 더하고 기납부 세액을 뺀 결과가 납부할 세금이 되는 것입니다. 간단히 식으로 보면 아래와 같습니다.

종합소득 − 소득공제 = 종합소득 과세표준
[종합소득 과세표준] × 종합소득세율 = 산출세액
[산출세액] − 세액공제/감면 = 결정세액
→ 결정세액에서 가산세 더하고, 이미 납부한 세액 빼면 최종 납부할 세금.

위 식에서 종합소득 과세표준에 곱해야 할 종합소득세율은 다음 표와 같습니다.

종합소득 과세표준	종합소득세율	누진공제
1,200만 원 이하	6%	
1,200만 원 초과 4,600만 원 이하	15%	108만 원
4,600만 원 초과 8,800만 원 이하	24%	522만 원
8,800만 원 초과 1억 5,000만 원 이하	35%	1,490만 원
1억 5,000만 원 초과 3억 원 이하	38%	1,940만 원
3억 원 초과 5억 원 이하	40%	2,540만 원
5억 원 초과	42%	3,540만 원

※ 누진공제율은 계산 편의를 위해 활용하면 되겠습니다. 예를 들어 내 과세표준이 1,500만 원이라면, 1,200만 원까지는 6%를 곱하고, 남은 300만 원은 15%를 곱한 값을 더해야 산출세액이 나옵니다. 그렇지만 그냥 총액 1,500만 원에서 해당 구간 종합소득세율인 15%를 곱하고, 거기서 해당 구간 누진공제액인 108만 원을 빼주면 계산을 더 쉽게 하면서 같은 값인 산출세액 117만 원의 계산 결과를 얻을 수 있습니다.

부가세 신고는 일반과세자는 매년 1월과 7월, 연 2회, 간이과세자는 매년 1월, 연 1회 합니다. 사업자 등록을 하지 않았다면 부가세 신고를 할 필요가 없고, 면세사업자라면 부가세 신고 대신 매년 1월에 사업장 현황 신고만 하면 됩니다.

과세사업자 중에 연간 매출액이 8,000만 원 미만이면 간이과세자로 분류됩니다. 간이과세자는 부가세율이 일반과세자에 비해 낮고, 연간 매출액이 4,800만 원이 안 되면 부가세 납부가 면제됩니다.

상품이나 서비스에는 부가세가 붙어있습니다. 쉽게 말해 내가 판 상품이나 서비스에 포함된 부가세(매출세액)에서 내가 쓴 상품이나 서비스에 포함된 부가세(매입세액)를 뺀 나머지를 부가세로 내게 되는 것입니다. 내가 쓴 상품이나 서비스에 포함된 부가세(매입세액)가 내가 판 상품이나 서비스에 포함된 부가세(매출세액)보다 더 많으면 환급을 받고, 더 적으면 추가 납부를 하게 됩니다.

과거 간이과세자 기준은 연매출 4,800만 원 미만, 납부면제 기준 연매출 3,000만 원 미만이었으나 코로나19 극복을 위해 조세제한특례법 개정에 따라 2020년 한시적으로 기준을 상향함. 2021. 1. 1.부터는 부가세법 개정으로 현재와 같이 완전히 상향됨. 이에 따라 2020년 연매출이 8,000만 원 미만인 기존 일반과세자는 2021년 7월에 간이과세자로 전환됨(단, 부동산임대업 등 일부업종 제외).

세금 신고는 세무서에 직접 가서 할 수 있지만, 국세청 홈택스를 이용하면 편리하게 할 수 있습니다. 이때 국세청 홈페이지(www.nts.go.kr)의 '성실신고지원' 코너를 참고하면 많은 정보를 얻을 수 있습니다. 세금에 대한 정보, 법령, 신고납부기한, 세율 등이 자세히 설명되어 있고, 종합소득세와 부가세의 경우 중요한 서식 작성례와 함께 전자신고 요령을 알기 쉽게 동영상으로도 제공하고 있습니다.

유튜법

≡₊ 이건 더 알아둡시다

**방송 때문에 쓴 돈을 증빙할 자료(적격증빙)를
잘 갖춰둬야 한다.**

소득세는 매출에서 지출 경비를 뺀 후, 공제를 제한 과세표준
에 세율을 곱해 부과되기 때문에 지출 경비를 많이 인정받을수
록 세금이 줄어든다. 지출 경비를 인정받으려면 그 증빙이 있어
야 하는데 세법에서 인정하는 증빙, 즉 적격증빙을 갖춰 제출해
야 비용으로 인정받을 수 있다. 대표적인 적격증빙에는 세금계
산서, 계산서(면세물품 거래의 경우), 신용카드 매출전표, 현금영수
증이 있다. 적격증빙 없이 비용으로 인정받을 수 있는 것은 보통
소액에 불과하므로, 방송 관련해서 지출이 있다면 반드시 적격
증빙을 받아두어야 세금을 아낄 수 있다.

**당신의 수입이 연 2,400만 원이 안 된다면 "단순경비율 대상
자"에 해당해 종합소득세 신고를 훨씬 간편하게 할 수 있다.**

원래 종합소득세 신고를 하려면 세법에 따라 장부를 작성해

서 신고(복식부기 또는 간편장부)해야 한다. 그렇지 않으면 가산세를 내는 등 불이익이 있다. 그러나 국세청은 소규모 사업자들을 고려해서 장부나 소득 증빙자료가 잘 안 갖춰졌을 때, 소득 금액을 국세청이 정한 일정한 비율을 적용해서 계산할 수 있게 하는 '추계신고'를 인정하고 있다. 여기서 프리랜서인 유튜버의 경우 수입이 2,400만 원이 안 되면, '추계신고'를 할 때 '단순경비율'을 적용하게 된다. 전체 수입 금액에서 국세청에서 미리 정해 놓은 비율만큼을 곱한 액수를 비용으로 쳐서 빼고, 소득공제까지 빼주면 과세표준이 나오게 되는 것. 만약, 사업을 개시한 첫해라면 수입 7,500만 원이 안 되는 경우 단순경비율을 적용할 수 있다. 단, '추계신고'는 간편하기는 하지만 실제 지출을 고려하지 않고 국세청에서 정한 비율을 곱하기 때문에, 국세청 비율보다 실제 비용을 더 많이 쓴 경우라면 세금을 더 내게 되는 불이익이 있다.

※ 인적 또는 물적 시설을 갖춘 유튜버 사업자(업종코드 921505)는 수입 연 3,600만 원 미만 시 추계신고 단순경비율 대상.

유튜법

유튜법

초판인쇄 2021년 2월 19일
초판발행 2021년 2월 19일

지은이 신상진
펴낸이 채종준
기획·편집 유나영
디자인 홍은표
마케팅 문선영·전예리

펴낸곳 한국학술정보(주)
주 소 경기도 파주시 회동길 230(문발동)
전 화 031-908-3181(대표)
팩 스 031-908-3189
홈페이지 http://ebook.kstudy.com
E-mail 출판사업부 publish@kstudy.com
등 록 제일산-115호(2000. 6. 19)

ISBN 979-11-6603-338-4 13360

YOUTUBE
LAW